Laufen
für Dummies

Laufen für Dummies – Schummelseite

Wie Sie Schuhe finden, die wirklich passen

Sie werden nie Spaß am Laufen haben, wenn Sie keine passenden Schuhe finden. Wenn Sie ein Paar sehen, das Ihnen gefällt, prüfen Sie, ob folgende Kriterien erfüllt sind:

- ✔ Sie sollten an der Fußspitze so viel Platz haben, dass Sie mit den Zehen wackeln können.
- ✔ An der Ferse sollte der Laufschuh fest sitzen, ohne jegliches Rutschgefühl.
- ✔ Der Schuh sollte im Vorderfuß-/Zehenbereich flexibel sein. (Probieren Sie, ob sich der Schuh vorne mit der Hand etwas beugen lässt.)
- ✔ Der Schuh sollte fest um den Fuß sitzen, sich aber auch nicht wie eine Zwangsjacke anfühlen. Die Zunge sollte gepolstert sein, damit die Schnürsenkel nicht einschneiden.
- ✔ Reden Sie sich nicht ein, dass die Schuhe erst eingelaufen werden müssen, wenn sie sich während eines Testlaufs steif, klotzig oder insgesamt einfach unbequem anfühlen.

Laufen und Sicherheit

Die meisten Sicherheitsregeln für das Laufen entsprechen dem gesunden Menschenverstand, aber dennoch werden sie tagtäglich von Läufern außer Acht gelassen. Daher listen wir sie hier nochmals auf, damit Sie nicht sagen können, wir hätten Sie nicht gewarnt:

- ✔ Laufen Sie nicht mit Walkman.
- ✔ Laufen Sie entgegen der Fahrtrichtung. Ein Fahrrad ist ein Fahrzeug, also unterliegt es denselben Verkehrsregeln wie Autos und Lastwagen. Radfahrer fahren mit dem Verkehr; Läufer laufen in entgegengesetzter Richtung.
- ✔ Sorgen Sie dafür, dass man Sie sieht, wenn Sie bei Dunkelheit laufen. Tragen Sie helle Kleidung und investieren Sie ein paar Mark für ein Trikot mit Reflektorstreifen.
- ✔ Achten Sie auf Autos, die darauf warten, rechts abbiegen zu können. Halten Sie an und warten Sie, bis sie abgebogen sind, oder laufen Sie hinter ihnen.
- ✔ Laufen Sie in Gesellschaft. Das ist vielleicht der einfachste Weg, um Probleme jeglicher Art zu vermeiden.
- ✔ Vermeiden Sie es, alleine in entlegenen, unbekannten Gegenden zu laufen, und halten Sie sich fern von Wegen, die von dichten Büschen gesäumt sind.
- ✔ Tragen Sie keinen Schmuck, aber führen Sie einen Ausweis bei sich oder schreiben Sie Ihren Namen, Telefonnummer und Blutgruppe auf die Innensohle Ihres Laufschuhs.
- ✔ Vertrauen Sie Ihrer Intuition. Wenn Sie sich gegenüber einer Person oder einem Ort unsicher fühlen, meiden Sie sie.
- ✔ Tragen Sie Tränengas bei sich oder machen Sie einen Selbstverteidigungskurs.

Laufen für Dummies – Schummelseite

Einige einfache Methoden, um Verletzungen vorzubeugen

Sie können das Verletzungsrisiko stark reduzieren, wenn Sie folgende Ratschläge beherzigen:

- ✔ Trinken Sie genug Wasser. Die Muskulatur eines gut hydrierten Körpers ist weniger anfällig für Krämpfe oder Zerrungen.
- ✔ Kaufen Sie sich neue Laufschuhe, wenn Sie 500 bis 800 Kilometer in Ihren alten gelaufen sind.
- ✔ Laufen Sie nicht in ultra-leichten Wettkampfschuhen (unter 200 Gramm), die den Fuß nur wenig stützen, insbesondere wenn Sie hart landen. Wählen Sie stattdessen leichte Trainingsschuhe (250 bis 280 Gramm) mit höherer Stützfunktion.
- ✔ Laufen Sie nicht in Ihren Basketball- oder Tennisschuhen und werfen Sie in Ihren Laufschuhen keine Körbe.
- ✔ Laufen Sie soweit es geht auf nachgebendem Untergrund, zum Beispiel auf einer Trainingsbahn, auf Wald- und Feldwegen oder auf kurz geschnittenen, ebenen Rasenflächen.
- ✔ Ergänzen Sie Ihr Laufprogramm durch ein Flexibilitäts- und Krafttraining.
- ✔ Versuchen Sie nicht, über kleine Verletzungen hinwegzutrainieren. Wenn Sie eine geringfügige Verletzung ignorieren, verschlimmert sich diese wahrscheinlich.
- ✔ Beginnen Sie immer mit einem Aufwärmprogramm und beenden Sie Ihr Training mit einer Abkühlphase.
- ✔ Berücksichtigen Sie eine Entspannungsphase, wenn Sie Ihr jährliches Trainingsprogramm planen. Läufer benötigen eine Zeit mit reduziertem Training, Cross-Training oder gar völliger Erholung vom Laufen.

Übertraining

Sie haben wahrscheinlich zu viel trainiert, wenn ...

- ✔ Ihr Morgenpuls plötzlich erhöht ist. Nehmen wir an, Ihr normaler Ruhepuls beträgt 60 bis 64 Herzschläge pro Minute, aber für einen Großteil der Woche liegt er bei 70 oder 71.
- ✔ Ihre Leistungen in Wettkämpfen und harten Trainingsläufen stehen geblieben oder sogar leicht abgefallen sind, obwohl Sie das Gefühl haben, dass Sie 100 Prozent Einsatz zeigen.
- ✔ Sie normalerweise ein energischer und begeisterter Läufer sind, aber Ihnen plötzlich mehrere Tage lang überhaupt nicht nach Laufen zumute ist.
- ✔ Sich Ihre Beine am Beginn eines Trainingslaufs »tot« anfühlen oder sie ständig verspannt und schmerzhaft sind.
- ✔ Ihre Schlafgewohnheiten seltsam werden. Vielleicht können Sie nachts nicht schlafen (obwohl Sie härter denn je trainieren), aber Sie können sich am späten Nachmittag kaum wach halten.
- ✔ Jeder Grippevirus, der umgeht, sich immer auch eine Weile bei Ihnen aufhalten möchte.
- ✔ Sie normalerweise ein fröhlicher und ausgeglichener Mensch sind, Sie aber plötzlich ständig gereizt sind.
- ✔ Sie sich um 11 Uhr abends dabei ertappen, wie Sie aus der Tür schleichen, um noch fünf Kilometer zu laufen. Es ist Ende der Woche und Sie sind in dieser Woche bereits 75 Kilometer gelaufen, aber Sie denken 80 machen sich besser in Ihrem Tagebucheintrag.

Florence »Flo-Jo« Griffith Joyner &
John Hanc

Laufen für Dummies

SONDERAUSGABE

Übersetzung aus dem
Amerikanischen von
Annelies Rokitte

mitp

Die Deutsche Bibliothek –
CIP-Einheitsaufnahme

Ein Titeldatensatz für diese Publikation ist
bei Der Deutschen Bibliothek erhältlich.

ISBN 3-8266-3054-8
1. Auflage 2002

Sonderauflage der 2. und überarbeiteten Auflage des Titels »Laufen für Dummies«,
ISBN 3-8266-2858-6, mitp-Verlag, Bonn

Übersetzung der amerikanischen Originalausgabe:
Florence »Flo-Jo« Griffith Joyner & John Hanc: Running For Dummies

Printed in Germany

Cartoons im Überblick

von Rich Tennant

»Ich denke, Sie sind in bester Verfassung, um ein Lauftraining zu beginnen. An Ihrer Stelle würde ich allerdings alles dafür tun, dass ich mir nicht die Beine breche und einen Gips benötige ...«

Seite 25

Seite 79

Seite 121

»Okay – ich weiß, du wolltest ein Laufband zum Geburtstag, aber ich hatte da noch eine viel bessere Idee ... «

Seite 155

»Früher dachte ich immer, dass Sportler, die wegen der Endorphine laufen, an Wohltätigkeitsläufen für bedrohte Meeressäugetiere teilnehmen.«

Seite 205

Fax: 001-978-546-7747
Internet: www.the5thwave.com
E-Mail: richtennant@the5thwave.com

Inhaltsverzeichnis

Die Autoren 19

Einführung 21

Wie man dieses Buch benutzt 22
Wie dieses Buch aufgebaut ist 22
Teil I: Lauf, Baby, lauf! 22
Teil II: Grundtraining 22
Teil III: Rennen um die Zeit 23
Teil IV: Der Feinschliff 23
Teil V: Die-Top-Ten für Läufer 23
Das Lauftagebuch 23
In diesem Buch verwendete Symbole 23
Wie geht es weiter 24

Teil I
Lauf, Baby, lauf! 25

Kapitel 1
Der zweite Laufboom 27

Worin sich der zweite Laufboom vom ersten unterscheidet 28
Laufen um der Gesundheit willen 29
Laufen für einen guten Zweck 30

Kapitel 2
Was das Laufen für Sie bewirken kann 31

Die körperlichen Vorteile des Laufens 32
Laufen kann Ihnen beim Abnehmen helfen 32
Laufen ist gut für Ihr Herz 32
Laufen ist Teil eines gesunden Lebensstils 33
Laufen kann Ihnen zu einem längeren Leben verhelfen 33
Laufen belohnt die Psyche 34
Laufen reduziert Stress 34
Laufen kann die Kreativität anregen 35
Soziale Vorteile durch Laufen 36
Laufen ist gut für Ihren Geldbeutel 37

Kapitel 3
Ein Körper in Bewegung 39

Laufen: Ein Blick nach innen 39
Laufen auf Reserve 39
 Milchsäurebildung 40
 Körpertemperatur 40
Der Kern der Sache: das Herz 40
Die Feinabstimmung der Maschine 41
Laufen geht in die Knochen 42
Wie viel ist zu viel? 42
Laufen: Es liegt Ihnen im Blut 42

Kapitel 4
Ihre ersten Schritte 45

Gesundheits-Check 45
Verpflichten Sie sich 45
Schließen Sie einen Pakt 48
Gehen Sie zu Ihrem örtlichen Laufclub 48
Führen Sie ein Lauftagebuch 48
Auf die Plätze, fertig, losgehen ... dann laufen 49
 Gehen versus Laufen 49
 Fragen, die Sie stellen sollten (und die wir gerne beantworten) 50
 Die Geh-/Lauf-Methode: Ein Weg, um Sie in Gang zu bringen 52
Jetzt laufen Sie! 53

Kapitel 5
Kleiner Einkaufsbummel: Schuhe, Stoppuhr & Co. 55

Schuhkauf 55
Bevor Sie kaufen 56
 Nasstest: Folgen Sie Ihren Fußspuren 56
 Abnutzungsmuster und Auftritt 57
 Pronation 58
Passt wie angegossen? 59
Wie lange sollten Ihre Schuhe halten? 60
Je leichter, desto besser? 61
Andere Dinge, die Sie außer Schuhen noch kaufen könn(t)en 62
 Ein Wort zur Kleidung 62
 Die Zeit im Visier 62
 Dem Herzschlag auf der Spur 62
 Der Sonne entgegen 63

Kapitel 6
Ernährung für Läufer **65**

Hoch die (Wasser-) Gläser! 65
Die Durstfalle 66
Energie- und Sport-Drinks 66
T(r)ankstelle für Läufer? 67
Die Früchte der Rebe 67
Ein letztes Wort in Sachen Alkohol 68
Essen während des Laufens 68
Energiegele und -riegel 69
Kohlehydrate 70
Die Kraft der Proteine 72
Iron men – Eiserne Männer (und Frauen) 72
Zink hält flink 72
Der Kalzium-Club 73
Bekämpfen Sie die Fette (aber nicht alle!) 73
Hilfe für Vegetarier 74
Zum Wohl von Gesundheit und Leistungsfähigkeit 75
Laufen, Diäten und Gewichtsabnahme 76

Teil II
Grundtraining **79**

Kapitel 7
Stilelemente **81**

Fühlen Sie sich wohl dabei? 81
Stilelemente 82
Die richtige Armführung 83
Schwungvoll in den nächsten Schritt 84
Mit großen Schritten in die Falle laufen 85
Bringen Sie Ihre Schrittfrequenz auf Touren 86

Kapitel 8
Aufwärmen, Dehnen, Auskühlen **89**

Richtig aufwärmen 89
Stopp: Jetzt wird gedehnt! 89
Wann stretchen? 90
Stretchen ja – aber wie? 90
Die Wahrheit über das Stretchen 91

Die flexiblen Fünf 91
Cool down 94

Kapitel 9
Der Berg ruft 95

Fangen Sie klein an – zunächst! 95
Am Anfang war der Stil 96
Das Gesetz der Schwerkraft: Bergab laufen 98
Wie Sie am Hügel trainieren 99
Finden Sie Ihr Tempo 99
Die Teile zusammenfügen 100
Das Dilemma des Flachländers 100
Ist das Gold in den Hügeln zu finden? 100

Kapitel 10
Laufen bei Wind und Wetter 103

Draußen in der Kälte 104
Schichten Sie! 104
Bevor Sie nach draußen gehen 105
Gefahren auf Straßen und Bürgersteigen 106
Auf dünnem Eis 107
Bei Glatteis 107
Seien Sie cool, wenn es heiß ist 108
Sie haben's verschwitzt 108
Training bei heißem Wetter 109
Heiße Rennen 110
Gefahrenzone 110
Lassen Sie sich von der Sonne keins überbraten 111
Läufer im Regen 111
Hoch oben in der Luft 112
Hatschi! 112
Wider die Abgase 112

Kapitel 11
Zuerst die Sicherheit 115

Regeln für sicheres Laufen 116
Zusammentreffen mit frei laufenden Hunden 117
Mit Ihrem Hund laufen 117
Wenn der Blitz einschlägt 118
Davonlaufen 119

Teil III
Rennen um die Zeit 121

Kapitel 12
Training für Fortgeschrittene 123

Ja, wo laufen Sie denn, wo laufen Sie denn hin? 123
Allmähliche Ausdehnung der Kilometer 124
Tempo ist gefordert 124
Schnelligkeitstraining für Anfänger 125
Gezieltes Training 125
An allen Fronten vorwärts kommen 127
Auf die richtige Bahn gelangen 127
Das Herz des Ganzen 129
Wo liegt Ihr Maximalpuls? 129
Sprechtest 130
Ein Aufruf zur Ordnung 130
Bauen Sie Ihr Haus 130
Was ist Ihr Ziel? 131
Die Bedeutung von Erholungsphasen 132
Vorsicht vor Übertraining! 132
Erklimmen Sie den Gipfel Ihrer Leistungsfähigkeit 133
Das Hoch halten 134

Kapitel 13
Wettkampftag 135

Klein anfangen 136
Vor einem Lauf 137
Der Abend davor 137
Der Morgen vor dem Wettkampf 137
Die Anreise 138
Streckenbesichtigung 138
Für den Erfolg gekleidet 138
Während des Laufs 138
Laufen Sie mit den Bedingungen 139
Denken Sie positiv! 139
Der Gruppenangriff 139
Behalten Sie die inneren Dämonen im Griff 140
Der Zieleinlauf 140
Kühlen Sie die Motoren 141
Vorsicht vor dem Rennfieber 142

Der geduldige Plan 142
Sieg! 143

Kapitel 14
Marathon 145

Marathonerfahrung bekommt großartige Kritiken 145
Ein Marathonprogramm für die Langstrecke 146
Welchen Wettkampf sollte ich wählen? 147
Der Entwurf eines einfachen Trainingsprogramms 147
Drei Wochen vor dem Start 150
Noch eine Woche bis zum Marathon 152
Dinge, die Sie 24 bis 48 Stunden vor dem Marathon erledigen 152
Laufen Sie den Lauf Ihres Lebens 153
Nach dem Marathon 154

Teil IV
Feinabstimmung 155

Kapitel 15
Verletzungen und wie man damit umgeht 157

Verletzungen vermeiden 157
Trainieren, nicht belasten 159
Zu früh, zu viel 159
Gute Methoden, um Verletzungen zu behandeln 159
EEE – Erste Hilfe bei Laufverletzungen 159
Entzündungshemmer 160
Häufige Laufverletzungen 160
Schienbeinschmerzen (Shinsplint-Syndrom) 161
Chondromalazie oder Läuferknie 162
Achillessehnenentzündung (Achilles tendinitis) 162
Plantar fasciitis 163
Scheuersyndrom des Tractus iliotibialis 164
Weitere Wehwehchen und Verletzungen 165
Auf der Suche nach professioneller Hilfe 168
Orthopädische Einlagen 168
Massage 169
Physiotherapie 169
Chiropraktik 169
Orthopädie 170
Stehaufmännchen 170
Der Gehtest 170

Kapitel 16
Cross-Training und Training auf dem Laufband 173

Cross-Training: Wie viel? Wie oft? Wie intensiv? 174
Aerobe Trainingszone 174
Cross-Training für Läufer 175
Die Wahl der geeigneten Ausrüstung für Cross-Training 176
Schilanglauf-Simulatoren 177
Standfahrräder (Ergometer) 177
Rudergeräte 177
Stepper 178
Laufband-Training 178
Tipps zum Kauf eines Laufbands 179
Wie man ein Laufband benutzt 181

Kapitel 17
Krafttraining 185

Was das Krafttraining für Ihr Lauftraining tun kann 185
Was das Krafttraining für Ihr Leben tun kann 186
Arnold, Sie sind nicht mein Typ – oder: Der Unterschied zwischen Läufern und Gewichthebern 187
Wie oft sollte ich Krafttraining machen? 188
Welche Muskeln sollte ich trainieren? 188
Welche Trainingsmittel sollte ich benutzen? 189
Welche Übungen sollte ich machen? Wie sollte ich sie durchführen? Wie viele Sätze sollte ich machen? 189
Ein Krafttrainingsprogramm für Läufer 190
Kniebeugen 190
Bankdrücken 190
Lateralhebungen 192
Schulterhebungen 192
Bizeps Curl 192
Trizepsstrecker 194
Rückenstrecker 194
Rumpfbeugen 195

Kapitel 18
Laufen für Frauen, Kinder und Senioren 197

Frauen und Laufen 197
Laufen und Menstruation 198
Laufen und Amenorrhö 199
Laufen und Schwangerschaft 199

Laufen mit Sport-BH 199
Kinder und Laufen 199
Senioren und Laufen 201
Ein Rezept für lebenslanges Laufen 203

Teil V
Der Top-Ten-Teil für Läufer 205

Kapitel 19
Mehr als zehn Tipps, wie Sie sich mental fit machen 207

Vergessen Sie nicht, wer Sie sind 207
Denken Sie langfristig 208
Bleiben Sie motiviert 208
Gönnen Sie sich eine Pause 209
Spielen Sie die Cross-Trainingskarte aus 209
Befreien Sie den inneren Kämpfer in Ihnen 210
Stellen Sie sich dem Wettkampf 210
Sie können es schaffen 210
Gedankenkino 211
Atmen Sie gut durch 211
Setzen Sie auf Erfolg 211
Setzen Sie sich Teilziele 212
Vergessen Sie die Uhr 212
Rückschläge überwinden 213
Steigen Sie wegen eines Ausstiegs nicht aus 214
Blicken Sie um die Welt 214
Bleiben Sie nicht unten 214

Kapitel 20
Zehn schöne Läufe 215

Athen 215
Jungfrau-Marathon 215
100 Kilometer von Biel 216
Boston-Marathon 216
Flora London-Marathon 216
Volkslauf in Maxdorf 216
New York City-Marathon 216
Nürburgringlauf 217
Helgoland-Marathon 217
Bodensee-Marathon 217

Kapitel 21
Zehn Läufe für Frauen 219

Bensberger Frauenlauf in Bergisch Gladbach 219
Avon-Frauenlauf in Berlin 219
Bottroper Frauenlauf 219
Nike-Winterlaufserie ASV-Duisburg 219
Internationaler Verner Frauenlauf 220
Frauenlauf Gundelfingen 220
Hamburger Frauenlauf 220
Lübecker Frauenlauf 220
Schweizer Frauenlauf 220

Kapitel 22
Zehn Marathons für Neulinge 221

Berlin-Marathon 221
Elbe-Marathon Dresden 222
Rhein-Ruhr-Marathon Duisburg 222
Hansaplast-Marathon Hamburg 222
Köln-Marathon 222
Monschau-Marathon 222
1. ELIXIA Laufbandmarathon 223
Euro Marathon Frankfurt 223
Baden-Marathon-Karlsruhe 223

Kapitel 23
Zehn Internetseiten für Läufer 225

www.leichathletik.de 225
www.volkslauf.de 225
www.spiridon-frankfurt.de 225
www.lauftreff.de 226
www.runnerspoint.com 226
www.laufen.de 226
http://members.aol.com/hklimmer/index.html 226
www.aims-association.org 226
www.50plus.org 226
www.runnersworld.com 226
www.marathon.de 227
www.frauen-lauf.de 227

Kapitel 24
Zehn Zeitschriften für Läufer 229

Anhang A
Laufclubs 231

Anhang B
Lauftagebuch 235

Stichwortverzeichnis 239

Die Autoren

Florence Griffith Joyner

Florence Griffith Joyner verkörpert geradezu das Ideal des Amerikanischen Traums. In Los Angeles geboren und in Watts aufgewachsen, war sie das siebte von elf Kindern, die von einer geschiedenen Mutter großgezogen wurden, die ihnen Individualismus und Unabhängigkeit als hohe Werte vermittelte. Obwohl ein Bruder Kampfsportarten betrieb und ein anderer Football spielte, war Florence hinsichtlich ihrer athletischen Begabung und Fähigkeit einzigartig in der Griffith-Familie.

Florence begann im Alter von sieben Jahren unter den Fittichen der *Sugar Ray Robinson Youth Foundation* mit dem Laufen. Bis zur Pubertät war sie bereits zu einer hervorragenden Weitspringerin geworden und eine der Topläuferinnen der *Jordan High School* in Los Angeles, wo sie die Jungen ihrer Altersgruppe regelmäßig besiegte. Joyner vergrub sich jedoch nicht in die Leichtathletik: Als Einser-Schülerin schrieb sie sich an der *California State University* in Northridge für Wirtschaftswissenschaften ein, bevor sie ein Stipendium an der *University of California* in Los Angeles erhielt und dort Psychologie studierte. Während dieser Zeit entfaltete sie ihre ganzen läuferischen Fähigkeiten und qualifizierte sich erstmals 1980 für die Olympischen Spiele, wo sie über 200 Meter Vierte wurde und bei der 100-Meter-Distanz bis ins Finale vordrang. 1981 lief sie bei den Weltmeisterschaften in der 4x100-Meter-Staffel amerikanischen Rekord. 1983 nahm sie an den ersten Weltmeisterschaften in Helsinki teil, wo sie Vierte im 200-Meter-Lauf wurde.

1984 sprintete Joyner in der 200-Meter-Distanz bei den Olympischen Spielen in Los Angeles auf den zweiten Platz. Obwohl sie die Silbermedaille als eine große Ehre empfand, setzte sie sich für die nächste Olympiade die Goldmedaille als Ziel. In der Zwischenzeit gewann sie bei den Weltmeisterschaften 1987 Gold über die 4x100-Meter-Staffel und Silber über 200 Meter.

1988 war das Jahr der Florence Griffith Joyner: Als erste Amerikanerin konnte sie vier Medaillen, drei goldene und eine silberne, bei einer Olympiade gewinnen. Die »Königin von Seoul« wurde anschließend mit einer wahren Flut von Ehrungen überhäuft. Sie erhielt den *Sullivan Award* als herausragende amerikanische Athletin, wurde unter anderem von *Associated Press*, vom amerikanischen Olympischen Komitee, dem amerikanischen Leichtathletikmagazin *Track and Field*, der Nachrichtenagentur *Tass* etc. als Sportlerin des Jahres ausgezeichnet.

Joyner, mit ihren extravaganten, farbenfreudigen und oft »einbeinigen« Lauftrikots sowie langen, farbig lackierten Fingernägeln, eroberte sich die Herzen der Welt mit einer seltenen Kombination von Geschwindigkeit, Grazie und Schönheit. Ihr noch immer bestehender Weltrekord über die 100- und 200- Meter-Strecke haben ihr zu Recht den Titel »schnellste Frau der Welt« eingebracht.

Ehrungen aus der ganzen Welt bezogen sich nicht nur auf ihre athletischen Fähigkeiten, sondern auch auf ihren neuen Status als allgemeines Vorbild: Auszeichnungen der Harvard Universität und des *Life Magazine*, *Die goldene Kamera* der deutschen Fernsehindustrie, den *Positive Image*

Award der *Women at Work*, den *Distinguished Service Award* des *United Negro College Fund* usw. Sie war eine gesuchte Rednerin für weltweit diskutierte Themen wie beispielsweise das Projekt Ökologische Schule oder die amerikanische Krebsorganisation und die Multiple Sklerose Vereinigung. 1993 wurde sie von US-Präsident Clinton ausgewählt, Arnold Schwarzenegger als Vorsitzenden des *President's Council on Physical Fitness and Sports* abzulösen – als erste Frau in dieser Position.

Joyner, liebevoll »Flo-Jo« genannt, und ihr Ehemann Al Joyner gründeten gemeinsam die *Florence Griffith Joyner Youth Foundation*, die als karitative Organisation der amerikanischen Jugend hilft, sich Ziele zu setzen und ihre Träume zu verwirklichen. Sie gewährt finanzielle Unterstützung und hilft bei der Ausbildung. Aber auch auf menschlicher Ebene will sie Jugendliche unterstützen, indem sie versucht, deren Selbstbewusstsein und gesellschaftliches Umfeld zu stärken und dabei Familie und Freunde einzubinden.

John Hanc

John Hanc ist Sportjournalist für *Newsday* und Autor der Laufbücher *The Essential Runner* und *The Essential Marathoner*. Er publizierte Artikel über Laufen und Fitness in *Runners World, Playboy, Reader's Digest, Men's Health, Running Times* und *Men's Fitness*.

Hanc hat bereits selbst an vielen internationalen Marathons, auch im Ausland, teilgenommen. Neben dem Laufen fährt er Rad und hebt Gewichte. Er lebt mit seiner Frau und seinem Sohn sowie etwa sieben Paar Laufschuhen in Farmingdale, New York.

Anmerkung:

Das vorliegende Buch war im Großen und Ganzen fertig gestellt, als Florence Griffith Joyner am 21. September 1998 starb. Auf Wunsch ihres Ehemannes Al Joyner beendete John Hanc dieses Buch, an dem »Flo-Jo« als Co-Autorin mit großem Enthusiasmus mitgearbeitet hatte. Obwohl sie als Sprinterin berühmt geworden ist, sollten Sie als Leser wissen, dass sie den Langstreckenlauf liebte und diese Begeisterung mit diesem Buch weitergeben wollte.

Einführung

Es gab Zeiten, da hielten die meisten Leute jeden für einen Dummy, der aus einem anderen Grunde rannte, als um einen Bus zu bekommen.

Wie die Zeiten sich geändert haben! 2001 gingen mehr als 33 Millionen Amerikaner joggen. In Deutschland nahmen 2001 über eine Million Menschen an über 3.000 Volksläufen im gesamten Bundesgebiet teil (zum Vergleich: im Jahr 1973 waren es nur knapp über 300.000 Menschen bei 346 Veranstaltungen). Die 10-Kilometer-Läufe des örtlichen Sportvereins sind ebenso populär wie Dorffeste und große Stadtmarathons erregen genauso viel Aufmerksamkeit wie Parteitage. Inzwischen ist letztendlich daraus ein ganzer Industriezweig entstanden, dass ein Trainer, der legendäre Bill Bowerman aus dem amerikanischen Bundesstaat Oregon, Gummi in das Waffeleisen seiner Frau kippte, um einen neuartigen Schuh – den Laufschuh – zu entwickeln.

Bowerman und all die anderen großen Trainer talentierter Läufer vergangener Jahrzehnte verdienen unsere Anerkennung. Aber bei der Laufbewegung geht es nicht um Talent und schnelles Laufen, sondern ums Mitmachen – darum, alles zu geben und dabei gleichzeitig eine ganze Menge Vorteile zu ernten.

Diese rasante Entwicklung der Laufbewegung verdanken wir Menschen wie Dr. Kenneth Cooper, dessen *Aerobics*-Buch von 1968 ein ganz neues Licht auf den inzwischen selbstverständlichen Zusammenhang zwischen Bewegung und der Vorbeugung gegen Herzkrankheiten warf; wie Frank Shorter, einem Jurastudenten der Yale-Universität, der 1972 den olympischen Marathon gewann und eine ganze Generation mittlerer und oberer Angestellter dazu animierte, ihre Turnschuhe hervorzuholen; wie Bill Rodgers, dem populären Sieger des Boston-Marathons, und wie Dr. George Sheehan, dem Autor und Läufer-Philosophen; wie Kathrine Switzer und Nina Kuscsik, die in den sechziger Jahren die Frauenlaufbewegung ins Leben riefen; wie Joan Benoit, deren Sieg im ersten olympischen Marathon 1984 für Frauen wahrscheinlich dieselbe Wirkung hatte, wie Shorters Sieg ein Jahrzehnt zuvor. Wie Fred Lebow, der den New-York-City-Marathon in eine der größten Shows der Welt verwandelte, und wie Grete Waitz, die deren größter Star und liebenswürdigste Botschafterin wurde; wie Oprah Winfrey, die in ihrer Fernsehshow zeigte, dass das Marathonlaufen nicht nur etwas für Super-Athleten ist. Und Menschen wie Jim Fixx, dessen *Complete Book of Running* 1977 (unter dem Titel »Das komplette Buch vom Laufen« 1979 in deutscher Übersetzung erschienen) dazu beitrug, den Laufboom jenes Jahrzehnts ins Rollen zu bringen, und dessen Tod durch Herzinfarkt sieben Jahre später jedoch gleichzeitig daran erinnerte, dass Laufen alleine kein Allheilmittel ist. (Etwas woran alle von uns, die zum Entstehen dieses Buches beigetragen haben, am 21. September 1998 wieder von Neuem erinnert wurden.)

All diese Menschen wollen wir dafür hochleben lassen, dass sie das Laufen von einem Sport für einige wenige Eliteathleten zu einer breiten Massenbewegung umgeformt haben. Aber vor allem verdienen auch Sie ein »Lebe hoch«.

Ja Sie! Denn indem Sie dieses Buch zur Hand nehmen, machen Sie den ersten Schritt in eine großartige Welt. Die neunziger Jahre haben einen zweiten Laufboom erlebt, einer, der nicht lediglich aus studierten Männern der oberen Mittelklasse bestand, sondern aus Menschen aller Geschlechter, Altersklassen und Fähigkeiten. Sie laufen um der Fitness, des Spaßes und der Freundschaft willen; und sie werden wohl weiterlaufen – direkt ins nächste Jahrhundert hinein.

Auf geht's! Laufen Sie mit!

Wie man dieses Buch benutzt

Wenn Sie Anfänger sind, schlagen wir vor, dass Sie zunächst die Teile I und II lesen, in denen wir Ihnen zeigen, wie Sie beginnen. Wenn Sie bereits laufen, wollen Sie vielleicht gleich zu Teil III übergehen, in dem wir Ihnen helfen, den nächsten Level zu erreichen. Sie können unser Buch auch dazu benutzen, sich auf einen bestimmten Teil Ihres Trainings zu konzentrieren. Wollen Sie Marathon laufen? Dann schlagen Sie Kapitel 14 auf. Benötigen Sie neue Laufschuhe? In Kapitel 5 sagen wir Ihnen, worauf Sie beim Kauf achten sollten. Wollen Sie mit Gewichten arbeiten, um Ihr Lauftraining zu unterstützen? Lesen Sie Kapitel 17. Und so weiter.

Wie dieses Buch aufgebaut ist

Das Buch besteht aus fünf Teilen, die jeweils in einzelne Kapitel zu bestimmten Themen unterteilt sind.

Teil I: Lauf, Baby, lauf!

In diesem Teil des Buches erzählen wir Ihnen etwas über den neuen Laufboom, zu dem Sie jetzt bald dazugehören. Wir sagen Ihnen, warum Menschen laufen, warum so viele (inklusive wir selbst) das Laufen so sehr lieben und warum so viele Mediziner es befürworten und unterstützen. Wir erklären kurz und einfach, was mit und in Ihrem Körper passiert, wenn Sie laufen, und wie Sie ihn fürs Laufen richtig auftanken. Wir helfen Ihnen außerdem, den wichtigsten und (wie manche vielleicht sagen) einzigen unabdingbaren Ausrüstungsgegenstand auszuwählen, den Sie zum Laufen brauchen: die Schuhe. Dann begleiten wir Sie auf Ihren ersten Laufschritten – und zeigen Ihnen, wie Sie motiviert und konsequent weitermachen.

Teil II: Grundtraining

Wir möchten, dass Sie *Laufen für Dummies* als Ihren persönlichen Trainer betrachten. Und hier kommt der Startpfiff: Wir beginnen mit der Arbeit! (Keine Angst, es ist eine lohnende Arbeit und sie kann auch Spaß machen.) In diesem Abschnitt beschreiben wir den richtigen Laufstil, stellen die Bedeutung von Hügeln für Ihr Training vor und decken einige weitere Grundlagen ab: wie Sie sich richtig aufwärmen, wie Sie sicher laufen und wie Sie auch bei den schwierigsten Wetterlagen weiterlaufen.

Teil III: Rennen um die Zeit

So, nun sind Sie fit. Testen Sie es: Dieser Abschnitt zeigt Ihnen, wie Ihre ersten Schritte bei der Vorbereitung auf den ersten 5-Kilometer-Volkslauf aussehen. Wir sagen Ihnen, welches Training Sie brauchen, um so schnell wie möglich zu laufen. Und wenn Sie dann für eine wirkliche Herausforderung bereit sind, zeigen wir, wie Sie für Ihren ersten Marathon trainieren und diesen auch beenden.

Teil IV: Der Feinschliff

Die meisten Ärzte kennen die Vorteile, die das Laufen Ihrem Herzen bringt, und werden Ihre Bemühungen loben. Die Ausnahme sind orthopädische Chirurgen und Fußspezialisten, die die Knie und Füße derjenigen Läufer reparieren müssen, die zu lange zu viel gelaufen sind. Sie können Verletzungen und mentale Müdigkeit vermeiden, wenn Sie intelligent trainieren. Wie Sie das tun, zeigen wir Ihnen in diesem Teil. Außerdem haben wir einige spezielle Tipps für laufende Frauen, Senioren und Kinder.

Teil V: Die-Top-Ten für Läufer

Wenn Sie nur zehn Minuten übrig haben, so kann Ihnen dieses Buch trotzdem sofort weiterhelfen: Lesen Sie unsere Tipps, wie Sie sich mental fit machen. Oder blättern Sie durch unsere Listen der zehn schönsten Läufe, der zehn besten Frauenläufe und der zehn perfekten Marathons für Anfänger.

Das Lauftagebuch

Vergessen Sie nicht das Lauftagebuch im Anhang des Buches. Dort können Sie Ihre Fortschritte aufzeichnen, während Sie einen Trainingsplan entwickeln.

In diesem Buch verwendete Symbole

Wenn Sie in diesem Buch blättern, werden Sie die kleinen Bildsymbole neben einigen Textabschnitten bemerken. Hier steht, was sie bedeuten:

Informative Tricks, Geheimtipps und allgemeine Ratschläge werden mit diesem Symbol markiert.

Wir benutzen dieses Symbol, um Sie vor möglichen Verletzungen oder anderen Gefahren zu warnen.

Wie viele andere Sportarten scheint auch der Laufsport eine eigene Sprache zu besitzen. Wir benutzen dieses Symbol, um laufspezifische Ausdrücke zu erläutern.

Neben diesem Symbol finden Sie kleine Trivialitäten des Laufsports.

Es gibt die seltsamsten Vorstellungen, was das Laufen, die Fitness und die Ernährung angeht. Wenn wir entsprechende Mythen aufdecken, benutzen wir dieses Symbol.

Dieses Symbol markiert Anekdoten und weise Worte von Florence Griffith Joyner (»Flo-Jo«).

Wie geht es weiter

Blättern Sie im Inhaltsverzeichnis oder im Stichwortverzeichnis und lesen Sie etwas über das Thema, das Sie interessiert. Dieses Buch ist eine Art Nachschlagewerk, kein Lehrbuch, also fühlen Sie sich frei, hin und her zu springen und die Abschnitte zu lesen, die Sie interessieren. Oder Sie lesen das Buch von vorne bis hinten durch, was uns natürlich auch glücklich machen würde.

Teil I

Lauf, Baby, lauf!

»Ich denke, Sie sind in bester Verfassung, um ein Lauftraining zu beginnen. An Ihrer Stelle würde ich allerdings alles dafür tun, dass ich mir nicht die Beine breche und einen Gips benötige ...«

In diesem Teil ...

Dieser Teil ist ein guter Startpunkt für Laufanfänger. Wir geben Ihnen einen Überblick über die jüngsten Trends in der Laufszene, sagen Ihnen, warum Laufen gut für Sie ist, zeigen Ihnen, wie Sie anfangen zu laufen, und wir helfen Ihnen sogar beim Schuhkauf.

Der zweite Laufboom

1

In diesem Kapitel

- Der neue Laufboom
- Laufen für die Gesundheit
- Laufen für einen guten Zweck

Im 21. Jahrhundert laufen wir mit der Zeit – wortwörtlich.

Ein neuer Laufboom fegt durch das Land und findet überall auf der restlichen Welt ein Echo. Er unterscheidet sich vom Laufboom der siebziger Jahre. Letzterer begann, wie Sie sich vielleicht erinnern, im Jahr 1972, als Frank Shorters unerwarteter Goldmedaillengewinn im olympischen Marathon eine ganze Männergeneration der gehobenen Schichten dazu animierte, ihre Turnschuhe aus der Ecke hervorzuholen und den örtlichen Sportplatz zu bevölkern.

Shorter, ein eloquenter Anwalt, der in Yale studiert hatte, war ein etwas unwahrscheinlicher Held des Sports. Anwälte, Banker, Buchhalter und Börsianer (laufende Frauen waren in dieser Zeit noch die Ausnahme) fassten sich nach seinem Erfolg ein Herz. Ihre Ärzte, die angesichts neuer Forschungsergebnisse aufmerkten und die gesundheitlichen Vorteile des Laufens erkannten, drängten sie weiter vorwärts. Und bald zogen diese Läufer Stirnbänder und Polyester-Jogginganzüge an und eroberten Straßen und Bürgersteige.

Die Läufer des ersten Laufbooms waren ehrgeizig, aber eindimensional. Sie liefen und liefen. Kein Cross-Training. Kein Stretching. Keine Gewichte. Keines dieser Dinge, von denen wir Läufer heute wissen, dass wir sie tun müssen, um gesund zu bleiben. Sie erzeugten einen eigenen Industriezweig – für Sportschuhe – und waren ein unverhoffter Glücksfall für Pediatristen und orthopädische Chirurgen. Sie verwandelten Events wie den New-York-City-Marathon oder den Boston-Marathon von relativ kleinen Läufen für professionelle Athleten in sportliche Massenveranstaltungen.

Der New-York-City-Marathon wuchs von 55 Läufern, die 1970 ins Ziel kamen, auf 12.512 Finisher im Jahr 1980. Heute sind es in manchen Jahren mehr als 30.000.

Wir verdanken den Läufern dieses ersten Booms viel. Auch wenn sie es vielleicht übertrieben haben, so haben sie doch für eine nationale Wiederbelebung der Fitnesswelle gesorgt, die uns schließlich Step-Aerobic brachte, Stepper und an jeder Ecke ein Fitness-Studio.

Worin sich der zweite Laufboom vom ersten unterscheidet

Der neue Laufboom, den Sie mit uns zusammen aufrechterhalten, ist anders. Er ist wesentlich vielschichtiger. Alle möglichen Leute laufen: ältere Menschen, Kinder, körperlich Behinderte, Menschen aller Klassen und ethnischer Herkünfte, und, was vielleicht der bedeutendste Unterschied ist, Frauen haben sich den Läufern angeschlossen.

Im Jahr 1996 liefen mehr als 33 Millionen Amerikaner. Damit war Laufen zum viertpopulärsten Fitness-Sport in Amerika geworden. Das war eine Zunahme von 53 Prozent gegenüber 1987. Fünf Millionen sind laufen regelmäßig (definiert als Leute, die zweimal oder öfter in der Woche laufen).

Nach Auskunft des *USA Track and Field Road Running Information Center* in Kalifornien stieg der Prozentsatz weiblicher Finisher bei amerikanischer Straßenrennen innerhalb der letzten zehn Jahre stetig: bis zu einem Anteil von 38 Prozent aller Finisher im Jahr 2000. Frauen stellen mittlerweile in den gesamten USA fast die Hälfte aller Finisher in 5-Kilometer-Läufen dar.

Alle Teilnehmer eines Laufes, die bei einem Lauf ins Ziel kommen, werden in Anlehnung an den angelsächsischen Sprachgebrauch allgemein als *Finisher* bezeichnet (von *to finish* 'beenden') und sind damit berechtigt, T-Shirts mit Aufschriften wie *Finisher New York City Marathon 19XX* oder *Finisher Klein-Niedesheimer 2-km-Schnupperlauf* zu tragen.

Im größten amerikanischen Straßenrennen, dem *Bay to Breakers* 15-Kilometer-Lauf in San Francisco, wurde Geschichte geschrieben, als 1997 zum ersten Mal in der 86-jährigen Tradition des Events mehr als die Hälfte der Teilnehmer Frauen waren: 30.000 Frauen von knapp unter 60.000 Teilnehmern insgesamt.

Warum laufen so viele Menschen? Eine Befragung regelmäßiger Läufer fand folgende Antworten:

- ✔ 95 Prozent sagen, sie laufen, um fit zu bleiben.
- ✔ 92 Prozent mögen die positiven Auswirkungen auf die Psyche.
- ✔ 76 Prozent sagen, sie laufen, um Stress abzubauen.
- ✔ 70 Prozent sagen, sie laufen, um ihr Gewicht unter Kontrolle zu halten.
- ✔ 36 Prozent mögen den Wettkampfcharakter.

Frauen und Laufen: Wir haben einen langen Weg hinter uns

In den schlechten alten Zeiten durften Frauen an einigen Laufveranstaltungen nicht teilnehmen, in denen männliche Teilnehmer starteten, weil die Männer dachten, dass Frauen physisch nicht in der Lage seien, lange Strecken zu bewältigen. So durften Frauen lange Zeit keine längere Strecke als die 800-Meter-Distanz laufen.

Es war insbesondere eine Athletin – Kathrine Switzer –, die viele Frauen zum Laufen inspirierte. Switzer meldete sich 1967 unter dem Namen K. Switzer zum Boston-Marathon an.

Einer der Wettkampffunktionäre fand heraus, dass sie eine Frau war und wollte ihre Teilnahme unterbinden; er versuchte sogar, ihr die Startnummer von der Brust zu reißen. Einige Menschen kamen Switzer zu Hilfe und verhinderten, dass der Funktionär sie zu fassen bekam, und Switzer beendete den Marathon.

Frauen waren beim Boston-Marathon bis ins Jahr 1972 offiziell nicht zugelassen. Es brauchte eine Heldentat wie die Kathrine Switzers, damit Männer einsahen, dass Frauen tatsächlich einen Marathon beenden können. So wurden für Millionen weiterer Athletinnen, die auf diese Gelegenheit nur gewartet hatten, die Türen geöffnet.

Laufen um der Gesundheit willen

Der einfachste Grund, warum man laufen sollte, ist die Verbesserung und Erhaltung der Gesundheit. Wir erläutern im nächsten Kapitel noch ein bisschen mehr, wie Laufen Ihnen hilft, was es im und für den Körper bewirkt. Lassen Sie uns aber zunächst nochmals einen Moment lang darauf zurückkommen, worin sich der erste Laufboom der siebziger Jahre von dem heutigen unterscheidet: Die Läufer des zweiten Booms haben eine andere Haltung gegenüber dem Laufen als der harte Kern ihrer Vorgänger aus den Siebzigern. Die Läufer des zweiten Booms, Menschen wie Sie, sehen das Laufen meist eher als Teil eines gesunden Lebensstils. Für die heutigen Athleten ist das Laufen nur Teil einer Routine, die außerdem Training mit Gewichten, Stretching, eine gesunde Ernährung und andere sportliche Aktivitäten umfassen kann.

Die heutigen Läufer sind meist auch weniger auf Leistung aus. Die durchschnittliche Endzeit von Marathonläufen wurde in den letzten Jahren immer langsamer, bei Männern und Frauen gleichermaßen. 1980 brauchte der durchschnittliche Finisher für die 42,195 Kilometer 3 Stunden, 32 Minuten und 17 Sekunden. Heute liegt die Durchschnittszeit bei 4 Stunden und 10 Minuten. Bei Frauen stieg die durchschnittliche Endzeit von 4 Stunden, 3 Minuten auf 4 Stunden und 30 Minuten. Bei Volksläufen wird naturgemäß noch langsamer gelaufen.

Heute streben die Läufer weniger nach Wettkampf und Leistung. Der Wettkampfgedanke kann sicherlich immer noch den Spaß am Laufen steigern, und es gibt gewiss eine ganze Reihe ehrgeiziger Wettkämpfer unter den Läufern. Aber die Läufer von heute befassen sich weniger mit persönlichen Ergebnislisten als mit dem Spaß an der Sache und dem Gefühl, etwas erreicht zu haben, das sich mit regelmäßigem Training einstellt. Kurz gesagt, sie laufen mit einer gesünderen Einstellung.

Vielleicht lassen sich die Läufer von heute mehr Zeit, weil sie das Laufen – oder zumindest die Gesellschaft anderer Läufer - mehr genießen. Sie mögen vom Laufen die Vorstellung einer einsamen, ungeselligen Aktivität haben. Und für manche Leute ist es das sicher – für sie ist gerade das der Grund, warum sie laufen. Sie wollen weg von allem, weg von Computer, Fax und Telefonen. Aber für viele andere ist das Laufen eine Gelegenheit, soziale Kontakte zu knüpfen; mit Menschen zu laufen (statt von ihnen weg), ist eine gute Möglichkeit des Zeitvertreibs: Sie halten ein Schwätzchen, vergleichen Erfahrungen, sie reden über alles Mögliche und Unmögliche unter der Sonne – während die Kilometer dahinschmelzen. Trainingsgruppen und Lauftreffs florieren wegen der Gesellschaft, die sie bieten.

Einen geeigneten Laufpartner zu finden, ist laut einiger Sportpsychologen eine der besten Möglichkeiten, ein Lauftraining zu beginnen und aufrechtzuerhalten. Also, vergessen Sie den Mythos von der Einsamkeit des Langstreckenläufers! Laufen kann ein äußerst geselliger Sport sein. Fragen Sie nur irgendeinen der zahlreichen Männer und Frauen, die sich beim Zieleinlauf oder entlang der Marathonstrecken verloben oder heiraten!

Laufen für einen guten Zweck

Ein anderer Grund, warum heutige Läufer auf die Straßen gehen, sind Menschen – aber nicht unbedingt Menschen, die sie kennen. Insbesondere Frauen nehmen an Läufen für einen guten Zweck teil.

The Race for the Cure, eine Serie von 5-Kilometer-Läufen, wird in 86 Städten in den USA abgehalten und hat bereits mehrere Millionen Dollar für ein Forschungs- und Vorbeugungsprogramm gegen Brustkrebs aufgebracht. In zahlreichen Städten Europas und Nordamerikas gibt es *Walk for Life*-Veranstaltungen, um Geld zur Unterstützung von AIDS-Kranken zu sammeln. In Deutschland veranstaltet der Förderverein der AIDS-Hilfe Frankfurt jedes Jahr im September den *Lauf für mehr Zeit,* bei dem Freizeitjogger, Spitzenläufer und Prominente auf dem 5000-Meter-Kurs durch die Frankfurter Innenstadt um ihre persönliche Bestzeit wetteifern und dabei Spenden sammeln. Der Reinerlös unterstützt direkt und unmittelbar die Arbeit der AIDS-Hilfe Frankfurt e.V. und ihren ambulanten Pflegedienst, den Regenbogendienst (Koordinationsbüro *Lauf für mehr Zeit* Theo Sandbaumhüter, Mainberg 11, 65929 Frankfurt am Main, Homepage: `www.lauf-fuer-mehr-zeit.de`.

Was das Laufen für Sie bewirken kann

2

In diesem Kapitel

- Physische Vorteile
- Psychische Belohnungen

»Warum laufe ich?« Das war die Frage, die ein führender Sportschuh-Hersteller kürzlich in einem Fernseh-Werbespot stellte. Gezeigt wurden Läufer auf dem Sportplatz und auf der Straße, trampelnd, sprintend, nach Luft schnappend, Grimassen ziehend. Am Ende des Spots wurde die Frage beantwortet: »Um zu gewinnen.«

Mannomann, traf dieser Spot daneben, zumindest was den durchschnittlichen Läufer angeht. Dieser läuft nicht, um Rennen oder Medaillen zu gewinnen. Das heißt nicht, dass wir sozusagen außer Konkurrenz laufen – die meisten Läufer versuchen stets, sich zu verbessern, etwas weiter zu laufen oder etwas schneller als beim letzten Mal. Von dem Moment an, an dem Sie die ersten Schritte Ihres Laufprogramms absolvieren, werden Sie sich wahrscheinlich weiter verbessern wollen. An einem bestimmten Punkt werden Sie sich vielleicht entscheiden, an einem Wettkampf teilzunehmen und gegen die Uhr oder gegen Läufer gleicher Stärke zu laufen.

Aber das Gewinnen ist für die meisten Läufer ein schwer fassbares, wenn nicht sogar unerhebliches Ziel. Es sind die körperlichen, mentalen und sozialen Gründe, die für die meisten von uns ausreichend »Gewinn bringen«; das gute Gefühl, das das Laufen erzeugt; das Gefühl von Selbstvertrauen und Erfolg. Nein, wir laufen nicht, um zu siegen. Wir laufen, weil wir uns danach wie Sieger fühlen, egal wie schnell oder langsam wir vorwärts kommen.

Warum sollten Sie mit dem Laufen anfangen?

Denken Sie einen Augenblick lang darüber nach, sogar während Sie dieses Buch über das Laufen lesen. Was kümmert es Sie? Warum nicht einfach wieder auf die Couch setzen? Warum nicht eine andere Aktivität wählen – warum nicht gehen, schwimmen, Rad fahren oder Step-Aerobics? Das sind alles gute Möglichkeiten, um etwas Bewegung zu bekommen. Warum sich der Mühe unterziehen – ja, insbesondere wenn Sie mit dem Laufen beginnen, kostet es einige Mühe – ein Lauftraining anzufangen? Ganz einfach. Weil das Laufen Ihr Leben verändern kann – effektiver und mit weniger Ausgaben oder Ausrüstung verbunden als jede andere Aktivität.

Wir lügen und übertreiben nicht, was die dramatischen Auswirkungen angeht, die das Laufen auf Ihr Leben haben kann. Über die Jahre hinweg haben wir Hunderte von Menschen getroffen oder von ihnen gehört, deren Leben durch das Laufen regelrecht verwandelt wurde. Nicht-Läufer mögen vielleicht nicht glauben, wie viele Vorteile das Laufen bringen kann, aber es ist wahr. Das Laufen hat das Leben von Menschen verändert – ihr Aussehen verbessert, ihre Gefühle, Gedanken und Lebensansichten positiv beeinflusst. Läufer schätzen das Gefühl des Sich-Wohlfühlens-in-ihrer-Haut, des Selbstvertrauens und des Etwas-erreicht-habens, das das Laufen bei ihnen hervorruft.

Das Laufen bewirkt, dass sich die Menschen als Sieger fühlen, gleich wie schnell oder langsam sie laufen, und deshalb laufen sie. Läufer werden Ihnen erzählen, dass das Laufen ihr Leben auf vielfältige Art und Weise beeinflusst hat. Und es kann dasselbe auch für Sie tun. Es folgen einige der körperlichen, mentalen und gesellschaftlichen Vorteile, die Sie erwarten können, wenn Sie mit dem Laufen beginnen.

Die körperlichen Vorteile des Laufens

Es gibt viele gesundheitliche Gründe, die für das Laufen sprechen. Das heißt nicht, dass Sie nicht zu viel laufen können. Sie können. Aber ein vernünftiges Laufprogramm, wie wir es Ihnen in diesem Buch vorstellen, ist eine der effektivsten, bequemsten und preiswertesten Möglichkeiten, um in den Genuss aller wunderbaren Vorteile eines sportlichen Trainings zu gelangen.

Laufen kann Ihnen beim Abnehmen helfen

Durch Laufen können Sie beliebig Pfunde loswerden, 10, 20, 50 oder sogar 100 Pfund. (Eine der bekanntesten Persönlichkeiten, die mit einem Laufprogramm abgenommen hat, ist Oprah Winfrey, die auf diese Weise 70 Pfund loswurde. In Deutschland ist der grüne Spitzenpolitiker und Marathonläufer Joschka Fischer ein prominentes Beispiel.) Läufer, die sich von ihren übermäßigen Pfunden verabschieden und diese auch nicht mehr wiedersehen – was Diäten alleine meist nicht schaffen –, gewinnen ein ganz neues Selbstwertgefühl und eine neue Selbstachtung.

Laufen verbrennt eine Menge Kalorien, etwa 60 Kalorien pro Kilometer. Sie können etwa dieselbe Menge Kalorien durch Gehen verbrauchen – der einzige Unterschied ist, dass es weniger lang dauert, einen Kilometer zu laufen als ihn zu gehen, also können Sie in derselben Zeit mehr verbrennen, da Sie als Läufer eine größere Distanz zurücklegen werden als die meisten Geher.

Als ich nach der Geburt meiner Tochter wieder mit dem Laufen anfing, hatte ich mehr als 50 überflüssige Pfunde loszuwerden. Was mir dabei sehr viel geholfen hat, war die ständige positive Selbstbestärkung. Ich habe mich nie als fetten Läufer gesehen, da ich wusste, dass solch negative Gedanken mir nicht dabei helfen würden, schlanker zu werden. Also ermunterte ich mich während des Trainings selbst und konzentrierte mich darauf, wo ich hin wollte, und nicht darauf, wo ich war. Ich bin überzeugt davon, dass positiver Input auch positive Ergebnisse erzielt.

Laufen ist gut für Ihr Herz

Warum ist das Laufen für Athleten anderer Sportarten ein Teil ihres Trainingsprogrammes? Weil das Laufen die elementarste Bewegungsform ist. Weil es das Fundament körperlicher Fitness darstellt; um die Ausdauer zu verbessern, um »in Form zu kommen«. Läufer zeichnen sich meist in anderen Sportarten und in allen anderen Dingen des Lebens durch ein besseres Stehvermögen aus.

Laufen hat grundlegende und positive Auswirkungen auf den wichtigsten Muskel im Körper: Ihr Herz. Ein Läufer-Herz ist ein starker Muskel, der

- ✔ effektiver arbeitet, da er seltener eine größere Menge Blut pumpt
- ✔ während körperlicher Arbeit und in Ruhephasen seltener schlägt (was Sie an dem durchschnittlich niedrigeren Pulsschlag bei den meisten Läufern beobachten können)
- ✔ weniger gestresst ist, das heißt beim Arbeiten weniger Energie verbraucht

Laufen und andere sportliche Aktivitäten sind mit erhöhten HDL-Werten (dem so genannten guten Cholesterin) und niedrigeren LDL- (dem schlechten Cholesterin) und Tri-Glyzerid-Werten verbunden, was zu einem niedrigeren Gesamt-Cholesterinspiegel führt.

Zwischen Laufen, Insulin und Blutdruck besteht ein wichtiger Zusammenhang. Der Körper eines Läufers benötigt weniger Insulin, was im Allgemeinen bedeutet, dass das Risiko für Bluthochdruck wesentlich geringer ist.

Laufen ist Teil eines gesunden Lebensstils

Obwohl das Laufen jede Menge Vorteile für Ihren Körper haben kann, kann es alleine kein gesundes Herz garantieren. Gene, Ernährung und andere Faktoren spielen ebenfalls eine Rolle. Wenn Sie mit einer Diät von Cheeseburgern und Fritten überleben und jeden Abend ein Six-Pack trinken, werden fünf Kilometer Laufen pro Tag Ihre Arterien wohl kaum vor dem Verkalken schützen. Herzprobleme können bei Läufern genauso auftreten, aber sie kommen wesentlich seltener vor als in der restlichen Bevölkerung. Darüber hinaus neigen Läufer zu einem gesünderen Lebensstil. Sie werden bemerken, dass Ihre Ess- und Trinkgewohnheiten und Ihr sonstiger Lebensstil mit Ihrem Lauftraining in Gleichschritt fallen.

Wir haben sogar Leute kennen gelernt, die durch das Laufen mit dem Rauchen aufgehört haben. Als sie eine neue Gewohnheit aufnahmen, lies sich diese nicht mehr mit einer alten in Einklang bringen. Und die positiven Gefühle, die das Laufen begleiten, sind offenbar stark genug, um sogar aus der Abhängigkeit von Nikotin auszubrechen, zumindest bei einigen Leuten.

Mäßigkeit, nicht totaler Entzug, ist der Schlüssel zu einem gesunden Lebensstil. Erkennen Sie Ihre Schwächen und versuchen Sie die Speisen, die Sie lieben, nicht im Übermaß zu sich zu nehmen. Wenn Sie einen Hamburger mit Pommes Frittes essen wollen, langen Sie zu. Tun Sie es nur nicht jeden Tag. Sie werden wahrscheinlich Ihre Einstellung und Ihren Einsatz in Ihrem Training verbessern, wenn Sie sich gelegentlich dafür belohnen, dass Sie beim Laufen diszipliniert sind.

Laufen kann Ihnen zu einem längeren Leben verhelfen

Der Wert eines regelmäßigen, aeroben Trainingsprogramms als Maßnahme der Krankheitsvorbeugung und Lebensverlängerung ist inzwischen unbestritten. Studien über Studien haben gezeigt, dass Menschen, die regelmäßig Sport treiben, ein längeres und gesünderes Leben haben.

Der amerikanische Gesundheitsminister, die *American Heart Association* und die *Centers for Disease Control and Prevention* empfehlen regelmäßigen Sport, um die Lebensqualität und -dauer zu verbessern. Laufen ist nicht der einzige Sport, der diese Vorteile mit sich bringt. Aber keine Sportart erzeugt diese Vorteile so effektiv und preiswert wie das Laufen.

Um zu den bereits bekannten gesundheitlichen Vorteilen des Laufens noch einige hinzuzufügen: Eine kürzlich vorgenommene Untersuchung zeigt, dass Menschen, die regelmäßig Sport treiben, mit geringerer Wahrscheinlichkeit Gallensteine oder Gallenblasenkrankheiten entwickeln als Nicht-Sportler. Obwohl eine ganze Reihe unterschiedlicher Sportarten halfen, das Risiko zu senken, waren die Sportarten, die am besten halfen, energische Sportarten, wie zum Beispiel – Sie haben's erraten – das Laufen. Die Forscher fanden heraus, dass zwei bis drei Stunden Laufen pro Woche das Risiko einer Gallensteinerkrankung um 20 bis 40 Prozent senken kann.

Sprinten versus Laufen

Keuch, keuch, keuch, japs, japs, japs. Diese Geräusche sind die Vorstellung einiger Leute davon, wie Laufen sein muss. Einige nehmen an, dass man laufen muss, so schnell man kann, bis zur Erschöpfung. Sprinten, wie Flo Ihnen erzählen könnte, hat seine Vorteile. Aber die Art des Laufens, von der wir hier sprechen – der Langstreckenlauf – hat nichts mit Schmerz zu tun, nichts mit über die eigene Grenze hinausgehen, nichts mit Schinderei, insbesondere nicht am Anfang. Die Vorteile durch das Laufen entstehen nicht dadurch, dass man sich quält, sondern durch Laufen in einem bequemen Tempo. (Wir zeigen Ihnen in Kapitel 4, wie Sie dieses Tempo für sich finden.)

Ein Lauf sollte Spaß machen. Wenn Sie zu schnell zu viel von sich verlangen, kann dies leicht entmutigen, und Sie sehen sich vielleicht schon bald nach einem anderen Sport um.

Laufen belohnt die Psyche

Untersuchungen haben gezeigt, dass Laufen für den Kopf fast genauso gut ist wie für das Herz. Menschen mit einem regelmäßigen Lauftraining verbesserten Selbstbewusstsein und Motivation, verringerten Ängste und Depressionen, bekamen mehr Kraft und Schwung und meist ein besseres allgemeines Wohlbefinden. Im Folgenden einige psychische Vorteile, die durch das Laufen entstehen.

Laufen reduziert Stress

Laufen befreit Sie von den Dingen, die Sie stressen. Laufen bringt Sie aus dem Büro oder dem Haus. Laufen bringt Sie in eine ruhigere Umgebung, weg von Fax, Telefon und Computer. Laufen ist deshalb so populär bei Managern und Berufstätigen, weil es ihnen Zeit außerhalb von Büro oder Klassenzimmer ermöglicht – Zeit, die allein ihnen gehört. Zeit draußen zu verbringen, an der frischen Luft, und dem Körper zu erlauben, sich in einer Weise zu bewegen, für die er geschaffen ist, kann Ihnen dabei helfen, mit dem Alltagsstress besser fertig zu werden.

Meine Mutter hat elf Kinder zur Welt gebracht, und wenn irgendjemand weiß, was es heißt, mit Stress zu leben, dann sicherlich sie. Sie sagt, dass sie sich durch Bewegung, ob gehen oder laufen, jünger fühlt und dass ihr das hilft, den Stress in ihrem Leben zu vergessen. Sie bewegt sich gerne und sie lässt es nicht zu, dass irgendetwas sie daran hindert, draußen zu sein, um den Duft der Blumen zu riechen oder die Vögel zwitschern zu hören.

Was ist das Hoch eines Läufers?

Endorphine sind Gehirnchemikalien, natürliche Opiate, die meist für die Ursache des Läuferhochs – dem Erhabenheitsgefühl während oder nach einem Lauf, von dem viele Läufer berichten – gehalten werden. Aber Wissenschaftler sind sich uneinig darüber, ob Endorphine nun tatsächlich die wirkliche Ursache für dieses Gefühl sind oder nicht. In einer Untersuchung erhielten Läufer ein Mittel, das die Endorphinausschüttung blockiert, und sie fühlten das Hoch trotzdem. Die Forscher folgerten daraus, dass das Hoch etwas mehr Subjektives ist, eine Gefühl, das durch die Geschwindigkeit, den Rhythmus, oder vielleicht auch nur durch das Outdoor-Erlebnis als solches ausgelöst wird. Wichtig ist – ob nun chemisch verursacht oder nicht – Laufen erzeugt bei vielen Menschen eine natürliche, angenehme Erregung, ein Gefühl der Erhabenheit.

Laufen kann die Kreativität anregen

Okay, das mag etwas übertrieben klingen, aber Laufen kann wie Magie sein. Es fällt schwer, sich während des Laufens nicht gut zu fühlen. Sie leben auf, tanken Energie und können sich neu konzentrieren.

Laufen hat vielen Menschen bei der Lösung komplizierter Probleme geholfen, bei der Idee zu einem erfolgreichen Unternehmen, dem Schreiben von Gedichten, der Vorbereitung auf Abschlussprüfungen und der Bewältigung von Krisen und Herausforderungen in ihrem Leben. Läufer entdecken oft, dass ihre Trainingszeit die Zeit ist, in der sie am kreativsten und produktivsten denken. Die kreativen Säfte können wirklich anfangen zu fließen, wenn die Läufer in das wundervolle Gefühl eingetaucht sind, das den Rhythmus des Laufens begleitet.

Wenn Ihnen das nächste Mal während des Laufens eine tolle Idee durch den Kopf schießt, schreiben Sie sie auf, wenn Sie anhalten. Sie können sogar ein Tagebuch darüber führen, woran Sie während des Laufens gedacht haben, und vielleicht einige Ihrer guten Ideen während der nächsten Läufe weiter verfolgen.

Junge Experten lassen sich darüber aus, warum sie laufen

Hören Sie die weisen Worte dieser Kinder zwischen 9 und 16 Jahren, die einen Aufsatz darüber schreiben sollten, warum sie laufen. Hier sind einige Auszüge:

- ✔ »Ich laufe, um Spaß zu haben, während ich mich mit anderen messe. Ich laufe, um Dinge zu vergessen. Ich laufe, um stolz auf mich zu sein.«
- ✔ »Laufen ist ein Sport, der Spaß macht, und es ist gut für dich. Laufen ist auch wichtig, weil es in anderen Sportarten vorkommt. Ein anderer Grund, warum ich laufe, ist, dass jeder Lauf anders ist. Manche Strecken sind schwer, manche leichter. Einige haben tolle Landschaften, andere nicht. Unterschiedliche Strecken fordern dich auf unterschiedliche Art und Weise. Diese Merkmale unterscheiden das Laufen von anderen Sportarten. Deshalb laufe ich.«
- ✔ »Ich laufe, weil ich dann ein gutes Gefühl von mir habe.«
- ✔ »Ich merke, dass das Laufen mein Leben positiv beeinflusst, und ich werde damit weitermachen.«
- ✔ »Ich laufe, weil ich fit und gesund bleibe, wenn ich laufe. Wenn ich nicht laufen würde, wäre ich so fett wie eine Plunder. Und außerdem, wenn du läufst, kannst du fast alles tun. Es spielt keine Rolle, wie alt du bist, wenn du läufst. Laufen kann man das ganze Jahr über. Selbst wenn ich nicht gewinne, fühle ich mich gut, weil ich den Lauf beendet habe. Das ist der Grund, warum ich laufe.«

Soziale Vorteile durch Laufen

Laufen kann mehr als Ihre physische und psychische Gesundheit verbessern. Es kann auch Ihr Privatleben verbessern. Menschen gewinnen beste Freunde, lernen Ehemänner, Ehefrauen, Freunde und Freundinnen kennen und ihren ganzen Bekanntschaftskreis, alles durch das Laufen. Läufer entdecken, dass Gleichgesinnte – Männer und Frauen, die es genießen draußen zu sein, gesund zu leben und sich zu bewegen – die beste Gesellschaft sind.

Als ich für die Olympischen Spiele in Seoul 1988 trainierte, begleitete mich Al Joyner, mein damaliger Freund, auf meinen Läufen – kurze Läufe, lange Läufe und sogar Runden auf der Laufbahn in der Halle. Nun, das Witzige an diesen Verabredungen ist, dass Al es hasste, zu laufen! Aber weil er Zeit mit mir verbringen und mich besser kennen lernen wollte, brachte er dieses Opfer. Ich wusste noch wenig davon, dass er vor hatte, mich zu heiraten. Man weiß also nie, was während des Joggens um den Häuserblock oder eines 10-Kilometer-Laufs so alles passieren kann.

Laufen ist gut für Ihren Geldbeutel

Wenige Sportarten fügen Ihrem Geldbeutel so wenig Schaden zu wie das Laufen. Sie können völlig kostenfrei laufen, egal wo Sie gerade sind. Sie brauchen keine teure Mitgliedschaft im Fitnessclub, wenn Sie laufen wollen. Wenn Sie in Urlaub sind, können Sie den Strand entlang joggen. Wenn Sie eine Dienstreise machen, vergessen Sie nicht, Ihre Laufschuhe einzupacken, damit Sie die Straßen rund um das Hotel erkunden können. (Fragen Sie den Concierge nach einer Straßenkarte und nach der Sicherheit der Umgebung.)

Laufen verlangt keine Ausrüstung wie das Radfahren oder Skifahren. Als Läufer brauchen Sie nicht irgendwohin zu fahren, um zu trainieren, wie Sie dies als Schwimmer oder Tennisspieler tun müssten. Und außerdem müssen Sie keinen Eintritt ins Schwimmbad zahlen oder teure Platzgebühren. Sie brauchen keinen riesigen, teuren Apparat zu kaufen oder zu einem bestimmten Ort zu fahren. Sie können einfach Ihre Laufschuhe zubinden und loslaufen, wo immer Sie sich auch befinden – in der Stadt, auf dem Lande, die Küste entlang, Hügel hinauf und hinab oder über Felder. Sie können auf der Straße laufen, auf Feldwegen, auf dem Sportplatz und sogar drinnen auf einem Laufband.

Abgesehen von einer bescheidenen anfänglichen Ausgabe für ein gutes Paar Laufschuhe und passende Kleidung, werden Sie keinen Groschen ausgeben müssen, um zu laufen.

Laufen ist eine gute Investition. Ihr Einsatz ist gering. Ihre Rendite ist enorm und steigt jedes Jahr. Und es gibt keine versteckten Gebühren – es sei denn, Sie zählen die gelegentlichen Blasen an den Füßen.

Ein Körper in Bewegung

3

In diesem Kapitel

- Woher nimmt Ihr Körper die Energie für das Laufen?
- Welche Rolle spielen Blutkreislauf und Atmungssystem?
- Warum ist Laufen gut für die Knochen?
- Warum ist das Laufen so natürlich wie das Atmen?

Was passiert mit Ihrem Körper, wenn Sie laufen? Was sind die Veränderungen (*Adaptationen*, wie die Mediziner sie gerne nennen), die im Körper vor sich gehen, wenn Sie einen Fuß vor den anderen setzen und anfangen, sich zu bewegen? Und was sind die langfristigen Auswirkungen? Das sind die Fragen, um die es in diesem Kapitel geht – ein Blick auf das Laufen von Kopf bis Fuß.

Laufen: Ein Blick nach innen

Wenn Sie anfangen zu laufen, empfängt der Kortex – der Teil des Gehirns, der die Körperbewegungen überwacht – die Botschaft und macht sich an die Arbeit. Er gibt Nachricht an das Herz, stärker zu schlagen. Das Herz verrichtet seine Arbeit und pumpt schneller, um genügend Nährstoffe in die Beine zu transportieren. Ihre Lungen arbeiten stärker und nehmen mehr Sauerstoff auf, der ebenfalls durch den Blutkreislauf in die Beine und den restlichen Körper transportiert wird.

Inzwischen beginnen die Energiefabrikanten des Körpers, ebenfalls aktiv zu werden und dem Körper nicht weniger als drei unterschiedliche Energiearten zur Verfügung zu stellen:

- ✔ Die erste Energiequelle sind die Kohlenhydrate in den Muskelzellen.
- ✔ Nachdem Sie eine Weile gelaufen sind, beginnt eine neue Quelle zu fließen: Glykogen aus der Leber, das in Blutzucker umgewandelt und dann durch den Blutkreislauf dem Körper zugänglich gemacht wird.
- ✔ Die dritte Quelle, die – vor allem im Langstreckenlauf – hinzukommt, sind Fette. Mehr hierzu in Kapitel 6.

Laufen auf Reserve

Sie laufen also dahin, und das bemerkenswerte Energielade- und Wiederaufladesystem arbeitet mit voller Kraft. Was hält Sie davon ab, immer weiter zu laufen und weiter, für immer? Nun, eine ganze Reihe von Faktoren spielen hier eine Rolle. Der erste ist ein Gefühl, mit dem Sie wohl schon vertraut sind, die Ermüdung. Sie stellt sich ein, wenn Sie mit einer Intensität trainieren, die Sie nicht aufrechterhalten können und die Ihren Energievorrat erschöpft.

Milchsäurebildung

Laufanfänger, die zum ersten Mal diese Energiesysteme derartig fordern, fühlen oft die Auswirkungen von Milchsäureanhäufung, die neben anderen Faktoren nach ihren ersten Läufen zu einem Schmerzgefühl in den Beinen führen können, das Muskelkater genannt wird.

Milchsäure (Laktat) ist eine chemische Substanz, ein normales Nebenprodukt eines Körpers, der sich bewegt. Im Allgemeinen ist die Menge der vom Körper produzierten Milchsäure um so größer, je stärker die Intensität der Bewegung, des Trainings ist. Wenn Sie einen bestimmten Punkt erreichen, an dem mehr Milchsäure entsteht, als Ihr Körper verarbeitet, kann diese Milchsäure Muskelschmerzen, Ermüdung und Übelkeit verursachen. Aber hier ist ein Trick: Dieser Punkt kann durch Training hinausgezögert werden. Mit anderen Worten: Je besser Sie in Form sind, desto länger braucht Ihr Körper, um diesen Punkt zu erreichen (die so genannte »Aerob-anaerob-Schwelle«, also der Punkt, an dem die Arbeit für den Körper zu viel ist, als dass sein Sauerstoff-Liefersystem die gestiegenen Bedürfnisse noch erfüllen kann, ohne die Reservevorräte anzugreifen).

Was bedeutet das alles für einen Laufanfänger? Es bedeutet, dass Sie langsam beginnen müssen, ja, aber Sie müssen sich auch anstrengen und hin und wieder über den angenehmen Punkt hinausgehen. Nie bis zum Schmerzpunkt, starker Atemlosigkeit, Schwindelgefühl oder Übelkeit (was im Übrigen auch Indikatoren für eine Überhitzung sein können). Wenn Sie diese Symptome an sich beobachten – stopp. Aber beachten Sie, dass ein bisschen Muskelkater und Ermüdung nach einem Training nicht unbedingt schlecht sind. Es sind nur Anzeichen dafür, dass Sie das tun, was Ihr Körper braucht, um in Form zu kommen.

Körpertemperatur

Ein anderer Bestandteil von Ermüdung ist die Körpertemperatur. Wenn Ihr Körper zu warm wird, werden Sie anhalten müssen, und wenn er wirklich heiß wird, könnte das gesamte System kollabieren (was passiert, wenn Sie einen Hitzschlag bekommen; mehr darüber in Kapitel 10).

Der Kern der Sache: das Herz

Laufen ist gut für Ihr Herz. Nun, das heißt nicht, dass Läufer garantiert nie einen Herzanfall bekommen oder dass das Laufen alleine Sie vor jeglichen Herzproblemen schützt. Aber ein regelmäßiges Lauftraining wird Ihrem Herzen und Ihrem gesamten kardiovaskulären System auf vielfältige Weise zugute kommen:

- ✔ Laufen hält Ihre Arterien elastisch. Dies trägt dazu bei, den Blutdruck niedrig zu halten. Blut kann durch steife Arterien nicht so leicht fließen, und dann steigt der Blutdruck.

- ✔ Ihr Herz ist ein Muskel, und wie jeder Muskel profitiert er von Bewegung. Laufen hilft da besser als fast jede andere Aktivität. Laufen hilft dem Herzen stärker und effizienter zu arbeiten und hält außerdem die Koronar-Arterien offen, so dass sie mit voller Kapazität arbeiten können. Das Herz kann dann ein größeres Volumen pumpen.
- ✔ Die gesamte Laufaktivität, die das Herz pumpen, das Blut fließen und die Muskeln arbeiten lässt, erfordert viel Sauerstoff. Laufen zwingt die Lungen, ihr volles Potenzial auszuschöpfen.

Das ist es, was Sie wollen, und das ist, was das Laufen bringt. Ein Körper in Bewegung, ein Körper mit voller Kraft voraus, ein Körper, der die Bewegung bekommt, nach der er lechzt. Denken Sie daran: Was man nicht regelmäßig benutzt, verliert man. Eine tragisch hohe Zahl an Menschen verliert die Stärke und Vitalität des Körpers, die Kraft von Herz und Lungen einzig und allein deshalb, weil sie nichts tut, um sie herauszufordern.

Laufen bietet diese Herausforderung – eine, die Ihr Körper willkommen heißen und durch die er aufblühen wird.

Als ich 14 Jahre alt war, wurden bei mir Herzgeräusche festgestellt. Das beängstigte mich sehr. Die Ärzte sagten mir, dass ich so viel trainieren könnte, wie ich wollte. Das gab mir ein gutes Gefühl. Durch Laufen und eine gesunde Ernährung habe ich seither meinen Körper gut gepflegt. Wenn Sie irgendein Herzproblem haben, möchten Sie vielleicht einen Arzt konsultieren, bevor Sie mit dem Laufen anfangen. Aber haben Sie keine Angst, und vor allem, benutzen Sie so etwas nicht als Ausrede dafür, überhaupt keinen Sport zu treiben. Treffen Sie die Entscheidung gemeinsam mit Ihrem Arzt. Aber wahrscheinlich wird Ihnen Ihr Arzt genauso viel Mut zusprechen, wie dies meiner damals tat.

Die Feinabstimmung der Maschine

Es genügt hier anzudeuten, dass das Laufen im Körper einen komplexen biochemischen Prozess auslöst. Wenn Sie diesen bewusst steuern und koordinieren lernen müssten, könnten Sie es gleich vergessen.

Gut zu wissen, dass diese Prozesse um so effektiver arbeiten, je mehr Sie laufen. Es ist wie bei allem. Auch Ihr Körper lernt hinzu. Der Körper eines erfahrenen Läufers in Hochform nutzt seine Energien wesentliche besser aus als der eines Laufneulings, was auch bedeutet, dass ein trainierter Läufer den Stress durch das Laufen besser durchsteht.

Hier ist ein einfaches Beispiel: Das Herz eines durchschnittlichen Menschen schlägt etwa 72-mal in der Minute. Das Herz eines trainierten Läufers schlägt fast um die Hälfte weniger, zwischen 45- und 35-mal bei manchen Eliteläufern. Warum? Weil ihre Herzen stärker und effizienter sind. Was außerdem hinzukommt: Bei derselben Arbeitsleistung sind Herzschlag und Blutdruck niedriger als beim Durchschnittsmenschen. Und nach dem Laufen kehrt ihr Herzschlag schneller auf die Ruhepulsfrequenz zurück. Mit anderen Worten, während der Durchschnittsmensch noch immer nach Luft schnappt, atmet der Läufer bereits wieder normal und ist wahrscheinlich erneut zum Start bereit. Mit der Zeit werden auch Sie an diesen Punkt gelangen.

Laufen geht in die Knochen

Wir haben über Herz und Lungen gesprochen, die Energiequellen des Körpers und die Temperaturregulierung. Aber es gibt noch einen Teil des Körpers, der während des Laufens stark beansprucht wird: Ihre Knochen und das Bindegewebe – Bänder, Sehnen und Muskeln – die pumpen und pumpen, um die tatsächliche Kraft bereitzustellen, die Sie vorwärts bringt, und um als Puffer die Erschütterungen abzufangen, jedes Mal wenn Sie auf dem Boden aufkommen.

Das ist gut. Knochen müssen stimuliert werden, um ihre Dichte zu erhalten oder zu erhöhen. Laufen hilft dabei. Sogar die *Mikrotraumata*, die kleinen Risse, die bei einer repetitiven Bewegung wie dem Laufen in den Muskeln entstehen, können gut sein – trotz des ominös klingenden Wortes. Warum? Weil sie wiederum den Muskel stimulieren, stärker zu werden.

Wie viel ist zu viel?

Alle positiven Veränderungen durch Laufen – verbesserte Effizienz von Herz und Atmung, Erhöhung der Knochendichte usw. – finden nur dann statt, wenn Sie dem Körper die Chance dazu geben, sich für den nächsten Lauf zu erholen, wiederaufzubauen, aufzutanken. Daher ist es sehr wichtig, dass Sie nicht zu hart, zu lang und zu oft trainieren. Wie viel ist zu viel? Das ist natürlich individuell sehr unterschiedlich.

Laufen: Es liegt Ihnen im Blut

Die meisten von uns sind nicht so gebaut wie die großen Weltklasse-Athleten. Aber wir sind auf jeden Fall für Bewegung gebaut. Das ist ein Grund, warum Gesundheitsexperten uns drängen, genau dies zu tun: Stehen Sie auf und bewegen Sie sich! Wenn Menschen sagen: »Oh, aber Laufen ist nicht gut für dich«, müssen wir lachen. Laufen nicht gut? Acht Stunden lang vor einem Computer zu sitzen oder während eines Staus in den Fahrersitz des Autos gequetscht zu sein: Das ist nicht gut.

Wir Menschen sind dazu gebaut, lange Distanzen zu laufen und zu gehen. »Unsere Fähigkeit, uns über lange Strecken mit submaximaler Geschwindigkeit vorwärts zu bewegen, ist ein Geschenk an unsere Species, ebenso wie die Sprache,« sagt Ultra-Langstreckenläufer und Sportphysiologe Stu Mittleman. Als Beweis führt er Beispiele an wie die Migration von Stämmen, Armeen im Vorwärtsmarsch und unsere Jäger-Sammler-Vorfahren.

Sie wollen von einem Marathon erzählen? Die prähistorische Völkerwanderung aus Asien über die Landbrücke, die einst diesen Kontinent mit Nordamerika verband: Nun, das war ein Marathon. (Und wo wir davon sprechen, die Nachkommen jener Menschen, die als amerikanische Ureinwohner bezeichnet wurden, brachten – neben anderen Dingen – viele gute Läufer hervor.)

Also lassen Sie sich von niemandem erzählen, dass Laufen etwas »Unnatürliches« sei. Sicher, es gibt so etwas wie zu viel. Und nein, der Körper ist wahrscheinlich nicht dazu gedacht, jeden Tag einen Marathon zu laufen. Aber Sie sind als »Läufer« geboren worden. Vielleicht nicht so schnell, vielleicht nicht so weit, vielleicht nicht so effizient wie andere. Aber stehen Sie auf und bewegen Sie sich, um den gesamten Prozess in Gang zu bringen, den wir Laufen nennen und der uns Energie gibt, uns Sauerstoff liefert und unsere Knochen stärkt. Es ist eines der natürlichsten Dinge, die Sie tun können.

Ihre ersten Schritte

4

In diesem Kapitel

- Den Lauf planen
- Den Trainingsplan einhalten
- Einen Laufpartner finden
- Einem Laufclub beitreten
- Ein Lauftagebuch führen
- Gehen bevor Sie laufen
- Los geht's zu Ihrem ersten Lauf

Genug davon, warum Sie laufen sollten. Sie wissen jetzt, was das Laufen in fast allen Lebensbereichen für Sie tun kann. Es ist nicht schwer, damit anzufangen. Und wir haben ein absolut sicheres Programm, mit dem Sie den Einstieg garantiert schaffen werden. Es ist einfach zu verstehen, und mit etwas Disziplin und Hingabe machen wir Sie schneller zu einem Läufer, als Sie das Wort »Sauerstoffdefizit« sagen können (und wenn Sie es sagen können, dann laufen Sie nicht schnell genug!). Der Einstieg in das Lauftraining sollte ein reibungsloser, allmählicher Prozess sein und Spaß machen. Also, schnüren Sie Ihre Schuhe zu, und lassen Sie uns loslegen!

Gesundheits-Check

Einige meinen, es gehöre zum gesunden Menschenverstand, dass Sie vor dem Beginn eines Lauftrainings einen Arzt aufsuchen. Andere sagen, dass Sie keinen Arzt brauchen, wenn Sie jung und gesund sind. Aber wir sind dennoch der Meinung, dass es eine gute Idee ist, die Zustimmung Ihres Arztes einzuholen. Auf jeden Fall sollten Sie Ihren Arzt konsultieren, wenn Sie älter sind als 35, Herzprobleme oder Bluthochdruck haben oder zu einer anderen Risikogruppe gehören, also zum Beispiel Raucher oder Diabetiker sind. Aber auch wenn Sie von keinem dieser Faktoren betroffen sind und in der Blüte Ihrer Gesundheit stehen, ist ein jährlicher Gesundheits-Check wahrscheinlich eine gute Angewohnheit – genau wie das Laufen.

Verpflichten Sie sich

Eine der ersten Fragen, die Laufanfänger stellen, ist: »Wann ist die beste Tageszeit, um zu laufen?«

Die beste Zeit ist die, die Ihnen am besten passt. Planen Sie Ihren Lauf zu einer Zeit ein, die Sie auch wirklich einhalten können. Wenn das heißt, morgens nach dem Aufstehen – hervorragend;

wenn das nachmittags oder abends nach der Arbeit ist – super. Wenn das um die Mittagszeit ist oder wenn Ihr Kind schläft oder zu einer Zeit, zu der Sie normalerweise fernsehen oder im Internet surfen – auch gut.

Nachdem Sie Ihren Tagesablauf überdacht haben und die Stunde gefunden haben, die Sie für Ihr Training blockieren könnten, tun Sie das und bleiben Sie dabei: Diese Zeit muss zu Ihrer regelmäßigen Laufzeit werden. Planen Sie keine flexible Zeit ein, die Sie auch für andere Aktivitäten nutzen könnten. Am besten verabreden Sie sich mit sich selbst und schreiben in Ihren Kalender »17 Uhr, Donnerstag: laufen«.

Untersuchungen haben gezeigt, dass man ein Trainingsprogramm eher einhält, wenn man immer zur gleichen Zeit – nicht aufs Geratewohl zu unterschiedlichen Zeiten die Woche hindurch – und mit einem Partner trainiert.

Einige von Ihnen mögen sich fragen, ob es besser ist, morgens zu laufen oder abends. Unsere Antwort: Ganz egal – zumindest für Anfänger. Es gibt zu jeder Tageszeit Vor- und Nachteile, aber für den Laufanfänger ist das Wichtigste, überhaupt und regelmäßig zu laufen. Wir kennen einige Leute, die morgens nicht laufen können und diese Tatsache als Grund benutzen, überhaupt nicht zu laufen, da sie irgendwo gehört haben, dass es besser sei, morgens zu laufen als abends. Kurz und gut: Lassen Sie sich von diesem ganzen Gerede nicht beunruhigen und erfinden Sie keine faulen Ausreden, um nicht zu laufen.

Die Zeit finden

Als ich im Jahr vor der Olympiade 1988 als Bankangestellte in der Kundenbetreuung arbeitete, musste ich die Zeit zum Laufen irgendwie einrichten: Vor der Arbeit, während der Mittagspause und nach der Arbeit. Es war nicht einfach, aber die Resultate waren super. Bevor ich mit dem Training anfing, wusste ich nicht, wie ich die Zeit für das Training finden sollte, aber weil ich meine Ziele unbedingt erreichen wollte, brachte ich jedes erdenkliche Opfer. Sicher, es gab viele Situationen, in denen es schien, als ob ich keine Zeit mehr hätte, irgendetwas anderes zu tun, als zu arbeiten und zu trainieren, aber ich fühlte, dass die Ergebnisse es wert sein würden.

Ich fand heraus, dass das Training am Morgen mir half, mich für den übrigen Tag in Schwung zu bringen. Und das Training am Nachmittag half mir, mich von einem langen Tag in der Bank zu erholen. Ich werde Sie nicht an der Nase herumführen und Ihnen erzählen, dass Training niemals als Last erscheint, aber ich werde Ihnen sagen, dass die erzielten Vorteile die erbrachten Opfer bei weitem aufwiegen.

Die Einsamkeit des Langstreckenläufers

Eine einsame, ungesellige Person auf einer langen, leeren Straße, die unbeschreibliche Qualen leidet, während sie über die Bedeutung des Lebens nachsinnt – das ist die allgemeine Vorstellung über einen Langstreckenläufer. Und obwohl einige Läufer sicherlich diesem Stereotyp entsprechen, es ist und bleibt ein Stereotyp, und ein althergebrachtes noch dazu. Der Durchschnittsläufer der Gegenwart läuft, um fit zu sein und Spaß zu haben. Und wir haben Spaß. Die heutigen Läufer neigen dazu, geschwätzig, gesellig und anhänglich zu sein, was Hunderte von Laufclubs beweisen. Läufer neigen eher dazu, in Gruppen unterwegs zu sein als alleine; sie laufen zusammen und reisen gemeinsam zu Wettkämpfen, Ausstellungen und Nudelpartys.

Läufer haben gute Gründe, gesellig zu sein: Mit Trainingspartnern geht die Zeit schneller vorbei, Sie werden zu größeren Leistungen angespornt und Sie finden eine ganze Gruppe neuer Freunde. Gemeinsam teilen Sie die Straße, die Umgebung, einige gute Anekdoten, und – wenn Sie zu den nicht-sehr-einsamen Langstreckenläufern von heute gehören – vielleicht sogar eine Pizza oder ein Bier nach einem Lauf.

Schließen Sie einen Pakt

Einige Leute fangen alleine an zu laufen, andere wagen den Sprung gemeinsam mit einem Freund, dem Ehepartner oder einem anderen Familienmitglied. Auch Gordon Bakoulis, früher Chefredakteurin des *Running Times* Magazins, fing so an.

Bakoulis begann während des Studiums mit dem Laufen. Sie war keine Sportstipendiatin, sondern einfach eine Studentin, die sich fit halten wollte und Erholung von Noten, Kursen und Prüfungen suchte. Sie schloss mit einer Freundin einen Pakt, jeden Morgen zu laufen. »Das erwies sich als eine gute Idee,« erinnert sich Bakoulis, »denn wenn um halb sieben der Wecker klingelt, du dich einfach auf die andere Seite drehen und weiterschlafen möchtest, fällt dir ein, dass draußen jemand steht und auf dich wartet. Das zwingt dich dazu aufzustehen, denn du möchtest die andere Person nicht enttäuschen.«

Bakoulis enttäuschte niemanden. Sie blieb nicht nur während des gesamten Studiums bei ihrem Trainingsplan, sondern wurde eine der besten Marathonläuferinnen Amerikas. Sie nahm viermal an den *U.S. Women's Olympic Marathon Trials* teil. Und obwohl Bakoulis vielleicht mehr Talent hatte, als die meisten Laufanfänger – denken Sie daran, dass sie auf dieselbe Art und Weise angefangen hat, wie Sie es tun: mit den ersten Schritten.

Gehen Sie zu Ihrem örtlichen Laufclub

Ein Laufclub oder Lauftreff ist eine gute Möglichkeit, mit diesem Sport anzufangen und Spaß daran zu finden. Entgegen weitläufiger Annahmen sind Laufclubs für Läufer aller Fähigkeiten und Trainingsstufen geeignet. Meist sind sie genauso sehr ein sozialer Treffpunkt wie ein Lauftreff. Die meisten Vereine halten regelmäßige Versammlungen ab, veröffentlichen einen Rundbrief und fahren gemeinsam zu Wettkämpfen. Vereine können viel Spaß machen und sind eine hervorragende Quelle für Informationen, Inspiration, Motivation, Trainingspartner und neue Freunde.

Im Deutschen Leichtathletik-Verband (DLV) haben sich viele Laufbegeisterte zu weit über 2.000 Lauftreffs zusammengeschlossen. Die Adressen von Clubs und Treffs in Ihrer Nähe erhalten Sie beispielsweise vom DLV (s.a. Anhang A), Ihrem örtlichen Sport-/Leichtathletikverein oder aus der Tageszeitung. Auch einige der in Kapitel 23 beschriebenen Homepages listen Kontaktpersonen von Laufgruppen auf.

Führen Sie ein Lauftagebuch

Die meisten ernsthaften Läufer führen ein Lauftagebuch (oder Trainings-Logbuch), in dem sie alle Informationen ihres Trainings, manchmal in kleinsten Details festhalten. Sie brauchen daraus nicht das Kapitäns-Logbuch auf der Starship Enterprise zu machen (»26.2. des Sternenkalenders, die Klingonen griffen einen Planeten der M-Klasse in unserem Quadranten an, während ich meine Schnürsenkel band«), aber das Führen eines Trainings-Logbuches ist eine gute

Idee. Vielleicht möchten Sie sich ein spezielles Trainingstagebuch kaufen, das nützliche Trainingstipps und inspirierende Zitate enthält. Aber Ihr persönliches Trainings-Logbuch muss nicht unbedingt so ausgefallen sein. Notieren Sie einfach Datum, Trainingsinhalte, Wetter und wie Sie sich fühlten.

Derartige Aufzeichnungen sind ein Lernmittel. Indem Sie aufschreiben, was Sie an einem bestimmten Datum getan haben, erstellen Sie eine persönliche Datenbank, die Ihnen helfen kann, als Läufer Fortschritte zu machen. Sie wissen, wie weit Sie beim letzten Mal gelaufen sind, und können daraufhin entscheiden, wie weit und wie intensiv Sie beim nächsten Mal trainieren. Insbesondere für den Laufanfänger ist ein Trainings-Logbuch auch ein Motivationsinstrument. Wenn Sie die Fortschritte sehen, die Sie gemacht haben, merken Sie, dass Sie etwas erreicht haben und vorwärts kommen. Dieses Gefühl kann helfen, Ihre Beine beim nächsten Lauf etwas mehr zu beschleunigen.

Das Lauf-Logbuch im Anhang dieses Buches kann Ihnen helfen, Ihre Fortschritte aufzuzeichnen.

Auf die Plätze, fertig, losgehen ... dann laufen

Rufen Sie sich die drei Schlüsselbegriffe eines guten Lauftrainings für Anfänger immer wieder ins Gedächtnis:

- ✔ Geduld
- ✔ Stetigkeit
- ✔ Allmähliche Steigerung

Sie warten wahrscheinlich ungeduldig darauf, endlich loszulaufen, aber bevor Sie laufen, sollten Sie gehen. Gehen ist für sich schon eine tolle Sportart, und es ist auch das Richtige, um ein Lauftraining anzufangen.

Wir sprechen hier nicht von einem Schaufensterbummel – sondern vom forschen, zielgerichteten Gehen. Um mit den Worten des berühmten amerikanischen »Fußgänger-Präsidenten« Harry Truman zu sprechen: »Gehen Sie, als ob Sie ein Ziel hätten.« Gehen wärmt den Körper auf und bereitet ihn auf den größeren Stress des Laufens vor.

Gehen versus Laufen

Gehen (Walking) versus Laufen ist heute das Thema mancher heißen Debatte. Einige Geher setzen das Laufen herab und warnen davor, dass es die Knie ruiniere (was bei dem richtigen Training nicht der Fall ist). Geher verweisen auch oftmals und gerne auf Studien, die – zumeist von Walking-Schuh-Herstellerfirmen durchgeführt – angeblich zeigen, dass das Gehen mehr Kalorien verbrennt als das Laufen. Die Wahrheit ist, dass Sie mit beiden Aktivitäten etwa die gleiche Menge

Kalorien verbrennen, aber einen Kilometer zu gehen, dauert länger, als einen Kilometer zu laufen. Wenn Sie also 30 Minuten laufen statt 30 Minuten zu gehen, verbrennen Sie mehr Kalorien, weil Sie eine längere Strecke zurücklegen.

Laufen fordert mehr heraus und ist befriedigender als Gehen. Aber beide als gegensätzliche oder widersprüchliche Aktivitäten gegenüberzustellen ist Unsinn.

Zum einen ist das Gehen eine hervorragende Möglichkeit, sich fit zu halten (und das Wettkampf-Gehen ist genauso hart wie jeder andere Ausdauersport). Zum anderen gehen Laufen und Walking auf vielerlei Art und Weise ineinander über. Ultra-Langstreckenläufer – die Läufer, die mehr als die 42,195 Kilometer lange Marathonstrecke zurücklegen – kombinieren meist beides. Einige Marathon-Trainingsprogramme betonen die Wichtigkeit regelmäßiger Gehpausen. Das Gehen ist eine ideale Aufwärmmöglichkeit vor einem Lauf. Und Laufanfänger tun gut daran, ihr Lauftraining mit Walking zu beginnen.

Sie könnten nun natürlich diesen Ratschlag ignorieren und loslegen und so lange und intensiv laufen, wie Sie können. Sie fühlen sich wahrscheinlich zunächst großartig; aber dann fängt Ihr Körper schließlich an, alle möglichen Signale zu senden, um Sie zu stoppen: Ihre Kehle brennt, Ihr Brustkorb hebt und senkt sich wild, Ihre Beine schreien. Am nächsten Morgen sind Ihre Muskeln so wütend auf Sie, dass sie Sie davon abhalten, aus dem Bett zu kommen.

Seien Sie also schlau, auch wenn Sie jung und fit sind. Gehen Sie, bevor Sie laufen. Wie weit? Nun, das hängt von Alter und Kondition ab. Aber ganz allgemein empfehlen wir Ihnen, so viel Kondition aufzubauen, dass Sie 45 Minuten in forschem Tempo ohne Pausen gehen können, bevor Sie mit dem Laufen beginnen.

Fragen, die Sie stellen sollten (und die wir gerne beantworten)

Bevor Sie vom Walking zum Laufen übergehen, wollen wir grundlegende und häufig gestellte Anfängerfragen beantworten.

Wie oft sollte ich laufen?

Die kurze Antwort ist: »Nicht jeden Tag«. Tatsächlich ist für alle Läufer, außer den besten – denjenigen, die speziell für Langstrecken gebaute Körper haben –, tagtägliches Laufen, sieben Tage die Woche, Woche für Woche ein unschlagbares Rezept für Verletzungen. Versuchen Sie stattdessen viermal pro Woche zu trainieren. Aber gehen Sie nicht davon aus, dass Sie an den restlichen drei Tagen gar nichts tun sollten. Im Gegenteil, der amerikanische Gesundheitsminister empfiehlt 30 Minuten moderate Bewegung jeden Tag. Das heißt nicht unbedingt jeden Tag 30 Minuten laufen. Um 30 Minuten Bewegung zu bekommen, können Sie gehen, Rad fahren, Haus- oder Gartenarbeit verrichten. Mehr zum Thema Laufen als Teil eines allgemeinen Fitnessprogramms in Kapitel 16.

Wie lange sollte ich laufen?

Das *American College of Sports Medicine* definiert aerobes Training als Aktivität, die 20 bis 60 Minuten andauert. Das ist eine weite Spanne. 45 Minuten ist der allgemeine Standard für aerobes Training. Etwas kürzer oder länger kann Ihnen gut tun, aber viele Kardiologen stimmen darin überein, dass 45 Minuten die ideale Dauer ist, um viele der physiologischen Vorteile eines aeroben Trainings zu erzielen. Wenn es also nicht 45 Minuten sind, mit denen Sie beginnen, so ist das doch ein gutes Ziel, auf das Sie hintrainieren sollten.

Wie schnell sollte ich laufen?

Wenn Sie vom Gehen zum Laufen übergehen, denken Sie daran: Laufen ist nicht gleich sprinten. Sie sollten in einem bequemen Tempo laufen. Der einfachste Weg, mit dem Anfänger das richtige Tempo finden, ist das altbekannte so genannte »Sprechtempo«. Wenn Sie sich während des Laufens unterhalten können, ohne zu keuchen und zu schnaufen, haben Sie das richtige Trainingstempo gefunden. Wenn Sie singen können, laufen Sie wahrscheinlich nicht schnell genug.

Sie sind eine Ausnahme von unseren Richtlinien, falls Sie schon einmal Herzprobleme hatten. In diesem Fall wird Ihr Kardiologe Ihnen wahrscheinlich einen Herzmonitor empfehlen. Mehr über dieses nützliche Gerät können Sie in Kapitel 5 nachlesen.

Wo sollte ich laufen?

Läufer laufen meist an einem dieser vier Orte:

- ✔ Sportplatz
- ✔ Straße
- ✔ Wald-/Feldwege
- ✔ Laufband

Anfänger sollten auf dem Sportplatz beginnen und dann die anderen drei Möglichkeiten erforschen.

Der örtliche Sportplatz mit einer 400-Meter-Laufbahn bietet eine abschätzbare Distanz, eine gute Oberfläche und eine abgeschlossene, sichere Umgebung. Und wenn Sie sich ob Ihres Laufens ein wenig genieren, können Sie dort trainieren, ohne dass neugierige Nachbarn Sie in Shorts und seltsamen Schuhen zu Gesicht bekommen.

Einer der ersten Schritte, um mit einem Lauftraining zu beginnen, ist also den örtlichen Sportplatz zu finden. Und wir meinen den Begriff »örtlich« wörtlich. Wenn Sie zwei Stunden brauchen, um dorthin zu fahren, ist das nur eine weitere mögliche Ausrede, um Ihr Training ausfallen zu lassen.

Eine mögliche Alternative ist ein ausgeschilderter Spazierweg in einem nahe gelegenen Park oder Sie fahren mit dem Auto eine ein bis zwei Kilometer lange Rundstrecke ab, die an Ihrer Haustüre beginnt und endet. Wählen Sie einen Weg, der möglichst eben und verkehrsfrei ist, wo Sie sich konzentrieren und wohlfühlen können. Denn hier lernen Sie, richtig zu laufen.

Die Geh-/Lauf-Methode: Ein Weg, um Sie in Gang zu bringen

Wenn Sie genug Kondition haben, um regelmäßig 45 Minuten ohne Pausen in flottem Tempo zu gehen, können Sie etwas Laufen in Ihr Programm integrieren. Wie viel, das hängt von Ihnen ab. Aber wir empfehlen Folgendes:

1. **An dem Tag, an dem Sie mit dem Laufen beginnen, starten Sie Ihr Training mit vier Runden Gehen auf der Bahn.**

   Wenn Sie keinen Sportplatz in der Nähe haben, gehen Sie 16 Minuten.

2. **Dann versuchen Sie, eine Runde oder zwei bis drei Minuten ganz locker zu joggen.**

   Wenn eine Runde zu viel ist, beginnen Sie mit einer halben.

   Machen Sie sich keine Gedanken über die Geschwindigkeit. Entspannen Sie sich, bleiben Sie bei einem angnehmen »Sprechtempo« und konzentrieren Sie sich auf einen guten Stil (siehe Kapitel 7).

3. **Gehen Sie jetzt zwei Runden (oder etwa acht Minuten) und joggen Sie eine weitere Runde (etwa zwei bis drei Minuten).**

4. **Zum Schluss gehen Sie vier Runden oder etwa 16 Minuten.**

Das sind knapp fünf Kilometer auf einer 400-Meter-Bahn. Sie haben gerade ein gutes 45-minütiges Training absolviert. Versuchen Sie, das in der nächsten Trainingseinheit zu wiederholen. Denken Sie daran, dass Sie etwa drei- bis viermal pro Woche trainieren sollten oder jeden zweiten Tag. Ihr Körper braucht 48 Stunden, um sich an die neue Belastung anzupassen, die Sie ihm auferlegt haben.

Während Sie mit dem Training fortfahren (und wenn Sie sich dabei wohlfühlen), können Sie das Verhältnis Gehen – Laufen erhöhen. Versuchen Sie zwei Runden (oder acht Minuten) zu gehen und zwei Runden zu laufen. Oder abwechselnd eine Runde gehen, eine joggen, bis Sie insgesamt 45 Minuten oder knapp fünf Kilometer zurückgelegt haben.

Es ist normal, wenn Sie beim Beginn eines neuen Trainingsprogramms etwas Muskelkater bekommen. Aber Sie sollten mit keiner Verletzung laufen, die in der Gehphase Ihrer ersten Trainingseinheiten schmerzt. Gehen Sie zu einem Arzt, der Erfahrung in der Behandlung von Laufverletzungen hat, wenn Sie vermuten, dass Sie eine laufbedingte Verletzung haben. (Kapitel 15 beschreibt die häufigsten Laufverletzungen.)

Jetzt laufen Sie!

Einige können früher längere Strecken laufen, andere später. Lassen Sie sich beim Übergang vom Gehen zum Laufen von Ihrem Körper leiten. Aber versuchen Sie nicht zu früh zu viel. Gehen Sie langsam vor und seien Sie lieber zu vorsichtig als zu übereifrig. Allmähliche Steigerung und Geduld sollten Ihre Leitlinie sein, während Sie die Laufteile Ihres Trainings immer weiter ausdehnen.

Lernen Sie von den Erfahrungen einer erfahrenen Aerobic-Lehrerin, die wir kennen. Sie war hervorragend in Form und konnte in puncto Aerobic mit den besten mithalten. Sie hatte kein Gramm überflüssiges Fett an ihrem Spandex-bedeckten Körper.

Sie wollte mit dem Laufen beginnen, und genau das tat sie auch. Sie fing an mit einem Walk-Lauf-Programm, aber bei jedem Training fügte sie ihrem Lauftraining ca. einen Kilometer hinzu – wesentlich mehr, als wir Anfängern empfehlen. In zwei Wochen lief sie fast zehn Kilometer am Stück. In der dritten Woche klagte sie über Schmerzen in den Knien. Das war das Ende ihres Lauftrainings, zumindest für eine ganze Weile.

Machen Sie nicht denselben Fehler. Gehen Sie allmählich von Ihrem Gehprogramm zum Gehen/Laufen und dann zum Laufen über. Sie brauchen vielleicht einige Wochen oder sogar Monate, um zu dem Punkt zu gelangen, dass Sie die 45 Minuten ohne Pausen durchlaufen können. Aber mit Geduld und Fleiß gelangen Sie zu dem Punkt, an dem Sie 30 Minuten oder, je nach Ihrer Geschwindigkeit, etwa fünf Kilometer nonstop laufen können. (Sie müssen auch dann etwa zehn Minuten Walking zum Aufwärmen und fünf Minuten als Cool Down einrechnen.)

Klopfen Sie sich am Ende dieses Trainings auf die Schulter.

Sie sind jetzt ein Läufer, Kollege!

Kleiner Einkaufsbummel: Schuhe, Stoppuhr & Co.

5

In diesem Kapitel

- Schuhkauf
- Die Schuhe an Ihre Füße anpassen
- Sonstige Ausrüstungsgegenstände

Abebe Bikila aus Äthiopien gewann den Olympischen Marathon 1960 durch die Straßen Roms – Schuhfirmen *hassen* diesen Teil – barfuß! Und der berühmte tschechische Läufer Emil Zatopek, der vier olympische Goldmedaillen gewann, absolvierte harte Trainingsläufe in schweren Kampfstiefeln.

Aber wir Normalsterblichen brauchen eine weichere, bequemere Gangart: eine, die unseren Spaß erhöht und die Verletzungsgefahr verringert. Darum ist die Wahl der Schuhe einer der wichtigsten Aspekte für den Laufanfänger.

Andere Ausrüstungsgegenstände wie Stoppuhren, Herzmonitore und High-Tech-Sonnenbrillen sind Extras. Im Gegensatz zu den Schuhen *müssen* Sie diese nicht haben, obwohl einige dieser Gegenstände Leistung und Spaß erhöhen können.

Schuhkauf

Ihre Chancen, mit einem bequemen, qualitativ hochwertigen Paar Laufschuhe nach Hause zu kommen, steigen beträchtlich, wenn Sie in einem Fachgeschäft einkaufen, statt in einem riesigen, vielfältigen Sport-Center, das versucht vom Bowlingball über Tauchausrüstung bis zu Inlineskates alles zu verkaufen. Die Verkäufer in den meisten Fachgeschäften für Laufausrüstung sind selbst Läufer. Gute Lauf-Geschäfte sind außerdem das Zentrum Ihrer örtlichen Laufgemeinde. Sehr wahrscheinlich können Sie hier viele Informationen über Training, Wettkämpfe oder Laufgruppen finden.

Hier ist ein Erkennungsmerkmal eines guten Laufsport-Fachgeschäfts: Es erlaubt nicht nur, sondern ermuntert Sie sogar dazu, einen fünfminütigen Testlauf in den Schuhen zu unternehmen. Wenn das Geschäft einen solchen Testlauf nicht zulässt, sollten Sie Ihr Geld nicht hier verschwenden.

Erfahrene Verkäufer werden Ihnen folgende Fragen stellen, bevor Sie sie in ein bestimmtes Paar Schuhe stecken:

- Wie viel Lauferfahrung haben Sie?
- Wie viele Kilometer laufen Sie pro Woche?
- Auf welchem Untergrund laufen Sie?
- Haben Sie irgendwelche konkrete, kurzfristige Ziele? Trainieren Sie beispielsweise für einen Wettkampf? (»Ja, ich plane im nächsten Frühjahr den Boston-Marathon zu gewinnen.«) Oder wollen Sie einfach drei-/viermal die Woche um den Block laufen? (»Ja, ich möchte mit dem Kerl mithalten können, der in *Cheers* den Norm spielte.«)

Die Antworten auf diese Fragen können den Verkäufern helfen, Sie in die richtige Richtung zu leiten.

Kaufen Sie Ihre Laufschuhe nachmittags. Warum? Weil Ihre Füße dazu neigen, tagsüber leicht anzuschwellen, und Regel Nummer Eins beim Schuhkauf ist, keine Schuhe zu kaufen, die zu klein sind. (Auch während des Laufens schwellen Ihre Füße leicht an.) Und probieren Sie die Schuhe mit Sportsocken an, die genauso dick sind wie die, in denen Sie nachher laufen.

Bevor Sie kaufen

Sie können den Prozess der Schuhwahl auf zweierlei Weise beschleunigen. Zum einen durch den Nasstest (der im nächsten Abschnitt beschrieben wird), um festzustellen, was für Füße Sie haben, Hohl- oder Plattfüße zum Beispiel. Zum anderen sollten Sie Ihre alten Schuhe mitnehmen, wenn Sie in der letzten Zeit versucht haben, zu gehen oder laufen. Selbst wenn Sie diese nur anhatten, um Ihren Pudel zum Briefkasten an der Ecke zu begleiten, kann das Abnutzmuster der Schuhsohlen aufschlussreich sein.

Nasstest: Folgen Sie Ihren Fußspuren

Sie müssen nicht Sherlock Holmes sein, um von Ihren Fußspuren etwas zu lernen. Machen Sie Ihre Fußsohlen nass und stellen Sie sich fest auf eine glatte Oberfläche (Fliesen oder Sand zum Beispiel). Wenn Sie Plattfüße haben, werden Sie einen breiten, vollständigen Fußabdruck hinterlassen. Wenn Ihre Fußspuren fast vertikal in der Hälfte durchbrochen sind, so dass fast kein Teil des Spanns sichtbar ist, haben Sie einen Hohlfuß. Ein so genannter normaler Fuß liegt irgendwo dazwischen: Die Fußspuren zeigen etwa die Hälfte des Spanns. Abbildung 5.1 zeigt einige Fußabdrücke als Beispiel.

Zu wissen, welchen Fußtyp Sie haben, *bevor* Sie in einen Laufschuhladen gehen, kann Sie zumindest in die richtige Richtung lenken, zu einer Auswahl an Modellen, die Ihren möglichen Problemen mit spezifischer Technologie begegnen.

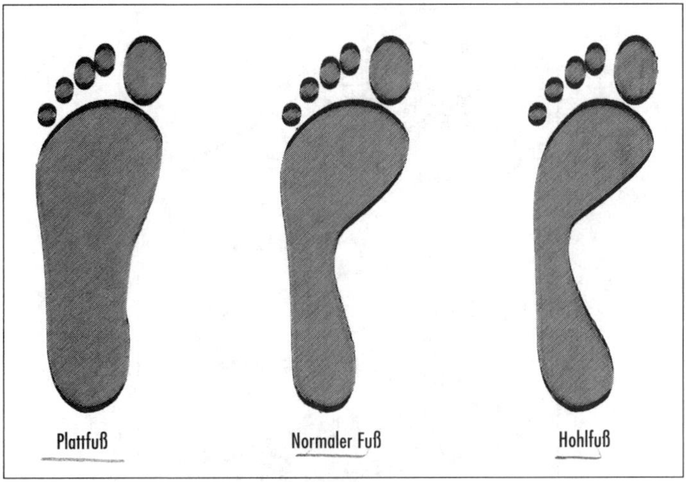

Abbildung 5.1: Nass-Test dreier unterschiedlicher Fußtypen

Abnutzungsmuster und Auftritt

Indem Sie das Abnutzungsmuster Ihrer alten Schuhsohlen untersuchen (die Stellen, an denen Ihre Schuhe durch wiederholten Gebrauch glattgelaufen sind), können erfahrene Schuh-Gurus darauf schließen, welche Schuhmodelle Ihnen am besten passen. Die Abnutzungsmuster zu untersuchen ist keine echte Wissenschaft; ein Schuhexperte gab zu, dass es ein bisschen wie Kaffeesatzlesen sei. Aber je mehr Informationen Sie am Anfang haben, desto größer die Wahrscheinlichkeit, dass Sie in guten und passenden Schuhen landen.

Bei der Art des Auftritts wird zwischen Fersen- und Ballenläufern unterschieden. Die meisten Läufer neigen dazu, Fersenläufer zu sein, das heißt, sie landen auf der Außenseite der Ferse und rollen dann ab, um sich mit dem Fußballen und den Zehen abzustoßen. Einige Läufer sind Ballenläufer und landen weiter vorne auf dem Fußballen.

Abnutzungserscheinungen an Schuhen können eine Menge über das Auftreten aussagen. Die Sohlen eines Ballenläufers sind typischerweise unter den Ballen glattgelaufen. Er braucht Schuhe mit genügend Dämpfung im Vorderfußbereich. Ein starker Fersenläufer braucht eine extra starke Dämpfungsschicht im Fersenbereich.

Abbildung 5.2 zeigt unterschiedliche Teile eines typischen Schuhs, so dass Sie die Bereiche identifizieren können, in denen Sie eine stärkere Dämpfungsschicht benötigen könnten.

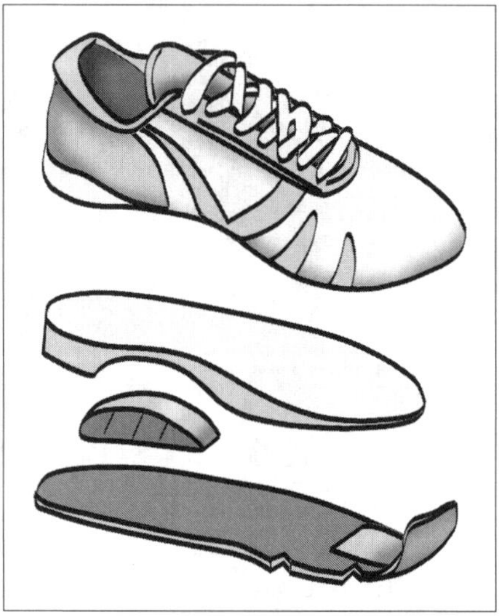

Abbildung 5.2: Die Teile eines Schuhs

Pronation

In der Gegenwart von Fußspezialisten, Laufschuhverkäufern, langjährigen Läufern oder Trainern werden Sie mit Sicherheit irgendwann den Begriff *Pronation* zu hören bekommen.

Das Laufen besteht nicht nur aus »einen Fuß vor den anderen setzen«, sondern es ist ein komplexer biomechanischer Prozess. Die meisten Läufer (mit Ausnahme der Ballenläufer) kommen mit der Außenkante der Ferse zuerst auf den Boden auf. Dann landet der restliche Fuß und rollt dabei leicht nach innen. (Dieser Prozess des Ab- und Nach-innen-Rollens wird Pronation genannt.) Zuletzt hebt sich die Ferse vom Boden, während sich der Läufer mit dem Fußballen und den Zehen abdrückt, um den nötigen Vorwärtsschwung zu bekommen. Die Wiederholung dieses gesamten Prozesses macht eine Person zum Läufer (egal wie hoch die Geschwindigkeit ist).

Pronation als solches ist nichts Schlechtes, denn sie hilft Ihren Füßen und Beinen die Wucht des Aufpralls auf den Boden zu dämpfen. Übermäßige Pronation jedoch – zu starkes Nach-innen-Rollen – kann das Verletzungsrisiko erhöhen. Man nennt dies Überpronation, und die Gegenmaßnahme sind Schuhe mit guten bewegungskontrollierenden Eigenschaften. Läufer mit Plattfüßen (und solche mit krummen Beinen) tendieren dazu, erstklassige Kandidaten für Überpronationsprobleme zu sein.

Läufer, die überpronieren, benötigen einen »geraden« Schuh (im Gegensatz zu einem, der im Vorderfußbereich gekrümmt ist) mit einer festen Zwischensohle zur Bewegungskontrolle (um den Fuß davor zu bewahren, beim Landen zu weit nach innen zu rollen). (Der unterste Teil des Schuhs wird Außensohle genannt; die nächsthöhere Schicht – die für die Dämpfung des Aufpralls zuständig ist – ist die Zwischensohle des Schuhs.)

Ein weit weniger häufiges Problem ist die Unterpronation. Obwohl sie eine recht seltene Rasse sind, tendieren Unterpronierer dazu, einen unflexiblen Fuß zu haben (und oftmals zudem einen hohen Spann). Wenn sie landen, vollführen ihre Füße so gut wie keine Abrollbewegung nach innen. Das Resultat ist ein wuchtiger Aufprall. Ein Läufer, der wie eine Tonne Ziegelsteine landet und unterproniert, benötigt auf jeden Fall einen Schuh mit hohen Dämpfungsqualitäten, um den Aufprall abzumildern.

Abbildung 5.3 veranschaulicht Überpronation, Unterpronation und eine ideale Mitte.

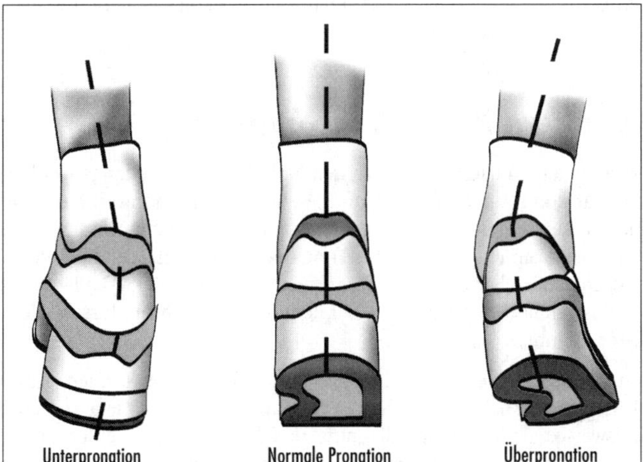

Abbildung 5.3: Kaufen Sie Schuhe, die zu Ihrer Pronation passen.

Passt wie angegossen?

Trotz biomechanischer Gesichtspunkte ist die Passform der wichtigste Aspekt bei der Schuhwahl. Wenn ein Schuh ein wenig zu groß scheint, können Sie vielleicht mit einem etwas dickeren Socken zurechtkommen oder indem Sie die Schnürsenkel etwas fester ziehen. Sie stellen vielleicht sogar fest, dass sie genau richtig sind. Sollten Sie jedoch nur die geringsten Bedenken haben, dass er ein winziges bisschen zu klein ist, lassen Sie die Finger davon. Ein Schuh, der zu eng ist, kann nur Blasen, verfärbte Zehennägel und allgemeine Unbequemlichkeit zur Folge haben.

Hier ist eine Checkliste, um festzustellen, ob Schuhe passen:

- ✔ Sie sollten vorne mit den Zehen wackeln können.
- ✔ Ihr Fuß sollte an der Ferse fest sitzen und Sie sollten dort keinerlei Rutschgefühl verspüren. Ihre Ferse oder Achillessehne sollten sich aber auch in keiner Weise eingeklemmt anfühlen.
- ✔ Sie sollten im Vorderfuß-/Zehenbereich eine gewisse Flexibilität haben. (Versuchen Sie, den Schuh mit der Hand leicht zu biegen.)
- ✔ Der Schuh sollte gut und fest am Fuß sitzen, sich aber auch nicht wie eine Zwangsjacke anfühlen. Außerdem sollte die Schuhzunge gut wattiert sein, damit die Schnürsenkel nicht oben am Fuß reiben oder gar einschneiden.
- ✔ Wenn die Schuhe sich während eines Testlaufs steif, klobig oder insgesamt unbequem anfühlen, reden Sie sich nicht ein, dass sie erst eingelaufen werden müssen. Die Technologie von Laufschuhen ist in den letzten beiden Jahrzehnten sehr stark weiterentwickelt worden: Dies sind nicht Zatopeks Springerstiefel!

Wie lange sollten Ihre Schuhe halten?

Nachdem Sie Ihre neuen Laufschuhe zum ersten Mal anhatten, wie lange werden diese voraussichtlich halten? Das kommt darauf an. Wenn Sie ein 280 Pfund schwerer ehemaliger Footballspieler sind und Sie auf zementierten Bürgersteigen laufen, machen Ihre Schuhe das nicht so lange mit, wie wenn Sie ein ehemaliger 110 Pfund leichter Cheerleader sind, die den Boden nur leicht berührt, während sie über einen mit Tannennadeln gepolsterten Weg läuft. Größe, Gewicht, Laufstil und die Beschaffenheit des Bodens, auf dem Sie laufen, beeinflussen alle zusammen die Lebensdauer Ihrer Schuhe.

Aber ganz allgemein gesagt können Sie bei guten Laufschuhen damit rechnen, dass diese zwischen 500 und 1000 Kilometer aushalten. Aber denken Sie daran, Schuhe (so teuer sie auch sein mögen) sind immer preiswerter als Verletzungsdiagnose und Behandlung in einer sportmedizinischen Klinik. Versuchen Sie also nicht 2000 Kilometer aus einem Paar Schuhe herauszuholen. Selbst wenn man dem Oberteil der Schuhe nach 1000 Kilometern die Beanspruchung kaum ansieht, sind die Dämpfungsqualitäten wahrscheinlich längst nicht mehr vorhanden. Verwenden Sie solche Schuhe zum Rasenmähen oder um den Hund auszuführen, aber widerstehen Sie der Versuchung, weiterhin mit ihnen laufen zu gehen, sobald Sie vermuten, dass sie hinüber sein könnten.

»Laufen mit ausgelatschten Schuhen ist wie Autofahren mit abgefahrenen Reifen,« sagt der Besitzer eines Sportgeschäfts, »Sie schaffen es vielleicht bis zur nächsten Stadt, aber vielleicht bleiben Sie auch mit einer Panne liegen.«

Genau wie in zwischenmenschlichen Beziehungen bekommen Sie auch in Bezug auf Schuhe viele Pluspunkte für Loyalität! Das heißt, wenn Sie einmal etwas Gutes gefunden haben, gehen Sie nicht umher und flirten mit etwas, weil Sie *denken*, es könnte besser sein, nur weil es schnittig und sexy aussieht und viel Werbung dafür gemacht wird. Wenn Sie einen Schuh gefunden haben, mit dem Sie gut zurechtkommen (das heißt, Sie sind mit derselben Marke und demselben Modell zwei Jahre lang ohne jede Verletzung gelaufen), wechseln Sie nicht einfach nur, um zu wechseln!

Je leichter, desto besser?

Obwohl Sie vielleicht körperlich fähig sind, in einem leichten Schuh schneller zu laufen, überlassen Sie die zierlichen, Leicht-wie-eine-Feder-Rennschuhe lieber den fortgeschrittenen Läufern. Einige Wettkampfschuhe wiegen nur 170 bis 250 Gramm, aber oftmals wurden bei diesen Schuhen sämtliche dämpfenden und bewegungskontrollierenden Eigenschaften (die alle zum Gewicht der Schuhe beitragen) der puren Geschwindigkeit geopfert.

Auf der anderen Seite sollten Sie Ihren lokalen 10-Kilometer-Lauf auch nicht in schweren Tretern laufen, die Ihrem örtlichen Sumo-Ringer gehören könnten. Sie haben genügend Auswahl zwischen diesen beiden Extremen. Fragen Sie in Ihrem Laufsport-Geschäft nach leichten Trainingsschuhen, ein Schuh, der etwas weniger wiegt als die alltäglichen Trainingsschuhe, aber über etwas mehr Bewegungskontrolle und Dämpfung verfügt als ein reiner Wettkampf-Schuh. Einige Läufer alternieren zwischen schweren Trainingsschuhen (370 – 430 Gramm Gewicht) und einem leichteren Modell (meist um die 280 Gramm), das sie für Schnelligkeitstraining oder ein gelegentliches Rennen benutzen.

Laufen Sie (wir sprechen hier von Kilometern) niemals in Ihren Tennis- oder Basketballschuhen, und spielen Sie umgekehrt in Ihren Laufschuhen keinen Ballsport. Laufschuhe bieten keinerlei Stütze für Seitwärtsbewegungen und erhöhen so das Risiko des Umknickens.

Wenn der Schuh passt ...

Über die Jahre hinweg habe ich eine ganze Menge Schuhe verschiedener Hersteller verschlissen. Während die Schuhe von hoher Qualität waren, ließen sie jedoch das Flair und den Stil vermissen, der ein großer Bestandteil meiner Persönlichkeit ist. Also entschied ich vor einigen Jahren, selbst einen Schuh zu entwerfen, der nicht nur bequem und haltbar ist, sondern auch gut aussieht.

Ich hatte das Glück, mit Saucony zusammenarbeiten zu können, um eine Schuh- und Kleidungs-Linie zu entwickeln und zu produzieren, die auf die spezifischen Bedürfnisse von Frauen abgestimmt war.

Andere Dinge, die Sie außer Schuhen noch kaufen könn(t)en

Eine ganze Menge Produkte, die für Läufer auf dem Markt sind, brauchen Sie nicht *wirklich*. Was Sie unabdingbar benötigen, sind ein gutes Paar Schuhe und Kleidung, in der Sie sich wohl fühlen. Aber einige Dinge können sicherlich Ihr Laufen voranbringen, entweder indem sie eine bessere Einschätzung des Trainings ermöglichen, mehr Komfort oder sogar besseren Schutz vor möglichen Gefahren.

Ein Wort zur Kleidung

Sie haben wahrscheinlich schon einmal einen dieser sehr professionell dreinblickenden Läufer in engen Lycra-Tights und einem Shirt aus irgendeinem futuristischen Material gesehen. Sie haben wahrscheinlich genauso Läufer gesehen, die à la Sylvester Stallone in den *Rocky*-Filmen (bei jedem Wetter) von Kopf bis Fuß in Baumwollpullis und Jogginghosen gekleidet sind. Wenn Sie ein Anfänger sind, haben wir folgenden simplen Tipp für Sie:

- ✔ Ziehen Sie leichte, bequeme Kleidung an, die dem Wetter angepasst ist.
- ✔ Vermeiden Sie kneifende Hosen.

Das ist alles. Sie sollten sich nicht zu viele Gedanken darüber machen, was Sie anhaben. Es ist viel besser, wenn Sie Ihre Energie darauf verwenden, Ihr Laufprogramm zur Routine zu machen und dabei zu bleiben.

Die Zeit im Visier

Sie können eine Plastiklaufuhr für weniger Geld bekommen als ein Dinner in einem guten Restaurant. Für etwa zehn Mark können Sie eine einfache Uhr erstehen. Aber wenn Sie ein wasserfestes, im Dunkeln leuchtendes, piepsendes Modell mit Weckfunktion haben möchten, zahlen Sie leicht weit über 50 €. Auch wenn Sie nicht unbedingt eine Laufuhr benötigen, ist es schön, eine zu haben, um die Dauer Ihres Trainings zu gestalten und Ihren Puls zu beobachten.

Dem Herzschlag auf der Spur

Herzmonitoren können aus folgenden Gründen sehr wichtig sein:

- ✔ Ihr Arzt empfiehlt, dass Sie aus medizinischen Gründen die Härte der Trainingsanstrengungen genau beobachten.
- ✔ Sie sind ein fortgeschrittener Athlet und wollen mit bestimmten Herzfrequenzen trainieren, um Höchstleistungen zu vollbringen.
- ✔ Sie haben wiederholt übertrainiert und könnten von einem Gerät profitieren, das Sie zurückhält.

Ansonsten sollten Sie es nicht eilig haben, als Laufanfänger einen Herzmonitor zu kaufen. Sie können jederzeit einen erwerben, wenn Sie ein überzeugter Läufer geworden sind und Ihre Leistung in Wettkämpfen gezielt verbessern möchten.

Wenn Sie sich entschließen, einen Herzmonitor zu kaufen, fragen Sie nach der Firma Polar, die eine gute Auswahl verschiedener Modelle anbietet und seit längerem marktführend auf diesem Gebiet ist.

Der Sonne entgegen

Erstaunlicherweise können einige High-Tech-Sonnenbrillen so viel wie – oder mehr als – ein Paar Laufschuhe kosten. (Und Laufschuhen ergeht es wesentlich besser, wenn Sie diese vergessen und auf dem Autositz liegen lassen.) Auch wenn Sie keine teure Designerbrille benötigen, sollten Sie beim Kauf aber unbedingt darauf achten, dass hundertprozentiger UV-Schutz (Schutz vor ultravioletten Strahlen) gewährleistet ist. Gute Sport-Sonnenbrillen können das Wohlbefinden erheblich verbessern. Sich durch die letzten beiden Kilometer eines Laufes am frühen Morgen oder späten Nachmittag hindurchzublinzeln, während man direkt in die gleißende Sonne läuft, macht nicht viel Spaß. Selbst im Winter können Sie während des Laufens den reflektierenden Strahlen glitzernder weißer Schneefelder ausgesetzt sein. Eine Sonnenbrille sowie Sonnencreme und ein Hut mit Rand können störende Strahlen zu jeder Jahreszeit abhalten. Sport-Sonnenbrillen können Ihre Augen außerdem vor Staub, Insekten und anderen Partikeln in der Luft schützen.

Ernährung für Läufer

6

In diesem Kapitel

- Die Bedeutung des Wassers
- Sportgetränke und Alkohol
- Essen, Essen, Essen
- Tipps für Vegetarier
- Tipps für Läufer, die abnehmen möchten

Während des ersten Laufbooms in den frühen siebziger Jahren befürwortete der deutsche Arzt und Lauftrainer Dr. Ernst van Aaken in Europa Fitness-Jogging für alle (einschließlich der Frauen).

Van Aaken sah die negativen Auswirkungen des Überflusses an Luxus in den westlichen Industrieländern. Er bemerkte, wie die Benutzung von Autos (und anderer Maschinen) zusammen mit schlechten Ernährungsgewohnheiten dazu geführt hatte, dass die allgemeine Bevölkerung ihre körperliche Fitness verloren hatte. Obwohl der einzelne Durchschnittsbürger beides – Fitness und Gesundheit – verloren hatte, glaubte van Aaken eine einfache Lösung gefunden zu haben.

Van Aaken erläuterte: »Alles was ich lehre, kann in einem Satz zusammengefasst werden: ›Laufe langsam, laufe täglich, trinke mäßig und esse nicht wie ein Schwein.‹«

Das ist ein guter Grundsatz. Aber Läufer, sogar einige derjenigen, die eifrig für Wettkämpfe trainieren, sabotieren manchmal ihr eigenes Fitness-Programm durch schlechte Essgewohnheiten.

Eine kürzliche Untersuchung zeigt, dass der Normalbürger vier Stunden am Tag fernsieht. Jedoch lediglich 15 oder 20 Minuten Laufen an vier Tagen in der Woche halten körperlich fit, wenn sie mit guten Ernährungsgewohnheiten einhergehen.

Hoch die (Wasser-) Gläser!

Als van Aaken predigte »trinke mäßig«, sprach er von den unzähligen Maß Bier auf dem Münchner Oktoberfest.

Aber was den wichtigsten Nährstoff des Körpers – das Wasser – angeht, davon trinken die meisten Läufer längst nicht genug. Der menschliche Körper besteht zu mehr als 70 Prozent aus Wasser, und er hört schnell auf zu funktionieren, wenn kein Wasser zugeführt wird. (Der Körper kann weitaus länger ohne feste Nahrung auskommen als ohne Wasser.)

Obwohl das Bedürfnis nach Flüssigkeit erst nach einem harten Lauf am Nachmittag zutage tritt (Läufer können in einer Stunde mehr als zwei Liter Flüssigkeit verlieren), tun Läufer gut daran, wenn sie jeden Tag über den ganzen Tag verteilt viel trinken. Ein gutes Durchschnittsmaß für den Anfang sind mindestens sechs bis acht Gläser Wasser über den Tag verteilt, und mehr, wenn Training oder Wetter dies erfordern.

Denken Sie daran, dass Ihr Flüssigkeitsbedürfnis sogar noch höher sein kann, wenn Sie mehrere Tassen Kaffee oder Schwarztee trinken oder regelmäßig Alkohol konsumieren. Koffein und Alkohol wirken harntreibend und verstärken den Flüssigkeitsverlust des Körpers durch häufigeres Wasserlassen.

Trinken Sie während des Arbeitstages immer wieder ein Glas Wasser. Am besten stellen Sie sich gleich morgens ein oder zwei Flaschen Wasser auf den Schreibtisch, die Sie dann über den Tag verteilt trinken.

Die Durstfalle

Verlassen Sie sich nicht auf Ihren Durst, Ihnen zu sagen, wann und wie viel Sie trinken sollen. Wenn Sie durstig sind, sind Sie bereits dehydriert, also: Trinken Sie, bevor Sie sich ausgetrocknet fühlen! Des Weiteren neigt Ihr Körper dazu, die Durstmeldung einzustellen, nachdem Sie zu trinken begonnen haben. Sie sollten aber das Glas auf jeden Fall austrinken, Sie brauchen es!

Zeichen von Dehydrierung sind:

- ✔ Kopfschmerzen. Manchmal greifen Sie zu Aspirin, um diese zu bekämpfen, aber das Wasser, in dem Sie die Tablette auflösen, würde manchmal schon reichen.
- ✔ Urin, der bernsteinfarben oder gelb ist – hell, oder eine leicht gelbliche Färbung, ist das, was Sie wollen.
- ✔ Schwindelgefühl, Schwäche, Frösteln, Krämpfe oder Übelkeit.

Energie- und Sport-Drinks

Im Hinblick auf die sportliche Leistung bieten die meisten Energiedrinks (auch Sport-Drinks oder Flüssigkeitsersatzgetränke genannt) etwas mehr als klares Wasser. Diese Getränke enthalten:

- ✔ **Kohlenhydrate:** Eine Flüssigkeitsersatzlösung enthält zwischen 15 bis 20 Prozent Kohlenhydrate.
- ✔ **Salze (oder Sodium):** Durch Schwitzen verlieren Sie Salz, aber eine durchschnittliche Ernährung (insbesondere wenn Sie Sportgetränke zu sich nehmen) führt dem Körper mehr Salz zu, als Sie tatsächlich brauchen.
- ✔ **Elektrolyte:** Spuren von Elektrolyten (Sodium) helfen dem Körper, Flüssigkeit schneller aufzunehmen.

- ✔ **Zucker:** Einige der Zucker, die in Sportgetränken enthalten sind, können den gesunkenen Blutzuckerspiegel eines ermüdeten Läufers gegen Ende eines Rennens oder Trainings kurzfristig erhöhen.

Einige Läufer bevorzugen klares Wasser als Durstlöscher, aber sie würden gleichzeitig gerne von dem Kohlenhydrategehalt der Sportgetränke profitieren. Hier ist eine mögliche Lösung für Ihr nächstes Langstreckenrennen: Trinken Sie während des Rennens immer abwechselnd an einer Versorgungsstation Wasser und an der nächsten einen Energy Drink. Da Muskeln normalerweise genügend Glykogen für ein zweistündiges Training speichern, können die meisten Läufer bei relativ kurzen Trainingseinheiten mit klarem Wasser auskommen.

T(r)ankstelle für Läufer?

In den siebziger Jahren wurde bei einigen Straßenwettkämpfen ein Bier (oder auch zwei) für so manch einen durstigen Läufer auf Eis gelegt. In dieser Zeit stemmten viele dieser Party-freudigen Läufer ihr Bierglas, wischten sich den Schaum von den Lippen und riefen aus: »Ich tanke Kohlenhydrate.«

Entgegen der Überzeugung der Läufer jener Zeit, die damals gerne einige Krüge hoben, ist Bier aber in Wahrheit eine schlechte Kohlenhydratquelle. Denken Sie auch daran, dass nur wenig Alkohol notwendig ist, um Sie beschwipst zu machen, wenn Sie ein dehydrierter, müder Läufer sind. (Das ist kein Tipp, sondern eine Warnung!)

Bier enthält einige Spurenelemente wie zum Beispiel Kupfer (das auch, ob Sie's glauben oder nicht, in Schokolade enthalten ist). Die Hefe, die zur Bierherstellung eingesetzt wird, ist außerdem eine gute Chromquelle. Dieses Mineral hilft Kohlenhydrate in Energie umzusetzen. Kupfer hingegen stärkt das Immunsystem und hilft im Kampf gegen einen hohen Cholesterinspiegel.

Heißt das, dass Sie sich an edlen Schokoladen gütig tun und diese mit Bier herunterspülen sollen, unter dem Ausruf »Ich tanke Kupfer!«? Nicht mit ernster Miene. Mageres Fleisch, Muscheln, Fisch und Nüsse sowie die meisten Obst- und Gemüsesorten enthalten ausreichend Kupfer.

Aber sind Bier und Schokolade okay für einen Läufer? Die Wahl liegt natürlich bei Ihnen, und kleine Mengen schaden sicher nicht. Mäßigkeit ist auch hier das Maß aller Dinge.

Die Früchte der Rebe

Dem Wein, insbesondere dem Rotwein, wurde in den letzten Jahren viel Gutes nachgesagt und dieses nicht nur von Wein- und Gourmetmagazinen. Wissenschaftliche Untersuchungen zeigen, dass Rotwein den HDL-Cholesterinspiegel (das ist der gute) hebt und den LDL-Cholesterinspiegel (das ist der schlechte) senkt. Rotwein schwemmt das LDL-Cholesterin aus, das an den Arterienwänden haftet.

Sie können die positiven Wirkungen des Alkohols mit nur wenigen Schlucken nutzen. Wenn Sie mehr als ein bis zwei Drinks zu sich nehmen, trinken Sie Alkohol mit Sicherheit aus anderen Gründen und nicht nur der Gesundheit zuliebe. In Wahrheit tun Sie wahrscheinlich etwas, was überhaupt nicht gesund ist. Grundlegend gilt, dass Alkohol (egal ob in Form von Wein, Bier oder härteren Sachen wie Wodka oder Whiskey) eine Droge ist, die süchtig machen kann.

Ein letztes Wort in Sachen Alkohol

Wenn Sie teilweise laufen, um abzunehmen, dann ist Alkohol eine schlechte Getränkewahl. Er kann müde machen. Er ist mit Kalorien beladen. Und selbst wenn Ihr Lauftraining hilft, Ihr alkoholbedingtes Übergewicht in Maßen zu halten, kann Alkohol trotzdem lebenswichtige Körperorgane schädigen. Wie Percy Cerutty, der berühmte australische Trainer mehrerer Olympiasieger, einmal sagte: »Keine noch so lange Laufstrecke kann die Leber vor Zirrhose bewahren.«

Wenn Sie nach einem Wettkampf mit ein paar Bier feiern wollen, belassen Sie es bei einem oder zwei. Um einer Dehydrierung vorzubeugen, denken Sie daran, zuerst Wasser zu trinken und dann pro Bier zwei weitere Gläser Wasser. Und vergessen Sie das Essen nicht! Wenn Sie mehr als ein oder zwei Bier trinken, übergeben Sie die Autoschlüssel der Person, die Mineralwasser trinkt. Und außerdem können Sie auch immer »Nein« sagen.

Essen während des Laufens

Sie können während eines Wettkampfes nur eine begrenzte Menge an Flüssigkeit und Energie nachtanken. Selbst wenn Sie während des Laufs die optimale Menge zu sich nehmen, ist es dennoch schwierig, Ihren Körper so schnell mit Wasser oder Kohlenhydraten zu versorgen, wie diese verbraucht werden.

Wenn Sie gute Rennen laufen wollen, sind das Abendessen vor dem Wettkampftag sowie das Frühstück vor dem Start wichtige Mahlzeiten. Hier sind einige Menüvorschläge:

- ✔ **Abendessen**: Nudel- und Reisgerichte sind bei Läufern sehr beliebt, und dies nicht ohne Grund. Beide enthalten viele Kohlenhydrate, um Ihre Muskeln aufzutanken. Wenn Sie Fleisch essen, nehmen Sie nur eine kleine Portion.
- ✔ Wenn Sie das traditionelle Läuferessen (Pasta) wählen, begehen Sie nicht den Fehler, eine fette Sahne- oder Käsesoße drüber zu gießen. Wählen Sie stattdessen eine leichte rote Soße, die besser verdaulich ist.
- ✔ **Frühstück**: Ihre Antwort auf zwei wichtige Fragen entscheidet darüber, was Sie essen sollten. Die erste lautet: Wie lange ist das Rennen? Wenn es ein 5-Kilometer-Lauf ist, dann ist ein halbes Brötchen und eine Banane etwa zwei Stunden vor dem Rennen vielleicht genug. Wenn Sie jedoch einen Halbmarathon oder sogar

einen Marathon laufen, werden Sie sehr lange unterwegs sein. Empfehlenswert sind Müsli, Pfannkuchen oder Griesbrei, sowie eine Banane, ein Energiedrink, -riegel oder -gel kurz vor dem Start.

Testen Sie Ihre letzten Mahlzeiten vor dem Wettkampf vorher bei einem Trainingslauf. Auf diese Weise ist es unwahrscheinlicher, dass Sie eine böse Überraschung erleben, wie beispielsweise Magenkrämpfe oder unvorhergesehene Abstecher während des Laufs auf der Suche nach einer Toilette.

Genießen Sie Energiegele, -riegel und Sportgetränke mit Vorsicht

Auch wenn die Werbung für Energiegele, -riegel und Sportgetränke versucht, Sie vom Gegenteil zu überzeugen: Sie können immer noch ohne sie laufen und auch gut laufen. Einige Ernährungswissenschaftler raten sogar vom regelmäßigen Gebrauch dieser Produkte ab, in erster Linie wegen ihres hohen Zucker- (und in manchen Fällen Fett- und Kalorien-) gehaltes.

Während harter Trainingseinheiten oder Langstreckenläufe können solche Produkte für einen wirklichen Energie-Boost sorgen. Untersuchungen zeigen, dass in Ausdauerwettkämpfen, die 90 Minuten oder länger dauern, Sport- oder Kohlenhydratedrinks die Leistung verbessern können. Aber gehen Sie nicht davon aus, dass Sie vor einem 5-Kilometer-Lauf zwei Energieriegel verschlingen oder täglich einen Viertelliter eines Sportgetränkes trinken müssen. Setzen Sie diese Produkte ein, aber auf sinnvolle Weise – und machen Sie sie nicht zum Bestandteil Ihrer täglichen Ernährung. Für jeden Tag können Sie eine wesentlich bessere Speisenwahl treffen, die Sie fit hält. Gele, Riegel und Sportgetränke sollten in der täglichen Ernährung nur eine Rolle als Nahrungszusatz spielen, nicht als Ersatz.

Energiegele und -riegel

Energiegele und -riegel haben sich als Energiebooster für Läufer auf Wettkämpfen bewährt, insbesondere während Halbmarathons und Marathons. Energiegele sind auch in winzigen Päckchen erhältlich, so dass sie sich während des Laufs leicht transportieren lassen (besonders wenn Sie einige Päckchen in ein Paar Laufhandschuhe stopfen). Sie stellen meist zwischen 70 und 100 Kalorien zur Verfügung. Wasser hilft, Gel und Riegel leichter herunter zu bekommen.

Riegel und Gele gibt es heutzutage in vielen verschiedenen Geschmacksrichtungen (Banane, Erdnusscreme, Schokolade usw.), so dass Sie gleichzeitig ihren Geschmacksnerven schmeicheln und ihrem Körper Energie zuführen können.

Einige Wettkämpfe, insbesondere enorme Ausdauerveranstaltungen wie Triathlons oder Ultra-Marathons, bieten an den Versorgungsstationen Bananen- oder Orangenstücke an. Bananen sind für Ausdauerathleten ein Muss: Ein mittelgroßes Stück dieser gelben Frucht verfügt über 100 bis 110 Kalorien, viele Kohlenhydrate (etwa 90 Prozent der Kalorien sind Kohlenhydrate) und sehr wenig Fett.

Bevor Sie Energieriegel, -gele oder -getränke in einer Wettkampfsituation anwenden, experimentieren Sie mit ihnen mehrere Male während harter Trainingseinheiten. Auf diese Weise finden Sie heraus, was Ihr Magen am besten verträgt und Ihren Energiebedarf deckt.

Kohlenhydrate

Einige Läufer wählen am Vortag und Morgen eines Wettkampfes die richtigen Speisen und nehmen während des Laufs reichlich Flüssigkeit zu sich. Aber viele dieser Läufer ernähren sich in der Zeit zwischen den Rennen nicht besonders vernünftig.

Essgewohnheiten beeinflussen die Leistung und, viel wichtiger, die Geschwindigkeit. Ein guter Anhaltspunkt für eine richtige Ernährung ist die Kohlenhydrate-Regel! Da Läufer »ihren Ofen stetig am Brennen« halten müssen (pro gelaufenem Kilometer verbrennen Sie etwa 60 Kalorien), sollten Ihre Mahlzeiten zu etwa 60 Prozent aus Kohlenhydraten bestehen.

Marathonläufer haben einen guten Grund dafür, dass sie am Abend, bevor sie die 42,195 Kilometer angehen, riesige Teller Pasta und große Stücke Brot mampfen: Kohlenhydrate sind die primäre Energiequelle des Körpers. Ein typischer »Läufer-Motor« läuft heiß genug, um auch Fette und Proteine zu verbrennen, aber er bevorzugt Kohlenhydrate.

Ernährungswissenschaftler unterteilen die Kohlenhydrate in zwei Gruppen: einfache und komplexe Kohlenhydrate. Einfache Kohlenhydrate findet man in Soft-Drinks, Schokoriegeln und Backwaren. Als Grundregel gilt: Einfache Kohlenhydrate sind keine gute Energiequelle, da sie oft mit einem hohen Fettgehalt einhergehen, wie Sie ihn beispielsweise in einem Dutzend Krapfen finden. Einfache Kohlenhydrate können außerdem eine ganze Menge Zucker enthalten. Wenn ein Nahrungsmittel große Mengen Fett und Zucker enthält, dann bietet es wahrscheinlich keine nennenswerten Anteile an Vitaminen, Mineralien oder Ballaststoffen. Ernährunswissenschaftler bezeichnen derartige Nahrungsmittel als »leere Kalorien«.

Einige Nahrungsmittel mit hohem Zuckeranteil hingegen haben einiges zu bieten, was Mineralstoffe oder Vitamine angeht. Bestimmte Obstsorten – wie zum Beispiel Bananen, Orangen, Äpfel oder Rosinen – zerfallen in Fruktose (natürlicher Fruchtzucker), sind aber gute Kohlenhydratequellen. Diese Obstsorten sind bessere Snacks als fetthaltige Schokoriegel.

Einige Athleten glauben, dass Honig – da er natürlicher ist – mehr Nährwert besitzt als weißer Raffineriezucker. Honig, Ahornsirup und Zucker (braun oder weiß) besitzen alle dasselbe Defizit an Vitaminen oder Mineralien. Brauner Rohrzucker besitzt allerdings einen kleinen Anteil Kalzium.

Gute Quellen komplexer Kohlenhydrate sind beispielsweise Getreide, Brot, Gemüse und Bohnen. Diese Nahrungsmittel brauchen länger, bis sie in Glukose umgewandelt und dann in Form von Glykogen (gespeicherte Diätzucker) in den Muskeln oder der Leber gespeichert werden und als Energiequelle für körperliche Aktivitäten bereitstehen.

Läufer essen zumeist viele Kohlenhydrate, aber es passiert trotzdem leicht, dass die beste Energiequelle des Körpers versiegt. Wie bereits erwähnt, verbrennen Läufer circa 60 Kalorien pro

Kilometer. Wenn Sie für einen Volkslauf, einen Halbmarathon oder Marathon trainieren und etwa 50 bis 60 Kilometer pro Woche laufen, dann verbrauchen Sie eine Menge Kalorien.

Ein trainierter Muskel kann mehr Glykogen speichern als ein untrainierter – in einigen Fällen bis zu 50 Prozent mehr. Wenn Sie also regelmäßig laufen, wird Ihre Muskulatur lernen, mehr Energie zu speichern. Je mehr Glykogen die Muskulatur speichern kann, desto länger ist die Leistungsdauer.

Um mit der Kalorienverbrennung Schritt halten zu können, muss ein Läufer, der 75 Kilo wiegt, irgendwas zwischen 2.500 und 5.000 Kalorien pro Tag zu sich nehmen. Wenn man bedenkt, dass ein Läufer etwa 60 Kalorien pro Kilometer verbrennt, ist es offensichtlich, dass ein professioneller Marathonläufer, der etwa 160 Kilometer in der Woche läuft, einen höheren Bedarf zu decken hat, als ein Fitness-Jogger mit 50 Kilometern pro Woche. Der eigentliche Trick liegt allerdings darin, die Zahl der Fettkalorien in der täglichen Ernährung zu begrenzen (aber nicht zu eliminieren).

Die Nahrungsmittelpyramide

Männer – selbst laufende Männer – können nicht ausschließlich von Kohlenhydraten leben. Dasselbe gilt für Frauen. Obwohl Kohlenhydrate die Grundbasis der Nahrungsmittelpyramide ausmachen (siehe Abbildung), tauchen Proteine und sogar einiges Fett in einer ausgewogenen Ernährung auf.

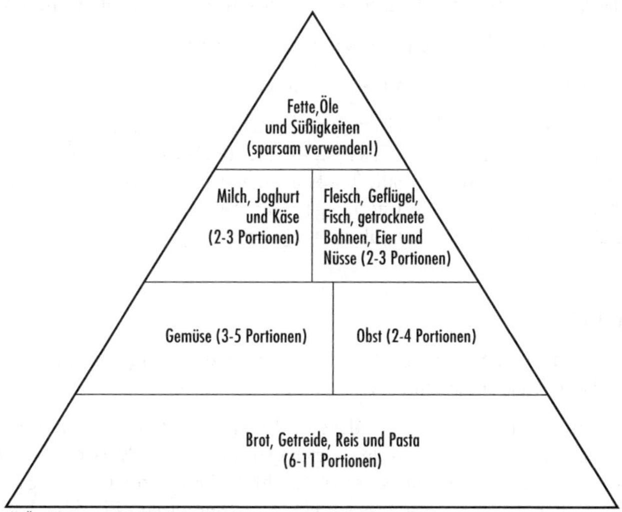

Quelle: U.S. Department of Agriculture/U.S. Department of Health and Human Services

Ein ausgiebiges Mittagessen, das 1.000 oder mehr Kalorien enthält, sorgt dafür, dass Sie sich am späten Nachmittag müde oder träge fühlen. Wählen Sie mittags leichte Speisen aus, wie Obst oder Joghurt, um fit und energisch zu bleiben. Wenn Sie mehr brauchen, ist ein Teller Suppe oder ein kleines Sandwich das Richtige.

Die Kraft der Proteine

Einige Läufer denken erst sehr spät an Eiweiß. Sie meinen, dass es eher etwas für Bodybuilder oder Gewichtheber ist, die im Fitnessclub die großen Hanteln hochhieven. Aber auch Läufer brauchen Eiweiß. Zwar ist Eiweiß als Energiequelle nur die dritte Wahl des Körpers (nach Kohlenhydraten und Fetten), doch hinsichtlich seiner Fähigkeit, mit Hilfe von Aminosäuren Muskelgewebe aufzubauen oder zu reparieren, ist Eiweiß unangefochtener Sieger.

Iron men - Eiserne Männer (und Frauen)

Eisen ist für Ausdauerathleten das wichtigste Mineral des Körpers. Eisen ist ein wichtiger Bestandteil von Hämoglobin, dem Eiweiß, das Sauerstoff von den Lungen in die Muskeln transportiert. Läufer, die unter einem Eisendefizit (Anämie genannt) leiden, ermüden wesentlich schneller als solche mit einer stark eisenhaltigen Ernährung.

Risikogruppen in Bezug auf Eisenmangel sind:

- ✔ Läufer, die kein oder sehr wenig Fleisch essen, einschießlich einiger strenger Vegetarier
- ✔ Läuferinnen, die während der Menstruation Eisen verlieren
- ✔ Läufer, die durch starkes Schwitzen Eisen verlieren

Hier sind einige Möglichkeiten, um die Eisenaufnahme zu erhöhen: Kochen Sie in einem Eisentopf oder einer Eisenpfanne. Achten Sie bei jeder Mahlzeit auf einen ausreichenden Vitamin-C-Gehalt. Trinken Sie beispielsweise ein Glas Orangensaft oder verfeinern Sie Fisch- und Geflügelgerichte mit ausgedrücktem Zitronensaft. Setzen Sie ab und zu rotes Fleisch auf Ihren Speiseplan.

Zink hält flink

Wie auch bei Eisen ist Fleisch die beste Quelle schnell verfügbaren Zinks. Zink ist für Läufer ein wichtiger Mineralstoff, weil er das Immunsystem stärkt.

Wenn jeder Grippevirus sich sofort bei Ihnen niederlässt, leiden Sie eventuell unter Zinkmangel oder Übertraining, oder sogar an beidem. Eine der besten Zinkquellen sind Austern (die gerüchteweise sogar Ihr Liebesleben wieder in Schwung bringen sollen, aber das ist eine andere Geschichte), gefolgt von Fleisch oder anderen Schalentieren, zum Beispiel Krebsen.

Der Kalzium-Club

Müssen Sie einen Milchbart haben, um genügend Knochen bildendes Kalzium zu bekommen? Nicht unbedingt, aber Milchprodukte sind eine hervorragende Kalziumquelle. Kalzium ist für Läufer unabkömmlich, da es Stressfrakturen vorbeugt, einer Knochenverletzung, die Sie und Ihren Trainingsplan für sechs Wochen oder sogar länger außer Gefecht setzen kann.

Gute Kalziumquellen sind

- ✔ Magermilchprodukte und Magerjoghurt
- ✔ Brokkoli, Grünkohl und Spinat
- ✔ Dosenlachs

Bekämpfen Sie die Fette (aber nicht alle!)

Wiederholen Sie mit uns: Fett ist nicht völlig schlecht! Einige Fette, wie die Omega-Fettsäuren in Fisch, bestimmten Früchten und Pflanzenölen, können Ihnen sogar helfen, gesund zu bleiben. (Wissenschaftliche Studien zeigen, dass Omega-Fette Ihr Immunsystem fit machen.) Eine übertrieben fettarme Ernährung kann Sie einigen Studien zufolge sogar in eine launische Furie verwandeln.

Nein, Sie können nicht erwarten, bis ins hohe Alter gesund zu bleiben, wenn Sie sieben Tage die Woche in Cheeseburgern und frittierten Zwiebelringen schwelgen, aber Ihr Körper braucht einige Fette. Der Trick besteht darin, die meisten tierischen und gesättigten Fette zu meiden, die in hochgradig verarbeiteten Snacks stecken.

Dann wiederum gibt es einige fetthaltige Süßigkeiten, die, wenn in Maßen genossen, den Körper mit einigen Vitaminen versorgen können. Eiscreme ist eine recht gute Kalziumquelle, aber Läufer – insbesondere solche, die Training mit einer Diät verbinden, um abzunehmen – sollten sich nur gelegentlich damit verwöhnen. Eiscreme enthält viele gesättigte Fette; einige der besseren Marken (ja, sie schmecken lecker!) beziehen die Hälfte ihrer Kalorien aus Fetten.

Gute Fette, schlechte Fette

Mindestens ein Viertel Ihres gesamten Cholesterinspiegels sollte »das Gute« sein – Lipoprotein mit hoher Dichte oder HDL (Hight Density Lipoprotein). HDL ist wie der Kavalier, der zu Hilfe eilt, um das LDL (Low Density Lipoprotein) zu bekämpfen, das wachsartige »Böse«, das Ihre Arterien verklebt und den Blutfluss zum Herzen verringert.

Hier ist ein weiterer guter Grund, die Joggingschuhe aus der Ecke hervorzuholen und einige Kilometer zurückzulegen: Während Sie diese Kilometer zurücklegen, befreien Sie Ihre verklebten Arterien. Ausdauerathleten (Läufer, Radfahrer und Schwimmer) führen das Rudel an, wenn es um einen erhöhten HDL-Spiegel geht.

Achtung Sabotage!

Einer der verborgenen Wege, wie Fett sich in Ihre Ernährung schleicht, ist die »Extrakategorie«. Ein brutzelnder Hamburger hat beispielsweise bereits einen hohen Fettgehalt. (Ein Fast-Food-Hamburger kann überwältigende 40 Prozent besitzen!) Wenn Sie dann noch zwei Scheiben Käse hinzufügen und alles mit Mayonnaise bedecken, laden Sie Fett auf Fett. Vorschlag: Legen Sie stattdessen eine Scheibe Zwiebel und einige Blätter grünen Salat auf Ihren Burger.

Die *American Heart Association* legt 30 Prozent Fettgehalt als akzeptable Menge Fett in Ihrer täglichen Nahrung fest, aber wenn Sie einen hohen Cholesterinspiegel haben, empfiehlt der Arzt Ihnen vielleicht eine Grenze von 20 Prozent.

Hier sind einige andere Strategien zur Vermeidung von Fett:

- ✔ Genießen Sie Ihre Haferflocken – oder essen Sie sie wenigstens!
- ✔ Kaufen Sie zweiprozentige Milch statt Vollmilch. Sie bekommen viel Kalzium und Eiweiß, aber weniger Fett. Magermilch ist noch besser.
- ✔ Versuchen Sie es doch mal mit Fisch. Lachs, Thunfisch und Heilbutt beispielsweise sind hervorragende Quellen für Omega-3-Fettsäuren. Omega-3-Fettsäuren stehen auf der Liste der guten Fette ganz oben und helfen, Herzkrankheiten vorzubeugen.

Sollten Sie alle Fette von Ihrem Speiseplan verbannen? Zunächst einmal wäre dies wahrscheinlich unmöglich. Außerdem braucht Ihr Körper etwas Fett (um warm zu halten, zum Beispiel) und verbrennt Fett (insbesondere während langer langsamer Trainingseinheiten), auch wenn er Kohlenhydrate bevorzugt.

Ich wurde mit Butter großgezogen, Unmengen davon. Als ich älter wurde und ernsthaft zu trainieren begann, versuchte ich, Butter ganz von meinem Speiseplan zu streichen, aber ich hatte ständig Heißhunger drauf. Ich glaube, dass es in Bezug auf Speisen, auf die Sie wirklich Heißhunger haben, das Beste ist, wenn Sie sich hin und wieder etwas davon genehmigen. Völlige Abstinenz klappt nicht immer. Wenn Sie also die Menge im Griff behalten, vermeiden Sie Schuldgefühle.

Hilfe für Vegetarier

Ist es für Vegetarier unmöglich, genügend Proteine, Eisen und Zink zu bekommen? Nein, aber es kostet etwas mehr Mühe und Wissen.

Ein Läufer, der 150 Pfund wiegt, braucht beispielsweise etwa 90 Gramm Eiweiß pro Tag, um verletzte Muskelproteine nach einem harten Training wieder aufzubauen. Ein kleines Rindersteak oder 350 Gramm Thunfisch würden da ausreichen. Aber Vegetarier würden fünf Tassen gekochter Linsen brauchen (eine gute pflanzliche Eiweißquelle), um an die benötigten 90 Gramm heranzukommen.

Wenn Sie kein rotes Fleisch auf Ihrer Speisekarte stehen haben, aber Geflügel eventuell schon, dann fügen Sie Ihrem nächsten Teller Linsensuppe einige Stücke Huhn hinzu. Die Aufnahmerate des vorhandenen Eisens wird sich damit mehr als verdoppeln.

Läufer, die keinerlei Fleisch essen, müssen ein bisschen Detektiv spielen, um genügend Zink auf die Spur zu kommen. Schwarzgefleckte Erbsen, Garbanzobohnen, Linsen, ungeschälter Reis, Weizenkeime und Mandeln sollten auf der Einkaufsliste von Vegetariern ganz oben stehen.

Läufer, die sich vegan ernähren (also keinerlei Produkte essen, die von Tieren stammen, auch keinen Käse oder Eier), müssen sich auf die wenigen Eisenquellen stürzen, die es bei pflanzlichen Nahrungsmitteln gibt. Die meisten Pflanzen enthalten entweder wenig Eisen oder sie geben es nicht leicht her. Spinat ist ein gutes Beispiel für letztere Pflanzenkategorie.

Einige recht gute pflanzliche Eisenquellen (außer Linsen) sind:

- ✔ Trockenfrüchte, zum Beispiel getrocknete Aprikosen oder Pflaumen
- ✔ Frühstückszerealien (Cornflakes und Co) mit Eisenzusatz, insbesondere wenn Sie Rosinen oder Datteln hinzugeben
- ✔ Säfte, zum Beispiel Orangensaft, mit Eisenzusatz
- ✔ Bohnen (Kidneybohnen, Mungobohnen und gebackene Sorten oder Tofu)
- ✔ Melasse, Bierhefe, Weizenkeime
- ✔ Tägliche Multi-Vitaminpräparate mit Eisenzusatz

Zum Wohl von Gesundheit und Leistungsfähigkeit

Bleiben Sie auf dem Laufenden, was Ernährungstipps angeht, die Ihre Leistung und allgemeine Gesundheit steigern können. Hier sind einige Möglichkeiten, wie Sie Ihre Ernährung verbessern:

- ✔ Essen Sie farbig! Obst und Gemüse, die gelb oder orange sind, sind meist gute Quellen des Krebs bekämpfenden Beta-Karotins.
- ✔ Fast Food heißt fast immer Fett! Passen Sie insbesondere dann auf, wenn Sie auf Reisen sind oder gezwungen sind, in Eile zu essen.
- ✔ Verringern Sie Ihren Kaffeegenuss, indem Sie über mehrere Wochen verteilt immer mehr Milch hinzufügen. Trinken Sie ihn hell! So bekommen sie eine zusätzliche Menge Kalzium und verringern allmählich die Kaffeemenge.
- ✔ Eine kleine Portion Erdbeeren kann mehr als die Hälfte des täglichen Vitamin C-Bedarfs decken. Gleiches gilt für grünen Paprika.
- ✔ Tomatensoße kann die Gefahr von Prostatakrebs bei Männern reduzieren. Alfredo-Soße mit viel Sahne wurde von einem Ernährungswissenschaftler einmal als »Herzattacke auf dem Teller serviert« bezeichnet. Also, welche Soße wählen Sie zu Ihrer Pasta?

- ✔ Obst wie Orangen und Bananen sind gute Potassiumquellen. Potassium hilft den Muskeln eines Läufers, sich zusammenzuziehen, und beugt Muskelkrämpfen vor.
- ✔ Ersetzen Sie die stark fetthaltige Eiscreme, die jetzt in Mode ist, durch fettarmen Joghurt. Sie sparen ein ganzes Bündel Fettkalorien und tanken mehr Energie.
- ✔ Versuchen Sie, in Ihren Rezepten saure Sahne durch Magerjoghurt zu ersetzen.
- ✔ Kochen oder backen Sie Huhn (statt es zu braten), und entfernen Sie die Haut, um den Fettgehalt zu reduzieren.
- ✔ Wenn Eier (insbesondere Eggs Benedict) und Müsli auf der Frühstückskarte stehen, wählen Sie Letzteres und schneiden Sie eine Banane oder Erdbeeren darüber.
- ✔ Brezeln verfügen über einen hohen Kohlenhydratanteil und wenig Fett. Sie sind eine ideale Snack-Variante (wie auch Feigen oder Rosinen) im Gegensatz zu fettigen Kartoffelchips, Cracker oder Fritten.
- ✔ Prüfen Sie die Inhaltsstoffe! Achten Sie auf Fettprozente sowie auf Salz- und Zuckergehalt.
- ✔ Knuspern Sie: Rohe Gemüse wie roter Paprika oder Möhren sind ideale fettarme Snacks mit hohem Vitamin A- und C-Gehalt.
- ✔ Pfannkuchen sind eine tolle Kohlenhydratequelle – über 75 Prozent Kohlenhydratanteil! Mit Ahornsirup oder Zimt (ohne Zucker) können Sie den Fettgehalt unter 20 Prozent halten.
- ✔ Vergessen Sie nicht, wieder aufzutanken! Ihre Muskeln sind in der ersten Stunde nach einem schnellen Lauf oder harten Training besonders aufnahmebereit, um die Glykogenspeicher wieder aufzufüllen.
- ✔ Bei all den Diskussionen um zu viele Kalorien sollten Sie nicht übersehen, dass zu wenige Kalorien Sie dagegen ohne Energie zurücklassen. Informieren Sie sich über Anzeichen von Essstörungen und nehmen Sie Hilfe in Anspruch, falls Sie (oder Laufpartner, Trainer, Freunde oder Familienmitglieder) gefährdet sind.

Laufen, Diäten und Gewichtsabnahme

Die Nulldiät, die Kartoffeldiät, Slim Fast und wie sie alle heißen – vergessen Sie, was Diäten angeht, nicht einen wichtigen Punkt: Sie funktionieren nicht, wenn sie nicht mit Bewegung und Sport einhergehen. Untersuchungen haben sogar gezeigt, dass die meisten Leute, die mit einigen dieser Modediäten abnehmen, letztendlich zunehmen, wenn sie keinen Sport treiben.

Und wenn Sie eine Sportart suchen, die wirklich Kalorien verfeuert und außerdem einfach und effektiv ist, gibt es nichts Geeigneteres als das Laufen.

Wenn Sie versuchen, einige Pfunde loszuwerden, beachten Sie folgende Tipps, die von einigen Ernährungswissenschaftlern und Diätisten zusammengestellt wurden. Sie helfen, die Waagschalen zu Ihren Gunsten zu beeinflussen:

- Essen Sie ausbalancierte Mahlzeiten und kleinere Portionen statt nach einer Wunderspeise oder magischen Diät zu suchen. Richten Sie sich nach der Nahrungsmittelpyramide, die Gemüse, Obst und Vollkornprodukte zur Grundlage einer gesunden Ernährung macht. Oder benutzen Sie die Step-I-Diät der *American Heart Association*, die empfiehlt, dass 55 bis 60 Prozent Ihrer Kalorien von Kohlenhydraten stammen sollten, 15 bis 10 Prozent von Proteinen und 25 bis 30 Prozent von Fett.
- Setzen Sie sich ein Ziel. Für einige mag es eine bevorstehende Hochzeit sein, für andere ein Klassentreffen, Urlaub oder runder Geburtstag. Was auch immer das Ziel ist – wenn es Sie motiviert, endlich zur Tat zu schreiten: super! Aber denken Sie daran: Ihr Lebenswandel sollte eine lebenslange Sache sein, eine Umstellung, die sowohl bessere Essgewohnheiten als auch Sport (Laufen) umfasst. Setzen Sie sich nicht, sagen wir, die Hochzeit Ihres Bruders als Ziel und lassen sich dann, nachdem das Ja-Wort gegeben und die Fotos gemacht sind, in alte Gewohnheiten und das Sofakissen zurückfallen.
- Nehmen Sie vernünftig ab. Ein sicheres, sinnvolles Ziel der Gewichtsabnahme ist ein Pfund pro Woche. Das mag nicht nach allzu viel klingen, aber wenn Sie es über ein Jahr verteilt zusammenzählen, sind das mehr als 50 Pfund!
- Der Mythos Waage kann Sie leicht in die Irre leiten, zum einen, weil so viele Faktoren die täglichen Gewichtsschwankungen beeinflussen können. Also machen Sie sich nicht zum Sklaven der Waage! Wiegen Sie sich nicht öfter als einmal pro Woche, dann aber jeweils zur selben Tageszeit, so dass Sie eine aussagekräftige Vergleichsbasis haben.
- Heben Sie Gewichte, um Gewicht zu verlieren! Je mehr trainierte Muskelmasse Sie haben, desto mehr Kalorien verbrennen Sie. Laufen alleine bringt's da nicht. Sie sollten irgendeine Form von Krafttraining, das in Kapitel 17 ausführlich beschrieben wird, ausüben.
- Zu guter Letzt: Bewegen Sie sich! Obwohl Übergewicht nicht gesund ist, haben Untersuchungen jetzt gezeigt, dass Bewegungsmangel noch schlimmer sein könnte. Laufen kann Ihr Schlüssel zum Abnehmen sein.

Teil II

Grundtraining

In diesem Teil ...

Diese Kapitel befassen sich mit der Optimierung Ihres Trainingsprogramms, nachdem Sie sich einmal dem Laufen verschrieben haben. Wir zeigen, was einen guten Laufstil ausmacht, helfen bei der Gestaltung der Aufwärm-, Dehn- und Abkühlphase, beschreiben die Vorzüge des Hügeltrainings und geben Tipps, wie Sie in allen Situationen sicher laufen.

Stilelemente

7

In diesem Kapitel

- Der richtige Laufstil
- Die Arme richtig bewegen
- Der richtige Schritt

Bill Bowerman aus Oregon, der legendäre Mentor und Coach des amerikanischen Leichtathletik-Olympia-Teams von 1972, witzelte einmal: »Gott entscheidet, wie schnell du bist. Ich kann nur bei der Mechanik helfen.«

In ähnlichem Sinne wurde einmal ein renommierter schwedischer Physiologe gefragt, was denn das Wichtigste sei, um einen Olympiasieger hervorzubringen. »Gute Eltern auszuwählen«, antwortete der Sportwissenschaftler.

Aber auch wenn Sie nicht mit olympischen Genen und himmlischen Talenten ausgestattet sind, können Sie durch regelmäßiges Training Ihre eigenen Zeiten verbessern und sich auch bei schnelleren Geschwindigkeiten wohl fühlen. Viele Fitness-Läufer, insbesondere Anfänger, übersehen, dass der Laufstil ein wichtiger Teil des Training-Puzzles ist.

Laufen ist einfach, weil man einfach nur einen Fuß vor den anderen setzen muss – oder? Nun, nicht ganz. Um vom Laufen möglichst viel zu profitieren, müssen Sie einen Stil entwickeln, der für Sie angenehm und effizient ist. Laufstile reichen von einem rein funktionalen Trott, der einem militärischen Gewaltmarsch ähnelt, zu den beinahe lyrisch erscheinenden Bewegungen von Olympiasiegern. Wenn es um einen natürlichen Laufstil geht, liegen die meisten Läufer irgendwo dazwischen, aber wir können fast alle von einigen Ratschlägen über einen guten Laufstil profitieren.

Fühlen Sie sich wohl dabei?

Ein guter Laufstil kann das Wohlbefinden während des Laufens verbessern, insbesondere bei Laufanfängern. Die Verbesserung des Stils kann Ihnen auch helfen, schneller zu laufen, aber das interessiert eher die erfahrenen Läufer.

Woher wissen Sie, ob Ihr Stil verbesserungswürdig ist? Wenn Sie sich ächzend, Grimassen schneidend und knirschend durch einen Lauf quälen und dann 15 Minuten später nach Hause humpeln, sollten Sie vielleicht darüber nachdenken, Ihren Stil zu ändern. Laufen sollte kein Sport sein, der Sie darüber nachdenken lässt, ob die jüngste Laufwelle nicht besser »Laufhölle« heißen sollte.

Wenn Sie lernen, dahin zu »gleiten« – ungeachtet Ihres Körperbaus oder Ihrer Geschwindigkeit – mit glatten, rhythmischen Schritten und Armbewegungen, dann wird das Laufen zu einem Spaß, der Sie mit Wohlbefinden Ihre Umwelt »erlaufen« lässt.

Mit den Zähnen zu knirschen und die Fäuste vor totaler Anstrengung zusammenzuballen ist nur dann »gutes Laufen«, wenn es sich um einen Ein-Meter-Sturz zum Touch Down in der *American Football League* handelt. Langstreckenlauf dagegen erfordert Entspannung!

Lassen Sie sich Zeit

Vergessen Sie nicht, dass es Zeit braucht, um einen guten Stil zu entwickeln. Als ich im Alter von sieben Jahren mit dem Laufen begann, hatte ich einen schlimmeren Laufstil als irgendjemand vor mir, und meine Trainer sagten mir, dass ich meinen Stil verbessern müsse, wenn ich meine Zeiten verbessern wollte. Gewöhnlich tauchte ich einfach auf Wettkämpfen auf und lief, und bis zum College lehrte mich wirklich niemand, wie ich meinen Stil verbessern konnte.

Nachdem ich all diese Jahre mit einer schlechten Mechanik gelaufen war, brauchte ich einige weitere Jahre, um das zu ändern. Ich arbeitete täglich sehr hart daran und konzentrierte mich darauf, einen guten Stil zu laufen. Was als kleines Mädchen einmal ein halsbrecherischer Lauf gewesen war, wurde nun zu einem richtigen Techniktraining, das eine Menge geistiger Anstrengung kostete.

Auch wenn Sie nicht für Olympia trainieren, mit einer guten Form fühlt man sich einfach wohler. Vertrauen Sie mir. Laufen sollte Spaß machen, aber wenn Sie sich auf Ihren Stil konzentrieren und an ihm arbeiten, während Sie trainieren, wird ein guter Stil letztendlich fast natürlich kommen, und Sie werden bessere Zeiten laufen und sich dabei wohler fühlen.

Stilelemente

Wo fangen Sie an, wenn Sie Ihren Stil verbessern wollen? Von oben natürlich. Hier sind einige Hinweise zur Haltung des Oberkörpers:

- ✔ Halten Sie Ihren Kopf gerade, das Kinn aufrecht oder leicht geneigt. Sie sollten Ihren Kopf nicht nach hinten werfen, als ob Sie wie verrückt versuchen, Ihren Linienbus noch zu erreichen. Blicken Sie geradeaus oder nach vorne und leicht nach unten. Sehen Sie nicht geradewegs nach unten auf Ihre Füße, es sei denn, Sie passieren gerade schwieriges, unebenes Gelände.
- ✔ Die Schultern sollten aufrecht sein (nicht gerundet) und Ihre Brust sollten Sie (leicht) nach oben und außen strecken. So kann mehr Sauerstoff in Ihre Lunge gelangen. Halten Sie Ihren Rücken gerade – keinen Buckel machen. Ein schlaffer, vorgebeugter Laufstil behindert die Sauerstoffaufnahme.
- ✔ Auch wenn Ihr Rücken gerade sein sollte, halten Sie ihn nicht steif wie einen Besenstiel. Vermeiden Sie es, Ihre Schultern so sehr nach hinten zu drücken, dass Ihre Schulterblätter

zusammenzustoßen scheinen; dies kann zu einer Versteifung von Hals-, Rücken- und Schultermuskulatur führen.

- ✔ Ihr Kiefer sollte entspannt und locker sein. Ihr Mund sollte zur optimalen Atmung leicht geöffnet sein. Blinzeln oder zucken Sie nicht. (An sonnigen Tagen helfen Sportsonnenbrillen eine ganze Menge.) Entspannen Sie Ihre Gesichtsmuskeln!

Abbildung 7.1 illustriert die richtige Haltung des Oberkörpers.

Abbildung 7.1: Halten Sie Ihren Kopf aufrecht, die Schultern und den Rücken gerade.

Die richtige Armführung

Ein guter Laufstil beinhaltet mehr als nur die Beine, das Herz und die Lungen. Die richtige Haltung und Bewegung der Arme spielt eine wichtige unterstützende Rolle für einen weichen und effizienten Stil. Die Arme sind sowohl an der Schrittfrequenz als auch an der Schrittlänge beteiligt.

Die Schrittfrequenz ist die Anzahl der Schritte, die ein Läufer in einem bestimmten Zeitraum macht, egal ob er insgesamt 20 Sekunden, eine Minute oder eine Stunde läuft. Schrittfrequenz und Schrittlänge sind zwei wichtige Faktoren, die die Geschwindigkeit eines Läufers beeinflussen.

Hier ist eine Checkliste für die richtige Armführung:

- ✔ Halten Sie die Ellbogen ungefähr in einem rechten Winkel. Versuchen Sie, den Winkel nicht zu verändern, während Ihre Arme zurückschwingen.

- Halten Sie Ihre Arme in Taillenhöhe oder leicht darüber. Ihre Arme sollten etwa bis auf die Höhe des Schlüsselbeins vorschwingen. Während der vordere Arm nach unten schwingt, initiiert er Ihren Rückschwung.
- Stellen Sie sich eine Linie in der Mitte Ihrer Brust vor. Vermeiden Sie es, die Arme über diese imaginäre Linie zu schwingen, da dies eine Drehbewegung von Hüfte und Taille hervorrufen kann, die einen effizienten Stil verhindert.
- Krümmen Sie die Hände, wie um eine Tasse zu halten; der Daumen liegt leicht auf der Hand auf mit dem Nagel nach oben. Sie sollten Ihre Hände nicht krampfhaft zu einer Faust ballen, aber Sie sollten auch nicht mit offenen Handflächen oder den Paddelbewegungen eines Hundes laufen.
- Beim Rückschwung sollten die Finger der gekrümmten Hand die Außenseite der Oberschenkel fast berühren. Die vollständige Handbewegung sollte aussehen, als ob Sie in der hinteren Hosentasche das Portemonnaie herausholen möchten und dann nach vorne schwingen, als ob Sie jemandem die Hand schütteln möchten.

Stellen Sie sich vor, dass Sie mit einem taubenblauen Rotkehlchenei in jeder gekrümmten Hand laufen. Halten Sie Ihre Hände mit einem derart leichten Druck zusammen, dass Sie die imaginären Eier weder zerdrücken noch fallen lassen würden.

Ein Anspannen der Hände kann dazu führen, dass sich andere Muskeln in Ihrem Arm anspannen, so dass die natürliche Bewegung eingeschränkt wird. Entspannen Sie also während des Laufens Ihre Hände.

Schwungvoll in den nächsten Schritt

Die meisten Läufer landen gewöhnlich auf der Ferse und rollen dann ab, um sich mit dem Fußballen oder den Zehen abzustoßen. Ballenläufer stoßen sich mit dem Fußballen ab und die wenigen Zehenläufer unter uns stoßen sich mit den Zehen ab.

Im Idealfall sollten Läufer leicht auf der Ferse landen, mit dem Führungsbein im Knie ganz leicht eingeknickt (die beste Methode, um die Erschütterung der Landung aufzufangen), sofort bis zum Ballen oder den Zehen abrollen und sich dann kraftvoll in den nächsten Schritt abstoßen.

Hier eine Checkliste für die Beinbewegung:

- Landen Sie auf der Ferse oder dem Mittelfuß, vorzugsweise mit leicht gebeugtem Knie, um den Aufprall abzufangen.
- Die Knie sollten nur minimal angehoben werden (mit der Ausnahme von sehr steilen Hügeln), da eine zu starke Auf-und-Ab-Bewegung nur Energie verschwendet.
- Wenn das Bein zurückschwingt, sollten Sie in Ferse und Fußgelenk ein »schnipsendes« Gefühl bemerken, aber natürlich nicht so stark, dass Sie sich selbst in den Allerwertesten treten.

- ✔ Laufen Sie in einer geraden Linie. Achten Sie darauf, dass Ihre Füße parallel landen und sich nicht überkreuzen. Überkreuz laufende Schritte zeigen, dass sich Ihr Körper zu stark seitwärts dreht und dabei Energie vergeudet.
- ✔ Leiten Sie Ihren nächsten Schritt jeweils mit einem kräftigen Abstoß von Ballen oder Zehen ein. Vermeiden Sie es hingegen, mit Ihrem Führungsbein »nach vorne zu greifen«.

Mit großen Schritten in die Falle laufen

Anfänger sind oft versucht, durch die Vergrößerung der Schrittlänge die zu bewältigende Strecke zu verkürzen. Obwohl die Vergrößerung der Schrittlänge tatsächlich eine Möglichkeit ist, um schneller zu laufen, verursacht sie oftmals übergroße Schritte, die den Läufer in Wirklichkeit verlangsamen. Es dauert länger bis der Körper zu seinem Schwerpunkt zurückkommt und den nächsten Schritt beginnen kann. Die Verletzungsgefahr erhöht sich daher.

Ihre Schrittlänge ist dann zu groß, wenn Sie mit beinahe durchgestrecktem Bein nach vorne greifen. Wenn Ihr Bein gerade ist, trifft die erste Berührung mit dem Boden hart auf die Ferse. Das Resultat ist ein starker Aufprall des Fußes, der das Unterbein und das Schienbein erschüttert und möglicherweise sogar die Hüfte und den Rücken.

Also was ist der Trick? Sie vergrößern Ihre Schrittlänge, ohne dass Sie mit zu großen Schritten in die Falle des Überstreckens laufen, indem Sie die allgemeine Flexibilität und Kraft ihrer Muskulatur verbessern. Es ist keine Ruck-Zuck-Methode und erfordert ein bescheidenes (aber regelmäßiges) Stretch-Programm sowie einige kräftigende Laufübungen, wie beispielsweise ein wöchentliches Hügeltraining.

Ein gutes Krafttrainingsprogramm, das den Bedürfnissen eines Läufers gerecht wird, kann gleichzeitig die allgemeine Muskelkraft verbessern. Aber einige renommierte Trainer, darunter insbesondere Arthur Lydiard aus Neuseeland (der oft als Vater des modernen Langstreckenlaufs bezeichnet wird), glauben, dass Hügeltraining (siehe Kapitel 9) der beste Weg ist, um die Muskelkraft aufzubauen, die ein Läufer benötigt.

Die Vergrößerung der natürlichen Schrittlänge, ohne zu überstrecken, erfordert:

- ✔ eine größere Beweglichkeit der Muskulatur, das heißt größere Flexibilität
- ✔ eine stärkere Muskulatur, so dass Sie sich mit größerer Kraft abdrücken können

Das Resultat sollte eine leichte Vergrößerung der Schrittlänge sein, die aber noch immer Ihrem natürlichen Gang entspricht. (Überstrecken ist der Feind des Fortschritts!) Die Zunahme mag so allmählich und gering sein, dass ein durchschnittlicher Läufer Schwierigkeiten haben wird, ihn zu bemerken. Die vergrößerte Schrittlänge ist einfach ein zusätzliches Resultat Ihrer verbesserten Flexibilität und Muskelkraft.

Bringen Sie Ihre Schrittfrequenz auf Touren

Für Laufanfänger ist es einfacher, die Schrittfrequenz zu erhöhen als die Schrittlänge. Ein Stück weit wird sich die Schrittfrequenz automatisch erhöhen, wenn Sie in Form kommen, aber Sie können auch gute Fortschritte erzielen, indem Sie mit einer hohen Intensität trainieren. Dazu gehören auch bescheidene Schnelligkeitseinheiten auf der Bahn. Einige spezielle Übungen, die Sie mehrmals pro Woche in Ihr Aufwärmtraining einbauen können, dienen als Grundlage für eine Erhöhung der Schrittfrequenz.

Die Schrittfrequenz oder Schrittrate bezeichnet die Anzahl an Schritten, die ein Läufer während eines bestimmten Zeitraumes macht. Der durchschnittliche Freizeitläufer macht etwa 80 bis 85 Schritte pro Minute, während Läufer mit Olympiaqualitäten eine Schrittfrequenz von um die 95 Schritte pro Minute aus sich herausholen können.

Eine einfache Übung, die Sie in Ihr Training integrieren können, sind Sprints über etwa 100 Meter, das entspricht der Länge eines Fußballfeldes. Sie sollten diese schnell laufen, mit weichem Laufstil, sich dabei aber nicht völlig verausgaben. (Wenn Sie zum Beispiel etwa 15 Sekunden brauchen, um die 100 Meter so schnell Sie nur können zu überwinden, dann sollten Ihre Sprinteinlagen näher an 20 Sekunden über 100 Meter liegen.) Versuchen Sie, die Sprints zwei- bis dreimal pro Woche in Ihr Training einzubauen, entweder vor oder nach einer leichteren Runde.

Ich trainiere die richtige Form für Ober- und Unterkörper und integriere Stilübungen in die Aufwärmphase meines Trainings. Wohl wissend, dass die Bewegung meiner Arme meine Schrittlänge und -frequenz beeinflussen kann, versuche ich mich dabei insbesondere auf meine Arme zu konzentrieren. Aber auf meinen längeren Strecken muss ich mich manchmal daran erinnern, nicht faul zu werden und mit meinen Armen aktiv zu arbeiten.

Eine andere gute Übung, um die Schrittfrequenz zu verbessern, heißt »heiße Kohlen«. Stellen Sie sich vor, Sie laufen über ein Bett voll heißer Kohlen und Sie wollen mit besonders schnellen Schritten hinübergelangen. Praktizieren Sie dies für etwa 50 Meter (vielleicht 10 Sekunden pro Wiederholung des »Heiße-Kohlen-Laufs«) – gerade lange genug, damit Sie sich Ihre Füße nicht verbrennen. Genau wie der Sprint kann auch diese Übung ein Teil Ihres Aufwärm- oder Abkühlprogramms sein.

Treppenstufen so hoch zu laufen, dass Sie auf jeder Stufe landen, ist eine weitere Übung zur Erhöhung der Schrittfrequenz. Berühren Sie jede Stufe so schnell Sie nur können, und gehen Sie zur Erholung hinunter. (Versuchen Sie dies in kleinen Dosierungen – nicht öfter als ein- bis zweimal pro Woche, für den Anfang für etwa fünf Minuten insgesamt – und probieren Sie alternative Trainingsmöglichkeiten aus, wie zum Beispiel Hügelläufe, falls Sie vom Treppenlaufen Knieschmerzen bekommen sollten.)

Wenn Sie an fünf oder sechs Tagen in der Woche laufen, planen Sie einen »Form-Tag« ein. Die Trainingseinheit sollte kein Mörderlauf in Bezug auf die körperliche Herausforderung sein, sondern ein Tag, um sich in einen guten Stil hineinzufinden und einige Laufübungen zu probieren.

Keine Regel ohne Ausnahme

Ein guter Laufstil trägt sicherlich dazu bei, dass Sie sich beim Laufen wohlfühlen und ihre Leistung verbessern, aber es gibt auch einige bemerkenswerte Ausnahmen. Emil Zatopek, der große tschechische Läufer und vierfache Olympiasieger, hatte einen berüchtigt seltsamen Laufstil. Zatopek fuchtelte derart mit den Armen und verzog sein Gesicht zu solchen Grimassen, dass Sportjournalisten ihm den Spitznamen »Emil der Schreckliche« gaben.

Aber Zatopek besaß eine unglaubliche Hingabe und mentale Stärke. Er trainierte härter als jeder seiner Konkurrenten in der Nachkriegszeit und gewann deshalb weiterhin. Was seine qualvollen Gesichtszüge auf der Bahn angeht, so erinnerte Zatopek seine Kritiker daran, dass niemand Extrapunkte für einen Laufstil aus dem Schulbuch bekäme: »Das ist weder Eiskunstlauf noch Gymnastik.«

Nichtsdestotrotz, im Gegensatz zu Zatopek brauchen die meisten von uns Normalsterblichen alle Stilpunkte, die wir sammeln können, um bei dem großen Spiel des Laufens erfolgreich zu sein.

Aufwärmen, Dehnen, Auskühlen

8

In diesem Kapitel

- Aufwärmen der Muskulatur
- Lockern durch Dehnen
- Zum Auskühlen in Bewegung bleiben

Was ist das Erste, was Sie jeden Morgen tun, wenn Sie in Ihr Auto steigen? Zündung ein und durchtreten? Anlassen und volle Pulle los? Natürlich nicht. Sie geben dem Motor einige Sekunden – an einem kalten Tag sogar einige Minuten – um aufzuwärmen. Mit Ihrem eigenen, persönlichen Motor sollten Sie dasselbe tun. Ihr Körper braucht Zeit, um sich aufzuwärmen, bevor es richtig losgeht.

Einst beugten Läufer sich nach vorne, berührten mehrmals die Zehen und sagten: »Wir sind startbereit.« Sie waren tatsächlich startbereit – für jede beliebige Anzahl von Muskelzerrungen, Verrenkungen, Stauchungen, Schmerzen und Tränen. Ein kalter Muskel ist wesentlich empfänglicher für derartige Verletzungen. Und obwohl Dehnen wichtig ist, ist es nicht die beste Methode, um die Muskulatur aufzuwärmen.

Richtig aufwärmen

Ein richtiges Aufwärmprogramm besteht nicht aus einigen planlosen Dehnübungen. Wenn Sie sich aufwärmen, versuchen Sie jegliche Art von Dauerbewegung wie Gehen, langsames Joggen, Radfahren auf dem Heimtrainer oder sogar nur einige leichte Gymnastikübungen. Sich auf diese Weise für mindestens fünf bis zehn Minuten zu bewegen, dient dazu, die Körpertemperatur allmählich zu erhöhen, die Muskeln zu lockern und den Körper in einen Lauf gleiten zu lassen.

Kräftiges Gehen ist ein ideales Warm-up für Läufer. Die perfekte Methode, Ihren Körper auf etwas mehr Action vorzubereiten, ist, eine oder zwei Runden um den Block oder auf der Bahn zu gehen. Und starten Sie nicht durch wie ein Rennfahrer, sobald die grüne Fahne runtergeht, wenn Sie anfangen zu gehen. Beginnen Sie langsam und beschleunigen Sie allmählich.

Stopp: Jetzt wird gedehnt!

Obwohl Stretching an sich kein Aufwärmprogramm ist, ist es doch ein wichtiger Bestandteil jedes Lauf- und Fitnessprogramms, insbesondere für Läufer. Nachdem Sie einige Kilometer auf Ihrem persönlichen Tachometer angesammelt haben, tendiert die Muskulatur dazu, angespannt und unflexibel zu werden, insbesondere um die Hüften, den unteren Rücken und die Kniesehnen. Und wenn angespannte Muskeln die volle Bewegungsfähigkeit eines Gelenks einschränken, ist das Verletzungsrisiko höher. Regelmäßiges Stretching lockert die Muskeln, verbessert die Beweglichkeit und schützt somit vor Verletzungen.

Viele Läufer sparen das Dehnen aus, da es eintönig, statisch und langsam ist – alles das, was das Laufen nicht ist. Unsere Antwort: Dehnen Sie dennoch. Es tut gut, und Sie werden den Unterschied während und nach Ihrem Lauf bemerken.

Wann stretchen?

Läufer diskutieren, was die beste Zeit für das Stretching ist. Einige Experten sagen, Sie sollten vor dem Laufen dehnen; einige sagen danach. Machen Sie sich nicht zu viele Gedanken darüber, wann Sie dehnen sollten; sorgen Sie nur dafür, dass Sie es überhaupt irgendwann tun, am besten jeden Tag. Sie können auch später am Tag stretchen, während Sie fernsehen oder bevor Sie ins Bett gehen.

Stretchen ja - aber wie?

Dehnen ist dehnen, oder? Nun, nicht wirklich. Stretchen und die verschiedenen Arten des Dehnens sind Streitpunkte unter Läufern.

In den vergangenen 25 Jahren wurde das so genannte statische oder graduelle Stretching als »richtig« betrachtet, also ein langsames, graduelles Dehnen, das für 15 bis 30 Sekunden gehalten wird. Sie können unter Dutzenden statischen Dehnübungen auswählen, für fast jede der Hauptmuskelgruppen; einige der Stretches sind fast instinktiv, wie die Arme nach oben in den Himmel zu strecken, was viele von uns morgens beim Aufwachen tun.

Aber in jüngster Zeit kamen unterschiedliche und neue Formen des Flexibilitätstrainings hinzu. *Ballistisches Stretchen*, das aus den wippenden Übungen besteht, die Sie einst in den Schul-Turnstunden absolviert haben, scheint ein Comeback zu feiern. Eine neue Form heißt *aktiv isoliertes* (AI) Stretching und wurde in den letzten Jahren populär, insbesondere unter den Athleten. AI-Stretching beinhaltet kurze Kontraktionen eines Muskels, um den Gegenmuskel oder Antagonisten zu dehnen (Oberschenkelstrecker versus Oberschenkelbeuger zum Beispiel), zum Teil unter Zuhilfenahme eines Seiles oder Bands.

Andere Dehnformen setzen die Hilfe eines erfahrenen »Stretchers« (jemand, der Sie stretcht) ein. Stretching-Geräte sind ebenfalls auf dem Markt.

Einige Dehntechniken sind neu und andere sehr alt. Yoga zum Beispiel ist eine uralte Flexibilitäts- und Entspannungsübung, die unter Läufern viele neue Anhänger findet. Yoga-Kurse zu besuchen, ist eine wundervolle Ergänzung eines Laufprogramms. Aber Sie müssen nicht den Lotussitz einnehmen, um die Vorzüge des Stretchings zu genießen. Die meisten Experten stimmen darin überein, dass beim statischen Dehnen nicht viel falsch gemacht werden kann.

Die Wahrheit über das Stretchen

Folgendermaßen sollte das Stretchen durchgeführt werden: Nehmen Sie die richtige Position ein und halten Sie diese für 15 bis 30 Sekunden. Wippen Sie nicht und erzwingen Sie nichts. Gehen Sie so weit Sie können ohne Schmerzen zu spüren. Ein leichtes Ziehen ist okay, aber es sollte nicht weh tun. Denken Sie daran, dass Dehnen keine Wettkampfübung ist. Einige Menschen sind von Natur aus beweglicher als andere. Aber jeder kann sich verbessern.

Die flexiblen Fünf

Nein, die »Flexiblen Fünf« sind keine besonders gelenkige Swing Combo, sondern ein Programm mit fünf grundlegenden Dehnübungen, die Sie durchführen können, wenn Sie wenig Zeit haben. Machen Sie diese jeden Tag oder zumindest an den Tagen, an denen Sie laufen.

Denken Sie daran, entspannt zu bleiben, während Sie dehnen, und halten Sie nicht den Atem an. Atmen Sie ruhig weiter, während Sie dehnen.

Wadendehnung

Stretching-Guru Bob Anderson bezeichnet die Wade als »das zweite Herz des Körpers«, weil die Wade in der Abstoßphase der Laufbewegung eine bedeutende Zirkulationsstelle ist. Um den Wadenmuskel (M. gastrocnemius) zu dehnen, stützen Sie sich mit den Armen an einer Wand ab, siehe Abbildung 8.1. Positionieren Sie Ihr vorderes Bein mit den Zehen nahe an der Wand. Beugen Sie das Knie des vorderen Beines und bewegen Sie Ihre Hüfte langsam nach vorne. Halten Sie Ihren unteren Rücken flach und die Ferse des gestreckten Beines auf dem Boden. Halten Sie die Position. Wiederholen Sie die Übung. Dann dasselbe mit dem anderen Bein.

Abbildung 8.1: Wadendehnung

Stretch für unteren Rücken, Hüfte, Leisten und Kniesehnen

Diese Übung ist eine einfache und einfach wunderbare Dehnübung für einen Läufer, und Sie haben Sie wahrscheinlich schon tausendmal durchgeführt. Stehen Sie mit den Füßen parallel und etwa schulterbreit auseinander. Beugen Sie sich langsam nach vorne, die Knie leicht gebeugt. Wenn Sie Ihre Zehen berühren können, prima. Falls nicht, auch gut. Das Wichtige bei dieser Übung ist, die Dehnung in Ihren Kniesehnen und dem unteren Rücken zu fühlen.

Dehnung der Oberschenkelstreckmuskulatur

Sie haben wahrscheinlich schon einmal Läufer beobachtet, wie sie den Oberschenkel-Stretch ausführen – und die meisten machen ihn falsch. Sie beugen den Oberkörper, als ob sie sich wie Teekannen ausgießen wollten, indem sie das Bein als Henkel benutzen. Um diese Übung richtig durchzuführen, nehmen Sie den linken Fuß mit der rechten Hand, während Sie sich mit der linken Hand an der Wand festhalten. Ziehen Sie Ihre Ferse sanft in Richtung Gesäß und halten Sie dabei den restlichen Körper gerade. Fühlen Sie die Dehnung im Oberschenkelstreckmuskel (M. quadriceps femoris). Wechseln Sie die Seite und nehmen Sie den rechten Fuß mit der linken Hand. Wenn Sie eine besonders gut gedehnte Oberschenkelmuskulatur besitzen, können Sie wahrscheinlich den rechten Fuß mit der rechten Hand und den linken Fuß mit der linken Hand dehnen – ohne das Gleichgewicht zu verlieren (siehe Abbildung 8.2).

Abbildung 8.2: Oberschenkel-Stretch

Lockern der Oberschenkelbeugemuskulatur

Da die Oberschenkelbeuger (die großen Muskeln am hinteren Oberschenkel, ischiocrurale M.) eines Läufers dazu neigen, sich zusammenzuziehen, lockern Sie sie mit dieser klassischen Dehnübung eines alten Hürdenläufers. In sitzender Position strecken Sie ein Bein aus und beugen das andere, wobei Sie mit der Fußsohle die Innenseite des Oberschenkels berühren. Fassen Sie den Teil des ausgestreckten Beines, den Sie bequem erreichen, siehe Abbildung 8.3. Einige Leute können ihre Zehen fassen, andere vielleicht nur knapp unter die Knie. Beugen Sie sich langsam und sanft aus der Hüfte heraus nach vorne. Machen Sie sich keine Gedanken – Sie müssen nicht mit den Händen die Zehen zu berühren oder mit der Brust das Bein. Gehen Sie nur so weit, wie es angenehm ist. Fühlen Sie die Dehnung im Oberschenkel. Wiederholen Sie das Ganze mit dem anderen Bein.

Abbildung 8.3: Dehnen der Oberschenkelbeuger. Machen Sie sich keine Gedanken darüber, ob Sie Ihren Fuß mit der Hand oder das Knie mit dem Kopf berühren können.

Schulter- und Nackendehnung

Mag sein, dass sich ihr Oberkörper beim Laufen verspannt. Mit Sicherheit wird er sich aber verspannen, wenn Sie das tun, was die meisten Leute machen, wenn sie nicht laufen – vor dem Fernseher oder Computerbildschirm sitzen. Eine kleine Schulter- und Nackendehnung wird Ihnen helfen, den Schulterbereich wieder zu lockern. Heben Sie die Schultern zu Ihren Ohren, als ob Sie mit den Schultern zucken wollen, bis Sie eine leichte Spannung in Schultern und Nacken fühlen. Für drei bis fünf Sekunden halten und dann die Schultern lockern und entspannen. Mehrmals wiederholen.

Cool down

Sie haben Ihren Lauf beendet. Was ist das Erste, was Sie tun sollten? Anhalten, richtig? Falsch. Bleiben Sie in Bewegung. Auf diese Weise sorgen Sie dafür, dass das Blut sich nicht in den Beinen sammelt, sondern weiter zurück ins Herz und ins Gehirn zirkuliert. (Manche Leute fühlen sich manchmal etwas schwindlig, wenn sie nach einem harten Training plötzlich anhalten.)

Ein Cool-down nach einem Lauf hält das Blut in Zirkulation. Die Blutzirkulation kann dabei helfen, Muskelkater zu minimieren, indem sie die Abfallprodukte, die sich während des Laufens im Blut anhäufen, ausspült. Fünf bis zehn Minuten Gehen nach dem Training ist eine coole Art sich abzukühlen.

Der Berg ruft

9

In diesem Kapitel

- Klein anfangen
- Bergauf eine gute Form laufen
- Bergab laufen
- Einen Plan für Hügelläufe aufstellen

Jedes Jahr im Juni treffen sich Läufer in New Hampshire für ein Rennen, das einige Teilnehmer scherzhaft als leicht bezeichnen, da es nur einen einzigen Anstieg gibt. Aber dieser eine Anstieg ist zufälligerweise der Mount Washington, die höchste Erhebung in Neuengland, und die Laufstrecke windet sich immer höher und höher hinauf über mehr als elf Kilometer und endet auf dem öden, oft wolkenverhangenen Gipfel.

Sicherlich, Sie brauchen nicht am Mount-Washington-Straßenrennen teilzunehmen (oder, für wirklich zähe Kämpfer am Pikes-Peak-Marathon, der jeden Sommer in der Nähe von Colorado Springs stattfindet). Und »Climb Every Mountains« braucht nicht unser Leitgesang zu werden. Aber selbst das sanfteste Hügeltraining kann Ihre Beinmuskeln (Oberschenkel- und Gesäßmuskulatur) stärken und festigen und den Spaß am Laufen vergrößern. Da Ihr Herz beim Berglaufen stärker arbeiten muss, ist dies auch eine hervorragende Methode, um die Ausdauer zu verbessern. Die psychischen Vorteile können ebenfalls groß sein. Wenn Sie Aufstiege selbstbewusst und effizient bewältigen können, bevorzugen Sie vielleicht das Auf und Ab gegenüber der Eintönigkeit der Ebene.

Fangen Sie klein an - zunächst!

Führen Sie Hügeltraining in kleinen Dosen ein, indem Sie das Auf und Ab ganz allmählich in Ihr Laufprogramm einflechten. Wenn Sie sich während eines 20- bis 30-minütigen Laufes in gemächlichem Tempo auf einer gemütlichen Strecke sicher fühlen, dann versuchen Sie eine Strecke zu laufen, die bei ungefähr gleicher Länge drei bis vier leichte, lang gezogene Steigungen enthält. Selbst ein Anstieg von fünf Prozent kann recht steil sein, also beginnen Sie ganz allmählich. Ein kleiner Hügel, dessen »Gipfel« Sie bei einer gleichmäßigen, gemütlichen Geschwindigkeit in ein bis zwei Minuten erreichen, ist das, was Sie suchen.

Weil Sie ein brandneues Element in Ihr Training einführen, kommen Sie vielleicht bei den Hügeln außer Atem. Das kommt daher, weil die Anstrengung des Bergauflaufens selbst bei einem flachen Hügel und moderatem Tempo den Herzschlag ebenso in die Höhe treiben kann wie ein schneller Sprint in der Ebene. Wenn Sie nach diesen ersten Hügelläufen anfänglich eine Gehpause benötigen, ist das völlig in Ordnung. (Ihr Ziel wird allerdings letztlich sein, den vollen Einsatz in die flache oder abfallende Strecke zu übertragen.)

Wenn Sie das Hügeltraining wirklich behutsam angehen möchten, machen Sie einen Spaziergang. Das ist keine Beleidigung, sondern lediglich gesunder Menschenverstand. Finden Sie einen Weg durch einen Naturpark oder an einem See entlang und joggen Sie die flachen Streckenstücke. Wenn Sie einen leichten Anstieg erreichen, gehen Sie dieses Stück in forschem Tempo. Das nächste Mal versuchen Sie dann die leichten Hügel zu joggen und gehen die »mörderischen« Anstiege.

Wie oft sollten Sie Hügelläufe einschieben? Einmal pro Woche ist gut für den Anfang. Mit der Zeit können Sie dann relativ hügelige Strecken als reguläre Langstrecken einbauen, ohne groß darüber nachzudenken.

Am Anfang war der Stil

Wenn Sie einen Hügel hochlaufen, versuchen Sie Ihre Kraft auf die gesamte Länge des Aufstiegs zu verteilen. Versuchen Sie nicht, den Aufstieg mit einem furiosen Sprint vom Fuß des Hügels aus zu attackieren (auch wenn Spitzenläufer dieses Können entwickeln) – der Hügel ist wesentlich größer als Sie es sind! Fallen Sie stattdessen in ein gleichmäßiges, moderates Tempo. Wenn Sie fühlen, dass Sie sich der Hügelspitze nähern, können Sie immer noch beschleunigen.

Eine aktive, rhythmische Armbewegung ist für einen guten Berglaufstil unentbehrlich. Führen Sie Ihre Arme ungefähr in Taillenhöhe, am Ellbogen abgewinkelt. Ihre Hände sollten Ihre Hüften leicht berühren, während die Arme zurückschwingen, wenn Sie nach vorne schwingen, sollten Sie ungefähr Brusthöhe erreichen. Wenn Ihre Hände beim Nach-vorne-Schwingen fast Ihr Kinn berühren, dann setzen Sie eine übermäßige Kraftanstrengung ein. Auf extrem steilen Strecken ist jedoch zu viel Armaktivität besser als zu wenig.

Halten Sie Ihren Körper aufrecht, so dass Ihre Schultern, Brust und Hüfte eine gerade Linie bilden, siehe Abbildung 9.1. Vermeiden Sie es, direkt nach unten auf Ihre Füße zu schauen oder die Schultern hochzuziehen, diese beiden Angewohnheiten behindern die Atmung. Ihre Brust sollten Sie gerade und leicht vorgestreckt halten.

Entspannen Sie Nacken und Schultern. Ballen Sie Ihre Hände nicht zu Fäusten, sondern halten Sie sie leicht gekrümmt, wie wenn Sie in der Ebene laufen.

Blicken Sie fast geradeaus (oder ein winziges bisschen nach unten), aber fixieren Sie nicht die Hügelspitze mit den Augen. Bei sehr langen Anstiegen möchten Sie vielleicht zwischendurch Ihr Vorwärtskommen mit einem kurzen Blick zum Gipfel abschätzen, aber nicht bei jedem zweiten Schritt.

Hügeltraining ist oft weniger eine physische Herausforderung als eine psychische. Wenn ein Hügel das erste Mal in Ihr Blickfeld kommt, schauen Sie nur einmal kurz zur Spitze. Stellen Sie sich dann einfach vor, Sie seien auf der anderen Seite am Fuß des Hügels. Wenn Sie sich nicht ausschließlich darauf konzentrieren, wie weit es noch bis nach oben ist, kommt Ihnen der Weg dorthin nicht so weit und beschwerlich vor. Denken Sie immer positiv, und es wird Ihnen gelingen, den gesamten Aufstieg zu bewältigen.

Abbildung 9.1: Halten Sie beim Bergauflaufen Ihren Rücken gerade und blicken Sie nach vorne.

Eine zu hohe Schrittlänge ist ein Fehler, der bei Laufanfängern oft vorkommt. Kurze, effiziente Schritte bringen Sie wesentlich stressfreier nach oben, in ähnlicher Weise wie die Radrennfahrer der Tour de France in die Gänge mit den geringsten Widerständen zurückschalten, um die hohen Alpenpässe zu überwinden. Je steiler und länger der Anstieg, desto stärker sollten Sie auf eine kurze Schrittlänge zurückschalten.

Sie mögen überrascht sein, wenn Sie herausfinden, dass Babyschritte der richtige Weg sind, um eine extreme Steigung zu erklimmen. Machen Sie sich keine Gedanken um die Geschwindigkeit; tippeln Sie nur stetig weiter und Sie werden den Gipfel erreichen. Konzentrieren Sie sich auf schnelle Schritte und machen Sie keine ausholenden Schritte. Geben Sie vor, wieder ein Kind zu sein, das die Treppen in den zweiten Stock eines Hauses hinaufläuft, und stellen Sie dabei sicher, dass Ihre Füße keine Stufe auslassen.

Hier finden Sie eine Checkliste, die sicherstellt, dass Sie Hügel mit einem guten Stil laufen:

- ✔ Sie sollten die Knie ganz leicht anheben. Kein übertriebenes Knie Richtung Brust – Sie sind schließlich kein Tambourmajor.
- ✔ Streben Sie danach, sich mit den Zehen bei jedem Schritt kräftig abzustoßen.
- ✔ Sie werden ein kurzes Schnipsen in der Ferse und dem Knöchel spüren, während Ihr Bein zurückschwingt.

Das Gesetz der Schwerkraft: Bergab laufen

Nachdem Sie die Hügelspitze erreicht haben, behalten Sie das Momentum über die Spitze hinweg und in den nachfolgenden Abstieg hinein bei, falls irgend möglich. Jetzt ist die Schwerkraft auf Ihrer Seite und hilft Ihnen! Der größte Antrieb wird Ihre Atmung sein. Um das Offensichtliche auszusprechen: Sie brauchen wesentlich mehr Sauerstoff, um einen Hügel hochzulaufen als hinunter. Wenn Sie einen Berg hochlaufen, geht Ihr Herzschlag vielleicht über die 170 bis 180 Schläge pro Minute hinaus. Aber wenn Sie auf der anderen Seite hinunterlaufen, kann der Herzschlag in den Bereich von 130 Schlägen oder weniger abstürzen.

Aber Bergablaufen kann trotzdem anstrengend für Ihre Beine sein, manchmal sogar anstrengender als Bergauflaufen. Vorsicht vor zu großen Schritten während des Abstiegs! Lehnen Sie sich ganz leicht Richtung Gefälle, siehe Abbildung 9.2. Wenn Sie konstant nach vorne blicken und sehen, wie Ihr Fuß vor Ihnen nach vorne ausholt, dann sind Ihre Schritte zu groß.

Abbildung 9.2: Guter Bergab-Laufstil

Wenn Sie auch nicht den Hügel hinunterstampfen sollen, sollen Sie aber genauso wenig die ganze Zeit mit angezogenen Bremsen laufen. Von beiden Möglichkeiten ist das Bremsen das häufigere Problem bei Laufanfängern. Wenn Sie ein Bremsgefühl spüren, landen Sie zu weit hinten auf den Fersen, was oft ein Nebenprodukt zu großer Schritte ist. Zu viel Bremsen während des Bergab-Laufens verlangsamt Sie nicht nur und unterbricht Ihre natürliche Laufbewegung, sondern kann auch zu Muskelkater in den Beinen und sogar dem Rücken führen.

Suchen Sie sich weiche Oberflächen, zum Beispiel einen Waldweg oder eine kurz geschnittene Rasenfläche für Ihr Hügeltraining. Sie bewahren Ihren Körper vor überflüssigen Strapazen, insbesondere bei steilen Bergabläufen, wenn Sie geteerte Bürgersteige meiden. Inspizieren Sie das Terrain vor Ihrem Hügeltraining, um irgendwelche Löcher oder Gefahrenstellen im Boden und damit verknackste Füße zu vermeiden.

Versuchen Sie auf dem Fußballen oder dem Mittelfuß zu landen, wenn Sie bergab laufen, wobei das Knie beim Aufkommen ganz leicht gekrümmt sein sollte. Eine harte Fersenlandung mit einem völlig gestreckten Bein vergrößert den Aufprallschock für Ihren Körper.

Sie wissen, dass Sie den richtigen Stil haben, wenn Sie sich fühlen, als ob Sie den Hügel hinunterfließen.

Wenn Sie sich während eines steilen Abhangs ein bisschen außer Kontrolle fühlen, versuchen Sie es mit einer niedrigeren und etwas ausgebreiteten Armhaltung. Halten Sie Ihre Arme einige Zentimeter mehr als normal vom Körper entfernt, etwa in Taillenhöhe, um Ihre Balance zu verbessern.

Wie Sie am Hügel trainieren

Nach Ihrer ersten Einführung von einigen kleinen Anstiegen in Ihre regelmäßigen längeren und langsameren Trainingsläufe entscheiden Sie sich vielleicht dafür, einige anspruchsvollere Hügel in Ihr Programm zu integrieren.

Bei einem Wiederholungstraining am Hügel laufen Sie im Prinzip einen Hügel hinauf und joggen wieder hinunter (oder gehen hinunter, wenn Sie Laufanfänger sind). Hügel sind wie Pfannkuchen – stapeln Sie nicht zu viele auf Ihren Teller, bevor Sie kein Gefühl dafür haben, was Sie wirklich verdauen können. Beginnen Sie in Ihrem ersten richtigen Hügeltraining mit zwei oder drei Hügeln, die Sie in einer halben bis einer Minute erklimmen können, und fügen Sie dann weitere hinzu. Zielen Sie darauf, leicht müde, aber gestärkt aus dem Hügeltraining hervorzugehen, so wie Sie sich auch nach einem anderen Training fühlen würden. Wenn Sie am nächsten Morgen zu Ihrem Auto kriechen müssen oder die Treppen vor Schmerzen nicht mehr hinuntergehen können, dann sind Sie offensichtlich zu viele Hügel in zu hohem Tempo gelaufen. Wenn Sie jedoch Ihr erstes Hügeltraining eher locker angehen, dann können Sie die Zahl der Wiederholungen nach zwei oder drei weiteren Einheiten an Ihrem Anfängerhügel allmählich steigern – oder Sie suchen sich etwas längere oder steilere Steigungen.

Finden Sie Ihr Tempo

Wenn Sie nicht ein sehr fortgeschrittener Läufer mit hohen Wettkampfzielen sind, sollten Sie niemals Ihre letzten Kräfte in ein Hügeltraining stecken. Es ist normal, dass Sie recht stark atmen, aber Sie sollten nicht wegen Sauerstoffmangel am Gipfel kollabieren und Ihr Herz sollte sich nicht wie ein kleines Tier anfühlen, das versucht, aus dem Käfig auszubrechen!

Einige Lauftrainer und Top-Läufer sprechen von »wahrgenommener Anstrengung«. Das bedeutet: Stellen Sie sich die Anstrengung, Ihren Einsatz, auf einer Skala von eins bis zehn vor. Wenn die Eins auf dieser Skala ein flottes Gehen ist, dann ist die Fünf ein leichtes Joggingtempo (ähnlich dem Sprechtempo – ein Lauftempo, das Ihnen erlaubt, sich mit Ihrem Trainingspartner während des Laufs zu unterhalten), und die Zehn ist ein »Alles-geben, An-der-Ziellinie-fast-zusammenbrechen«. Auf der Grundlage dieser Einteilung sollten Sie ein Wiederholungstraining am Hügel mit einem Einsatz von sieben oder acht absolvieren.

Das Tempo des Wiederholungstrainings sollte etwas höher sein als das Tempo, das Sie bei einem normalen, einfachen Langstreckenlauf an Hügeln gehen. Aber versuchen Sie nicht, mit Kraft die Hügel zu bewältigen; Finesse bringt Sie voran, nicht pure Kraft. Stellen Sie sich vor, Sie versuchen sich den Hügel hinaufzuschleichen, bevor dieser merkt, dass Sie auf ihm sind.

Ihre Atmung sollte sich fast vollständig erholt haben, bevor Sie den nächsten Hügel angehen. Der »Sprechtest« ist hier mit Sicherheit angebracht. Wenn Ihr Trainingspartner vorschlägt »Lass uns noch einen laufen!« und Sie mit Zeichensprache und Kopfnicken antworten müssen, dann sind Sie noch nicht bereit für den nächsten Hügellauf.

Die Teile zusammenfügen

Wenn Sie sich nach einer Trainingseinheit mit drei oder vier Hügelläufen wohl fühlen, versuchen Sie einmal hier und da einige Kombinationen einzustreuen – bergauf und bergab hintereinander. Denken Sie daran, das Momentum über die Spitze hinweg und in das Gefälle hinein mitzunehmen. Vielleicht brauchen Sie für die gesamte Bergauf-bergab-Strecke (ein Rundkurs ist für dieses Training ideal geeignet) drei oder vier Minuten. Dann joggen Sie (oder gehen, falls nötig) einige Minuten zur Erholung und versuchen die Runde erneut.

Der Unterschied zwischen Bergauf-bergab-Kombinationen und reinen Bergaufläufen (bei denen Sie zur Erholung hinunterjoggen) ist, dass »Kombis« ein hervorragendes Wettkampftraining sind. Wenn Sie in einem Rennen auf einen Hügel treffen, werden Sie dann die besten Resultate erzielen, wenn Sie Ihren harten Bergauf-Einsatz über die Hügelspitze hinweg und in den Bergablauf hinein halten können, ohne das Tempo zu reduzieren.

Das Dilemma des Flachländers

Wie können Sie Hügelläufe trainieren, wenn Sie in einer Ebene wohnen? Seien Sie kreativ. Flachland-Läufer können die Auffahrten mehrstöckiger Parkgaragen, Autobahnüberführungen oder große gewölbte Brücken benutzen, um für einen hügeligen Marathon außerhalb der Stadt zu trainieren. (Aber denken Sie daran, dass das Laufen in einer Parkgarage eine spezielle Genehmigung und besondere Aufmerksamkeit erfordert.) Und vergessen Sie nicht, dass die meisten modernen Laufbänder genügend Steigungen (und auch Gefälle) bieten, um selbst Bergziegen zufrieden zu stellen.

Ist das Gold in den Hügeln zu finden?

Auf Ausdauer bezogen ist die Antwort ein laut widerhallendes »Jaaaa!« Ob auf dem Laufband oder geradewegs eine Skipiste hinauf, Steigungen können Sie rasch in Form bringen. Hügeltraining stellt Körper und Geist auf die Probe.

Zudem sind Hügelläufe eine hervorragende Übung, um Ihren Laufstil insgesamt zu verbessern. Zum Beispiel gelingt es vielen Laufneulingen nicht, eine gleichmäßige, rhythmische Armbewegung aufrechtzuerhalten. Aber wenn die gleichen Läufer einige Hügel angehen, verbessert sich ihr Armeinsatz meist einfach deshalb, weil sie gezwungen sind, die Arme zu schwingen, um den Widerstand des Hügels zu überwinden.

Hügel sind außerdem ein ideales Übergangstraining zwischen leichtem Joggen und dem schnellen Laufen (vielleicht Geschwindigkeitstraining auf der Bahn), das Sie auf Wettkämpfe vorbereitet oder auch einfach Ihre Grundschnelligkeit erhöht. Hügelläufe sind fast so etwas wie verstecktes Schnelligkeitstraining; Sie verbessern Kraft und Schnelligkeit zur gleichen Zeit. Auch wenn Sie nicht das Gefühl haben, dass Sie besonders schnell vorankommen, werden Ihr Herz und Ihre Muskulatur hart auf die Probe gestellt.

Arthur Lydiard, ein berühmter Olympiatrainer aus Neuseeland, ließ seine Weltklasseläufer auf einem 35 Kilometer langen Rundkurs durch die Berge trainieren. Der härteste Teil von Lydiards Strecke endete in einem sich boshaft windenden, steil ansteigenden Weg, den seine Schützlinge »Ellbogen des Teufels« tauften. Sie brauchen nicht solch teuflische Steigungen anzugehen, doch schon ein moderates wöchentliches Hügeltraining wird für alle Teilbereiche Ihres Laufprogramms himmlische Dividenden ausschütten.

Laufen bei Wind und Wetter

10

In diesem Kapitel

- Der Kälte gegenübertreten
- In der Hitze laufen
- Im Regen laufen
- Laufen in neuen Höhen
- Mit Allergien umgehen
- Abgase vermeiden

Die Jahreszeiten durchlaufen – sanft herabschwebende Schneeflocken des ersten Wintersturms oder ein glühendheißer Tag am Strand – ist abenteuerlich und macht Spaß. Aber bei Wind und Wetter draußen zu laufen, erfordert Nachdenken, bevor man zur Tür hinausstürmt, um einige Kilometer durch die natürliche Umgebung zu traben.

Der größte Wettermythos über das Laufen ist wahrscheinlich der, den Ihre Großtante Martha lebt und als alleinige Wahrheit beschwört. Sie wissen schon welchen. Die Temperaturen sind auf, oh, vielleicht minus fünf Grad gefallen, und Tante Martha besteht darauf, dass jeglicher Aufenthalt im Freien, der länger dauert als ein Gang zum Briefkasten, die Lungen einfrieren lässt.

Laufen im Winter kann einige Risiken mit sich bringen. Sie könnten auf dem vereisten Bürgersteig ausrutschen. Sie könnten sich an Fingern, Nase, Ohren und, ja, (Sie brauchen dies keineswegs mit Tante Martha zu diskutieren ...) auch im Intimbereich Erfrierungen zuziehen, wenn Sie die notwendigen Vorsichtsmaßnahmen außer Acht lassen. Aber Ihre Lungen werden wahrscheinlich nicht einfrieren, da das Erzeugen innerer Wärme eine Sache ist, die der trainierte Läuferkörper recht gut beherrscht.

Die Sommermonate scheinen läuferfreundlicher zu sein, aber wenn die Temperaturen auf 30 Grad ansteigen und die Luftfeuchtigkeit bei 70 Prozent oder darüber liegt, können unvorbereitete Läufer sich plötzlich der Gefahr der Dehydrierung oder sogar eines Herzanfalls gegenübergestellt sehen.

Läufer können draußen auch schwindelnden Höhen, hohen Pollenraten oder starker Luftverschmutzung ausgesetzt sein.

Die meisten Läufer finden irgendwie einen Weg, um sich diesen unterschiedlichen Bedingungen anzupassen, so dass sie ihr Fitnessprogramm fortführen können. Dieses Kapitel macht einige Vorschläge, wie Sie unabhängig von Wetter- und Umweltbedingungen Ihr Training durchführen können.

Das Wetter ist etwas, worüber Sie keine Kontrolle haben, aber Sie können sich darauf einstellen. Ich bin der Meinung, dass es wichtig ist, bei jeder Wetterlage zu trainieren, da Sie nie wissen, was am Wettkampftag für ein Wetter sein wird. Psychisch wollen Sie auf alles vorbereitet sein.

Draußen in der Kälte

Läufer in Orten wie International Falls, Minnesota, Thunder Bay, Ontario oder Fairbanks, Alaska wissen, dass man auch bei niedrigen Temperaturen laufen kann. Wenn Sie sich richtig anziehen, können Sie die Temperaturen unter null überstehen und sogar die Tage genießen, wo das Thermometer unter fünf Grad minus fällt.

Schichten Sie!

Mehrere Kleidungsschichten sind die oberste Regel für das Laufen im Winter. Die Schichten tragen dazu bei, mehr Wärme zu speichern. Ein synthetisches Material wie Polypropylen, Drylete oder Thermax ist eine gute Wahl für die unterste Schicht direkt auf der Haut. Verwenden Sie keine Baumwolle als unterste Schicht, denn diese speichert Feuchtigkeit. Als mittlere Schicht ziehen Sie einen Rollkragenpullover aus Synthetik oder einer Baumwoll-Synthetik-Mischung an.

Als äußerste Schicht war während des ersten Laufbooms (circa 1970) eine Windjacke aus Nylon angesagt, aber jetzt sind atmungsaktive Materialien auf dem Markt. An extrem kalten (oder nasskalten) Tagen mit Temperaturen bis zu minus fünf Grad oder weniger bieten Kleidungsstücke aus Gore-Tex hervorragenden Kälteschutz.

Einige andere Materialien, die für das Laufen bei kaltem Wetter geeignet sind, sind zum Beispiel Drylete, Ultrex, Moss-Tex, Activent, Lycra, Pro-Core, Supplex, Phin-Tech und Hydromove. Derartige atmungsaktive Stoffe bieten Schutz vor Wind, Kälte und Nässe.

Spezialisierte Lauf-Shops sind nicht nur auf der Suche nach den richtigen Schuhen hilfreich. Ein guter Lauf-Shop, der von Läufern geführt wird, verfügt außerdem über die neuesten Informationen über die beste und neueste Laufkleidung für alle Wetterlagen.

Hier sind einige andere Ausrüstungsgegenstände, die sich in Ihrer Winterlaufgarderobe befinden sollten:

- ✔ **Mütze**: Einen Großteil der Körperwärme verlieren Sie über den Kopf. Ziehen Sie also eine gestrickte Schimütze an, am besten eine aus Wolle oder einem neuartigen Material, das die Wärme speichert. Wählen Sie eine Mütze, die auch die Ohren bedeckt. An den bitterkalten Tagen – wenn die Temperaturen weit unter null fallen – tragen Sie am besten eine Schimaske, die das Gesicht ganz bedeckt und lediglich Schlitze für Augen, Nase und Mund frei lässt.
- ✔ **Handschuhe**: An besonders kalten Tagen sollten Sie Ihre Hände mit hochwertigen Schihandschuhen und einem Paar dünne Laufhandschuhe als untere Schicht schützen. Thermax ist ein

gutes Handschuhmaterial, das hilft, Läuferhände warm zu halten. Sind Fäustlinge besser als Fingerhandschuhe? Einige Läufer sind dieser Auffassung; die Finger halten sich gegenseitig warm. Wenn Sie sich nicht entscheiden können: Es gibt einige »Zwitterprodukte«, die als Handschuhe benutzt werden können und an eisigen Tagen leicht in Fäustlinge verwandelt werden können.

- ✔ **Socken**: Tragen Sie zum Frostschutz zwei Paar Socken übereinander, ein dünnes Paar Synthetiksocken als untere Schicht mit einem Paar Wollsocken oder Baumwollmischgewebe darüber. Tragen Sie keine reinen Baumwollsocken. Baumwolle speichert zu viel Feuchtigkeit. Orlon oder Acryl kann Feuchtigkeit ableiten und Ihre Füße trocken halten. Und trockene Füße bleiben nicht nur wärmer, sondern bekommen auch weniger leicht Blasen.
- ✔ **Schal**: Es ist Ihr Hals, der in der Schlinge steckt, also denken Sie daran, einen Schal, Halstuch, Rollkragenpullover oder eine Jacke mit einem per Reißverschluss schließbarem Kragen und Kapuze anzuziehen.
- ✔ **Nur für Männer**: Um sich an eisigen Tagen vor indiskreten Berührungen durch Väterchen Frost zu schützen, sollten Sie winddichte Unterwäsche, enge Lycra Shorts oder Tights, mit dicken warmen Laufhosen (aus Gore-Tex) als äußere Schicht tragen.
- ✔ **Sonnenschutz**: Vergessen Sie an klaren, sonnigen Wintertagen nicht die Sonnenbrille und die Sonnencreme, insbesondere wenn die Landschaft mit dem weißen Puderzeug bedeckt ist. Strahlen, die von Schneefeldern reflektiert werden, können Sonnenbrand und Sichtprobleme erzeugen.

Zu heiß – viel Schweiß? Manchmal ziehen Läufer zu viel an und erfahren die Frühjahrsschmelze im Winter. Im Idealfall wollen Sie sich etwas kühl und frisch fühlen, wenn Sie anfangen zu laufen und gerade angenehm schmorend am Ende. Vergessen Sie nicht, dass Ihre Körpertemperatur in der Mitte des Laufes auf bis zu 20 Grad über der momentanen Lufttemperatur ansteigt.

Ein schwitzender Läufer kann sich selbst bei null Grad Außentemperatur kalt und unwohl fühlen, wenn außerdem der Wind mit einer Geschwindigkeit von 30 Kilometern pro Stunde bläst. Durch den Kälteeffekt des Windes würden sich die null Grad wie minus 15 Grad anfühlen. Um diesen Effekt zu reduzieren, planen Sie Ihren Lauf so, dass Sie auf dem ersten Teil der Strecke gegen den Wind laufen und mit einem angenehmen Schub von hinten auf dem Rückweg. Nachdem Sie bereits kräftig ins Schwitzen gekommen sind, werden Sie sich mit dem Wind im Rücken wesentlich wärmer fühlen.

Bevor Sie nach draußen gehen

Um einen sicheren und erfolgreichen Wintertrainingslauf zu absolvieren, sollten Sie einige Vorkehrungen treffen, bevor Sie das Haus verlassen. Fangen Sie bei trockener Kleidung an, inklusive Schuhe. Wenn Ihre Laufschuhe von Matsch und Schnee nass werden, sollten Sie diese nach dem Lauf mit Zeitungspapier ausstopfen (zum Aufsaugen der Feuchtigkeit) und sie neben (aber nicht direkt an) eine Wärmequelle stellen, damit sie bis zum nächsten Lauf wieder trocken sind. Noch besser ist es, wenn Sie in den Schlechtwettermonaten zwischen zwei Paar Schuhen wechseln.

Die Muskulatur braucht länger, um warm zu werden, wenn es sehr kalt ist. Nehmen Sie sich also etwas mehr Zeit zum Stretchen, bevor Sie an extrem eisigen Tagen loslegen. Sie können auch einige Minuten drinnen joggen, bevor Sie nach draußen gehen, wenn Ihnen dies hilft, die Muskuslatur vor dem Stretchen zu erwärmen. Wenn Sie sich noch immer etwas steif fühlen, wenn Sie nach draußen kommen, joggen Sie langsam los, bis Ihre Muskeln locker werden. (Siehe Kapitel 8 zum Thema Aufwärmen und Dehnen.)

Versuchen Sie während des wärmsten Teils des Tages zu laufen, üblicherweise zwischen 10 und 14 Uhr. Sie müssen für einen 20-minütigen Mittagslauf vielleicht das Mittagessen ausfallen lassen, aber während des Tageslichts sind die Temperaturen höher und die Sicht ist besser.

Weil spezielle Winterlaufkleidung Sie stärker ins Schwitzen bringt, kann Dehydrierung an einem Wintertag ein tückisches Problem sein. Trinken Sie viel Wasser vor dem Training und heben Sie sich die heißen Getränke wie Kaffee und Tee für den Brand nach dem Lauf auf. Aber führen Sie dem Körper auch nach dem Laufen zusätzlich genügend Wasser zu, denn koffeinhaltige Getränke können zu einem Flüssigkeitsverlust führen.

Gefahren auf Straßen und Bürgersteigen

Alle Faktoren, die das Laufen im Winter schwieriger machen, sind für Autofahrer mindestens genauso problematisch. Sie haben auf eisigen, beschneiten Oberflächen weniger Haftung; genau dies ist auch für denjenigen hinter dem Steuerrad der Fall. Sie sehen in einem Schneesturm nicht gut (besonders nicht durch die Sehschlitze in Ihrer Schimaske); und Autofahrer sehen ebenfalls nicht so gut, während die Scheibenwischer in dem Versuch, die Scheiben sauber zu halten, auf Hochtouren laufen.

Denken Sie daran, und schenken Sie den Fahrzeugen etwas mehr Aufmerksamkeit. Rechnen Sie damit, dass sie über ein Stoppschild hinwegrutschen könnten oder sich zu drehen anfangen, während sie abbiegen. Die Bürgersteige sind vielleicht schneebedeckt oder vereist, aber selbst ein rutschiger Bürgersteig ist sicherer als eine geräumte Straße ohne Standspur. Laufen Sie dem Verkehr entgegen, so dass Sie sehen können, was kommt. Seien Sie darauf vorbereitet, in einen Schneewall am Straßenrand zu springen, falls dies nötig ist, um einen Zusammenstoß zu vermeiden.

Laufen Sie langsamer, wenn die Oberflächenbedingungen gefährlich sind. Wenn Sie auf gelegentliche Eisflächen stoßen, vergessen Sie Ihren normalen Laufstil und schlurfen Sie lieber vorwärts. Falls Sie hinfallen sollten, versuchen Sie auf Ihrem Gesäß zu landen, das gut gepolstert sein wird, da Sie wahrscheinlich mehrere Kleidungsschichten übereinander tragen. Versuchen Sie nicht, Ihren Fall mit den Händen aufzufangen.

Trainingspartner sind zu jeder Jahreszeit hilfreich, aber vielleicht während der Schlechtwettermonate noch wertvoller. An den Tagen, an denen Sie versucht sind, sich auf der Couch auszustrecken und Wiederholungen von *Baywatch* zu gucken, kann Ihnen ein Trainingspartner helfen, aus der Tür zu kommen. Noch wichtiger ist aber, dass ein zweites Paar Augen nie schadet, wenn Sie im Verkehr laufen, insbesondere dann, wenn die Fahrzeuge mit schlechten Straßenverhältnissen zu kämpfen haben. Wenn Sie in einem steifen Winterwind laufen, können Sie außerdem eine Technik ausprobieren, die die Radrennfahrer regelmäßig anwenden: sich mit der Führungsarbeit abwechseln. Ein Läufer bricht den Wind, während der zweite Läufer im Windschatten läuft und dabei Kraft und Wärme spart.

Um Ihre Sichtbarkeit insbesondere an den späten Winternachmittagen, wenn das Tageslicht schnell zur Neige geht, zu verbessern, sollten Sie Laufkleidung in hellen Farben wählen, die mit reflektierenden Streifen ausgerüstet ist. Aber tragen Sie keine komplett weiße Kleidung, wenn Sie durch den Schnee laufen. Falls möglich, sollten Sie Ihre Runde außerdem über beleuchtete Straßen planen.

Für sicheres Laufen in der Dunkelheit ist die In-Sport illumiNITE Jacke mit mikroskopischen Reflektoren im Gewebe ausgerüstet. Solche Produkte können Sie zum Leuchten bringen wie eine Glühbirne von Tom Edison.

Auf dünnem Eis

Auf Winterläufen sollten Sie zweimal nachdenken, bevor Sie Seen, Teiche oder Flüsse überqueren, von denen Sie annehmen, dass sie zugefroren sind. Sie sind vielleicht warm genug angezogen, um am Nordpol zu überleben, aber wenn Sie in eiskaltes Wasser fallen, droht doch Unterkühlung. Die Anzeichen von einer Unterkühlung sind unkontrolliertes Zittern und Desorientierung. Hypothermie kann eintreten, wenn die zentrale Körpertemperatur unter 32,2 Grad sinkt. In einem solchen Fall sollten Sie so schnell wie möglich eine Wärmequelle, trockene Kleidung und etwas Heißes zu trinken finden.

Bei Glatteis

Trotz all Ihren Vorkehrungen mag das Wetter an bestimmten Tagen für Läufer einfach nicht sicher sein. Wenn die Straßen wie ein Spielfeld der Eishockeybundesliga aussehen, sollten Sie Ihr Training besser von draußen nach drinnen auf ein Laufband oder einen Heimtrainer verlegen. Oder wenn es frisch geschneit hat und die Räumungsarbeiten sehr schleppend vorangehen, gehen Sie doch zu einem nahe gelegenen Park und drehen Sie eine Runde auf der Langlaufloipe oder mit Schneeschuhen.

Wenn Sie Anzeichen von Erfrierungen spüren – gerötete Haut und ein taubes, prickelndes Gefühl – reiben Sie die Stelle *nicht* mit Schnee oder Eis ein. Suchen Sie stattdessen eine warme, trockene Umgebung auf und wärmen Sie die kalte, verletzte Stelle *allmählich* mit warmem, nicht heißem, Wasser auf.

Seien Sie cool, wenn es heiß ist

Ein Lauf durch strömenden Regen oder einen halben Meter Schnee mag nicht besonders angenehm sein. Aber in der Hitze zu laufen – insbesondere bei hartem Training – ist das, was Laufanfänger, und sogar leichtfüßige Spitzenläufer, in ernsthafte Schwierigkeiten bringen kann.

Wie bei den Winterläufen kann die Vorbereitung vor dem Laufen an heißen und/oder feuchten Tagen Ihnen nicht nur jede Menge Probleme ersparen, sondern auch Ihr Leben retten. Läufer können über mehrere Tage hinweg allmählich dehydrieren, normalerweise aufgrund ungenügender Flüssigkeitsaufnahme nach dem Training. Hier und da einen halben Liter zu verlieren, kann rasch passieren, und dann kommt ein richtig heißer Tag und wirft den Läufer völlig unerwartet zu Boden. Läufer benötigen stetig und täglich ausreichend Flüssigkeit, nicht nur an den Tagen, an denen es heiß genug ist, um den Teer auf den Straßen zum Sprudeln zu bringen. Um Ihren Flüssigkeitshaushalt für das Laufen hoch zu halten, sollten Sie über den Tag verteilt pro Stunde 150 – 250 Milliliter Wasser trinken.

Wenn draußen wahres Wüstenklima herrscht, planen Sie einen »Erfrischungslauf«. Wenn Sie normalerweise eine Stunde laufen, brechen Sie diese Zeit in drei 20-Minuten-Einheiten auf – jeden mit einer kurzen, aber erfrischenden Tankpause an einer Wasserstelle. Oder noch besser: Planen Sie als Endzielpunkt einen See oder ein Schwimmbad ein und gehen Sie zum Abkühlen kurz auf Tauchstation.

Sie haben's verschwitzt

Ein durchschnittlicher Läufer kann an einem warmen Tag durch Flüssigkeitsverlust zwei bis drei Pfund Gewicht verlieren, selbst wenn er nur gemächlich joggt. Jedes verlorene Pfund, das er während des Laufens verliert, steht in etwa einem halben Liter verlorener Flüssigkeit gegenüber, die der Körper wieder ersetzen muss. Laufen mit forschem Tempo kann noch mehr von dem herauspumpen, was unbestritten der wichtigste Nährstoff des Körpers ist.

Das soll nicht heißen, dass Schwitzen schlecht ist. Das ist die Methode, um den arbeitenden Körper kühl zu halten. Trainierte Läufer schwitzen tatsächlich effizienter als Anfänger, die versuchen, in Form zu kommen. Fast der gesamte Flüssigkeitsverlust geht über die Hautoberfläche vonstatten, aber Läufer verlieren auch einen kleinen Anteil – weniger als zehn Prozent – über den Atmungsvorgang.

Seien Sie an warmen, windigen Tagen vorsichtig. Der Wind bewirkt, dass Sie sich kühler fühlen, aber er beschleunigt auch die Verdunstung des Schweißes auf Ihrer Haut. Das Endergebnis ist, dass Sie nicht merken, wie viel Wasser Sie verlieren.

Größere Läufer schwitzen in der Regel mehr als kleinere und auch genetische Merkmale bestimmen, ob Sie viel oder wenig schwitzen.

Wie können Sie feststellen, ob Ihr Flüssigkeitshaushalt in Ordnung ist? Ein einfacher (wenn auch nicht unbedingt angenehmer) Weg ist es, Ihren Urin zu untersuchen. Wenn er klar ist, dann trinken Sie genug. Wenn er dunkelgelb ist oder die Menge gering scheint, dann müssen Sie auf alle Fälle einiges H_2O tanken.

Training bei heißem Wetter

Der Körper kann sich an viele Stressfaktoren gewöhnen, aber er braucht Zeit. Um sich an Hitze zu gewöhnen, sollten Sie mit einigen moderaten Läufen beginnen, die vielleicht nur zehn Minuten dauern. Dann verlängern Sie die Länge dieser Einheiten nach und nach, während der Sommer – und Ihre Fähigkeit, die Hitze zu ertragen – fortschreitet. Einige fortgeschrittene Läufer tragen an milden Frühlingstagen etwas zusätzliche Kleidung, um ihrem Körper zu helfen, sich auf die kommenden heißen Sommereinheiten vorzubereiten, aber für Laufneulinge mag dies eine etwas extreme Strategie sein.

Hier sind einige weitere Tipps für das Laufen bei heißem Wetter:

- ✔ Sonnenaufgang ist meist die kühlste Tageszeit. Selbst wenn Sie kein Frühaufsteher sind, sollten Sie vielleicht versuchen, dann zu laufen. Einige erfahrene Läufer trainieren gerne nachts, aber denken Sie daran, dass das Laufen im Dunkeln einige potenzielle Sicherheitsrisiken birgt.
- ✔ Suchen Sie sich eine Strecke mit vielen Trinkmöglichkeiten, wählen Sie eine schattige Route und setzen sich möglichst wenig der direkten Sonne aus.
- ✔ Tragen Sie hellfarbige (am besten weiße), leichte und atmungsaktive Kleidung, die die Sonnenstrahlen reflektiert. CoolMax und andere Polyesterstoffe sind eine gute Wahl.
- ✔ Tragen Sie ein Stirnband, um zu verhindern, dass salzige, brennende Schweißtropfen in Ihre Augen gelangen.
- ✔ Egal, wie viel Gewicht Sie verlieren wollen, laufen Sie *niemals* an einem warmen Tag in einem Gummianzug (und am besten auch sonst nicht). Tragen Sie auch keinen schweren Trainingsanzug aus Baumwolle. Sie werden durch derartige Kleidung langfristig nicht viele Pfunde verlieren (sondern hauptsächlich Wasser), aber Sie riskieren ernsthafte Hitzeschäden.
- ✔ Seien Sie flexibel! Wenn Sie einen harten Lauf geplant haben und es stellt sich heraus, dass wahres Hundewetter wird, verschieben Sie das Training, bis die Wetterbedingungen wieder vernünftiger sind.
- ✔ Wo wir gerade von Hundewetter sprechen: Wenn Sie mit einem vierbeinigen Freund laufen, denken Sie auch an seinen oder ihren Wasserbedarf. Hecheln ist nicht der effizienteste Weg, Hitze loszuwerden, und Hunde schwitzen nicht. Und sie können nicht einfach ihren Pelzmantel abwerfen! Laufen Sie mit Ihrem Vierbeiner zu einem kühlen Bach und lassen Sie ihn plantschen.

Ein Läufer, der an einem warmen Tag ein hartes Tempo geht, kann eine Körpertemperatur von 37,8 Grad erreichen. Das Risiko eines Herzschlags beginnt bei etwa 40 Grad. Nach einigen sportlichen Leistungsstudien haben Läufer, die während eines harten Trainings große Mengen Flüssigkeit trinken, eine Temperatur, die um einige Grad niedriger ist als bei den Läufern, die nichts trinken.

Heiße Rennen

Am Tag des Boston-Marathon 1969 stieg das Quecksilber auf 36 Grad. Diese Ausgabe von Amerikas berühmtestem Lauf wurde passenderweise »Der Lauf der Schläuche« getauft, weil die Fans entlang der Strecke mit Gartenschläuchen die Läufer duschten, um sie abzukühlen.

Wettkämpfe bei hohen Temperaturen stellen noch mehr Probleme dar als Training bei Hitze. Konkurrenzsituationen mögen Sie in Versuchung bringen, ein Zeitziel beizubehalten, das bei kühleren Temperaturen angebrachter wäre. Aber wenn Sie kein Weltklasseläufer sind, der mit Wettkämpfen sein Geld verdient, sollte Vorsicht Ihre Leitlinie sein, wenn der Wettkampftag mit Konditionen aufwartet, die besser für ein Grillfest im Garten geeignet wären.

Hier sind einige Tipps für Wettkämpfe bei heißem Wetter:

- ✔ Vorsicht vor dem »drei-H«-Faktor: Hitze, Humidität (Feuchtigkeit), Hügel. Diese drei Bedingungen in ein und demselben Lauf stellen selbst Profis auf die Probe. Stufen Sie Ihre Zeitziele entsprechend zurück, insbesondere wenn Sie mehr als 10 Kilometer laufen. Beginnen Sie moderat und beschleunigen Sie spät im Rennen, wenn Sie sich noch gut fühlen.
- ✔ Trinken Sie früh! Wenn Sie warten, bis Sie durstig sind, ist es bereits zu spät. Selbst einige erfahrene Läufer neigen dazu, die Versorgungsstände in den ersten Kilometern nicht anzulaufen, nur um einige Kilometer später dehydriert zu sein.
- ✔ Es ist okay, wenn Sie sich Wasser auf den Kopf schütten, auch wenn der Vorteil hauptsächlich psychologischer Natur sein wird: Eine Tasse Wasser auf den Kopf wird Ihre Gesamtkörpertemperatur nicht beeinflussen. Aber stellen Sie sicher, dass Sie eine Tasse trinken, bevor Sie sich die nächste auf den Kopf schütten!
- ✔ Versuchen Sie nicht, an den Versorgungsstellen nach den Pappbechern zu greifen. Drücken Sie stattdessen den Becher oben zusammen. Mit dieser Methode lassen Sie fast nie einen Becher fallen und Sie erhalten durch das Zusammendrücken eine Art Trichter, der das Trinken erleichtert.
- ✔ Okay, Sie haben's ins Ziel geschafft, und Ihr erster Impuls mag es sein, zur Feier des Tages einige Krüge Bier zu heben. Aber trinken Sie zuerst Wasser! Ihr Körper schreit danach, den Wasserverlust wieder wettzumachen. Ähnlich kann ein gezuckertes Getränk Ihrem sinkenden Blutzuckerspiegel einen Schub geben, aber lassen Sie genügend Wasser folgen.

Gefahrenzone

Trotz aller richtigen Vorkehrungen können Läufer trotzdem der Hitze zum Opfer fallen. Ein Läufer, der zu schwitzen aufhört, fröstelt, orientierungslos oder schwindlig wird, sich übergibt oder Muskelkrämpfe hat, leidet wahrscheinlich unter ernsthaften Hitzeschäden. Bei diesen Symptomen sollte man sofort aufhören zu laufen und viel Flüssigkeit zu sich nehmen. In extremen Fällen benötigt der Läufer sobald wie möglich qualifizierte medizinische Hilfe.

Lassen Sie sich von der Sonne keins überbraten

Eine stark scheinende Sonne produziert nicht nur Hitze, die die allgemeine Laufleistung einschränkt, sondern auch ultraviolette Strahlen, die Hautkrebs verursachen können. Läufer sind regelmäßig der Sonne ausgesetzt, Sonnencreme und Sonnenbrille sind zwei Waffen, die Läufer daher in ihrer Sporttasche haben sollten. Wählen Sie einen Sonnenschutz mit mindestens Lichtschutzfaktor 15.

Um die ins Gesicht fallende Strahlung zu reduzieren, sollten Sie eine Sportkappe mit Schirm aufsetzen. Das Tragen einer Kappe ist mit Sicherheit effektiv, aber an den heißesten Tagen wird sie die Körperhitze, die durch den Kopf zu entkommen versucht, aufstauen lassen. Sie können einen Kompromiss schließen, indem Sie die Kappe abnehmen, während Sie im Schatten laufen (stecken Sie sie hinten in Ihre Laufhose), und sie für die sonnendurchfluteten Kilometer wieder aufsetzen.

Läufer im Regen

Ein Läufer, der bereits 20 Boston-Marathons gelaufen war, wurde einmal gefragt: »Fühlen Sie sich nicht manchmal versucht, einen Tag zu überspringen, wenn es regnet?« Der alte Straßenkrieger antwortete: »Wenn Sie damit anfangen, Läufe auszulassen, weil das Wetter zu schlecht ist, werden Sie bald danach anfangen, Läufe aufzuschieben, weil das Wetter zu schön ist.«

Ein wenig Regen schadet einem Läufer gar nichts. An einem heißen Abend im August werden Sie einige Tropfen wahrscheinlich sogar willkommen heißen, egal ob diese von einer freundlichen Wolke oder dem automatischen Rasensprenger des Nachbarn stammen.

Denken Sie aber immer daran, dass Regenwetter, insbesondere wenn der Himmel sich sprichwörtlich öffnet, den Läufer auf der Straße einigen Risiken aussetzt. Die Windschutzscheiben im Auto beschlagen und behindern die Sicht, und der Bremsweg ist auf nassem Teer wesentlich länger. Und bedenken Sie auch, dass der durchschnittliche Autofahrer nicht erwartet, im Regen jemanden draußen auf der Straße zu finden.

Vergessen Sie nicht, dass ein Sommerregen oft Donner und Blitz bedeutet. In Kapitel 11 finden Sie einige Tipps dazu, was Sie tun sollten, falls ein Gewitter Sie kalt erwischt.

Falls an einem Wettkampftag Regen zu erwarten ist, bringen Sie einen großen Plastikmüllbeutel und eine alte Baseballmütze mit. Ziehen Sie bei der Startaufstellung den Müllsack über, um sich in den letzten 20 Minuten vor dem tatsächlichen Start trocken zu halten. Etwa eine Minute vor dem Startschuss können Sie den Beutel jederzeit beiseite werfen.

Hoch oben in der Luft

Nehmen wir an, dass Sie plötzlich geschäftlich nach Denver in Colorado oder Sankt Moritz in der Schweiz reisen müssen. Ihr Laufprogramm läuft zurzeit hervorragend, und Sie wollen, während Sie unterwegs sind, nicht viele Tage verlieren. Aber beide Orte liegen sehr hoch.

Sie werden es beschwerlicher finden, in diesen Höhen zu laufen, da die Luft weniger Sauerstoff enthält, den Ihre Lungen aufnehmen können. Laufen Sie im Sprechtempo und vielleicht nicht ganz so lang. Sie sollten vielleicht hier und da einen Tag auslassen. Wenn Sie sich plötzlich in einer anderen Trainingsumgebung befinden, ist es meist eine gute Idee, das Laufpensum etwas zu reduzieren. Falls Sie sich mehrere Wochen lang in derartigen Höhen aufhalten, passt sich der Körper allmählich an, und Sie können das Pensum – ganz langsam – erhöhen.

Sie sollten außerdem besonders darauf achten, sich vor den Sonnenstrahlen und vor Dehydrierung in solchen Höhenlagen zu schützen. Trinken, trinken, trinken – Wasser natürlich – ist hier die Devise. Cremen Sie sich gut mit Sonnencreme ein und tragen Sie Ihre Sonnenbrille.

Flugreisen tragen ebenfalls zur Dehydrierung bei. Sollten Sie viel fliegen, wählen Sie Wasser statt Kaffee, Tee, Cola oder Alkohol, die alle entwässernd wirken, das heißt, Sie verlieren Flüssigkeit durch verstärkten Harndrang.

Hatschi!

Leider sind die Elemente, mit denen Läufer es zu tun haben, nicht auf weiche Schneeflocken oder sanfte Sonnenstrahlen begrenzt. Allergiker sind sich den sonstigen Gefahren der Natur nur allzu bewusst.

Was können Sie tun, wenn Sie mit Allergien zu kämpfen haben?

- ✔ Achten Sie auf Pollenmeldungen in Ihrer Zeitung, im Videotext oder im Internet. Sollte der Pollenflug sehr hoch sein und Ihre verstopfte Nase und die tränenden Augen dies bestätigen, reduzieren Sie Ihr Lauftraining, bis die Bedingungen wieder besser sind.
- ✔ Verlegen Sie härtere Trainingseinheiten auf den späten Nachmittag oder Abend, wenn der Pollenflug gewöhnlich geringer ist.
- ✔ Heißen Sie den Regen willkommen. Der Regen hat einen reinigenden Effekt auf die Luft.

Wider die Abgase

Läufer in städtischen Gegenden müssen nicht nur mit dem Verkehr zu Rande kommen, sondern auch mit dem, was der Verkehr in der Luft so hinterlässt: Abgase wie Kohlenmonoxide; Ozon, das entsteht, wenn Sonnenstrahlung mit Autoabgasen reagiert. Läufer klagen über juckende, tränende Augen – und in einigen extremen Fällen einen pfeifenden Atem – als Resultat erhöhter Ozonwerte.

Bei durchschnittlichem Straßenverkehr beträgt die Kohlenmonoxidkonzentration von 50 ppm (Parts Per Million). Das Einatmen einer so belasteten Luft kann eine leichte Leistungsverschlechterung verursachen. Aber stehender Verkehr während der Hauptverkehrszeit kann die doppelte Kohlenmonoxidkonzentration ausstoßen, die zu Benommenheit, Husten und sogar Brustschmerzen führen kann.

Bevor sie zur Gasmaske greifen, sollten Stadtläufer folgende Vorsichtsmaßnahmen beherzigen:

- ✔ Vermeiden Sie es, während der Spitzenverkehrszeiten zu laufen
- ✔ Laufen Sie so weit von der Straße entfernt, wie möglich
- ✔ Denken Sie an heißen Sommertagen über alternative Trainingsmöglichkeiten drinnen nach, wenn die Wetterfrösche Ihnen hohe Ozonwerte voraussagen, die Ihre Gesundheit gefährden
- ✔ Versuchen Sie aus der Stadt rauszukommen. Wenn Sie eine Entschuldigung benötigen, um aufs Land zu fahren, ist das Laufen so gut wie jede andere.

Zuerst die Sicherheit

11

In diesem Kapitel

- Vor Angriffen geschützt
- Mit Hunden (oder vor ihnen davon) laufen
- Blitzen entkommen
- Neue Wege gehen

Im Jahr 1988 erfuhr die Stadt New York erschüttert von einer brutalen Vergewaltigung einer jungen Frau, die eines Nachts alleine durch den Central Park lief. Die Geschichte der so genannten Central-Park-Joggerin – des Überfalls, der Fahndung und des Verfahrens gegen den jungen Mann, der sie angefallen hatte – war überall in den Nachrichten und hob die potenziellen Gefahren für Frauen hervor, die alleine in großen Städten laufen.

Obwohl es gelegentlich noch einzelne Vorfälle gibt, machten die Reaktionen der Stadt und der Laufgemeinde den Central Park letztlich zu einem wesentlich sichereren Ort zum Laufen. Der *New York Runners Club* setzte Sicherheitspatroullien ein und stellte Partnerprogramme für Frauen auf. Es gab eine umfassende Kooperation zwischen Polizei und Bürgern. Läufer wurden wachsamer und waren über Sicherheitsaspekte besser unterrichtet. Dieser Trend breitete sich über das gesamte Land aus, und der *Road Runners Club of America* (RRCA) übernahm die Führungsrolle, um Läufer über Sicherheitsfragen aufzuklären; der Club produzierte Videos und Poster und organisierte Selbstverteidigungskurse für Läuferinnen.

Warum also ignorieren Läufer die grundlegendsten Sicherheitsvorkehrungen? Warum wurden laut RRCA alleine 1997 etwa 40 Vorfälle gegenüber Läuferinnen in und um Washington D.C. erfasst? Warum lesen wir bald 15 Jahre nach dem Vorfall im Central Park noch immer tragische Berichte über Läuferinnen?

Nicht alle diese Verbrechen hätten verhindert werden können, egal welche Vorkehrungen getroffen worden wären. Aber die Hauptaussage ist, dass einige die Botschaft einfach vergessen haben. Sie entschlossen sich, sie zu ignorieren oder zu verdrängen. Oder sie glauben, dass sie gegen Verbrechen immun sind, weil sie nicht in der Innenstadt laufen.

Verbrechen sind aber nicht das einzige Problem. Wesentlich häufiger als Überfälle auf Jogger sind Todesfälle oder Verletzungen von Läufern, die von einem Auto angefahren werden, meist nachts. Läufer werden außerdem vom Blitz getroffen, von Hunden gebissen oder sogar, wie in einem schrecklichen Fall vor einigen Jahren in Kalifornien, von wilden Tieren getötet.

Dieses Kapitel soll Ihnen keine Angst machen: Die große Mehrheit der Läufer übt ihren Sport seit Jahrzehnten aus, ohne jemals ein Problem zu haben. Aber wir möchten Sie auf einige potenzielle Risiken unseres Sports aufmerksam machen und Ihnen sagen, wie Sie ihnen von vornherein aus dem Weg gehen.

Regeln für sicheres Laufen

Die meisten Sicherheitsregeln entsprechen gesundem Menschenverstand. Aber wir sehen tagtäglich so viele Läufer – weibliche und männliche –, die sie verletzen, dass wir sie hier aufführen, um sicherzugehen, dass Sie nicht sagen können, wir hätten Sie nicht gewarnt:

- ✔ Laufen Sie nicht mit Kopfhörern. Das ist die erste Regel für sicheres Laufen. Warum? Wenn Sie draußen laufen und dabei Musik oder Radio hören, können Sie keine Hupe, Radfahrer oder, der Himmel behüte uns, die Fußschritte einer Person, die sich von hinten nähert, hören.
- ✔ »Aber ich liebe es, meine Musik zu hören!« ist die allgemeine Antwort von denen, die sich weigern, ihre Kopfhörer abzugeben. Gut. Behalten Sie diese auf, wenn Sie auf dem Laufband trainieren. Aber wenn Sie draußen sind, insbesondere auf der Straße, fordern Sie Gefahren geradezu heraus, wenn Sie die Umgebung ausblenden. Wenn Sie Ablenkung benötigen, lauschen Sie stattdessen den Geräuschen ihrer Umgebung. Oder hören Sie zu Hause Musik, während Sie sich aufwärmen, und summen Sie sie sich während des Laufs im Stillen etwas vor. Oder unterhalten Sie sich mit anderen Läufern.
- ✔ Laufen Sie dem Verkehr entgegen. Ein Fahrrad ist auch ein Fahrzeug und unterliegt denselben Gesetzen wie Autos und Lastwagen. Radfahrer fahren mit dem Verkehr. Sie sind kein Fahrzeug. Sie sind ein Läufer. Sie sind außerdem in einer äußerst verletzlichen Situation, wenn Sie neben Autos, Lastwagen und Fahrrädern laufen. Der beste Weg, ein unangenehmes Zusammentreffen mit einem der Fahrzeuge zu vermeiden, ist, wenn man sie sehen kann. Das heißt, Sie laufen auf der linken Straßenseite (oder dem linken Bürgersteig) dem Verkehr entgegen.
- ✔ Falls Sie nachts laufen, sorgen Sie dafür, dass Sie gut erkennbar sind. Tragen Sie helle Kleidung und investieren Sie ein paar Mark in eine Trainingsjacke mit Reflektorstreifen, die Sie in Ihrem Laufgeschäft oder über einen Sportversand-Katalog kaufen können.
- ✔ Fordern Sie kein Auto zum Wettrennen heraus. Sollten Sie und ein Auto sich gleichzeitig einer Kreuzung nähern, halten Sie an und lassen Sie das Auto vor. (Kurz zur Erinnerung: Die sind schneller als Sie!)
- ✔ Achten Sie auf wartende Autos, die rechts abbiegen möchten. Halten Sie an und warten Sie, bis sie abgebogen sind, oder laufen Sie hinter ihnen.
- ✔ Laufen Sie mit anderen. Dies mag die leichteste Möglichkeit sein, um Problemen aus dem Weg zu gehen. Die Straße mit anderen Läufern zu teilen, ist eine gute Methode, um motiviert zu bleiben und den Sport zu genießen. Sie können potenzielle Partner über Ihren Laufclub finden, über Ihr Sportgeschäft oder das schwarze Brett im Gemeindezentrum oder der Bücherei.
- ✔ Wenn Sie alleine laufen müssen, ist ein Laufband zu Hause oder im Fitness-Club eine wesentlich sicherere Alternative. Der örtliche Sportplatz bietet ebenfalls etwas Schutz, aber nicht, wenn Sie alleine laufen oder nach Einbruch der Dunkelheit.
- ✔ Vermeiden Sie es, alleine durch unbewohnte und unbekannte Gebiete zu laufen, und halten Sie sich fern von mit dicken Büschen gesäumten Wegen.

- ✔ Tragen Sie keinen Schmuck. Aber nehmen Sie den Personalausweis mit oder schreiben Sie Name, Telefon und Blutgruppe auf die Innenseite Ihrer Laufschuhe.
- ✔ Vertrauen Sie Ihrer Intuition. Wenn Sie sich bezüglich eines Ortes oder einer Person unsicher fühlen, meiden Sie sie.
- ✔ Machen Sie einen Selbstverteidigungskurs und lernen Sie, wie man Tränengas benutzt. Und rufen Sie immer die Polizei, wenn Ihnen oder jemand anders etwas passiert oder Sie etwas oder jemand Verdächtiges bemerken.
- ✔ Halten Sie nicht an, um Fremden im Auto den Weg zu erklären, wenn Sie alleine laufen.

Zusammentreffen mit frei laufenden Hunden

Hunde teilen die Straße mit Läufern. Meist sind sie freundlich, an der Leine, unter dem strengen Auge des Frauchens oder Herrchens und tollen herum. Manchmal ist aber nichts davon der Fall.

Sollten Sie während des Laufens auf einen frei laufenden Hund treffen, bleiben Sie ruhig. Falls der Hund Sie nicht kommen sieht, kündigen Sie sich von weitem an. Sagen Sie etwas wie »Guter Hund«. Wenn der Hund mit Schwanzwedeln reagiert, sind Sie wahrscheinlich okay für ihn. Ist die Antwort Zähnefletschen oder kriegerisches »wagen-Sie-es-ja-nicht-mein-Gebiet-zu-betreten«-Geknurre, suchen Sie sich einen anderen Weg um sein Territorium herum.

Sind Sie in einer Situation, in der Sie den Hund passieren müssen, halten Sie Abstand. »Wenn der Hund auf Sie zukommt und Sie bedroht, sehen Sie den Hund an und machen Sie aggressive Geräusche,« rät Trevor Smith von der *American Runners and Fitness Association*. »Klatschen Sie laut in die Hände und rufen Sie ›Nein!‹ oder ›Sitz‹. Viele Haustiere sind nicht sehr mutig und können sehr leicht eingeschüchtert werden, insbesondere wenn Sie sich aus deren Sicht irritierend und laut benehmen. Sie müssen aggressiv klingen, aber verhalten Sie sich nicht wirklich aggressiv.«

»Im Allgemeinen,« stellt Smith fest, »sind Haustiere freundlich (mit gelegentlichen Ausnahmen). Auf aggressive Tiere treffen Sie am ehesten in ländlichen Gebieten, wo Hunde oft draußen gehalten werden und manchmal Jagdinstinkte besitzen. Solche Tiere verfolgen Sie vielleicht, aber sie verlieren normalerweise das Interesse, wenn sie ignoriert werden.«

Mit Ihrem Hund laufen

Vielleicht begann es mit Butkus, diesem großen Hund, der den Boxer Rocky Balboa auf seinen unvergesslichen Traningsläufen in den berühmten *Rocky*-Filmen begleitete. Vielleicht mögen Läufer die Sicherheit, einen Deutschen Schäferhund an ihrer Seite zu haben. Oder vielleicht haben Tierbesitzer gemerkt, dass das Laufen auch für den Hund eine gute Möglichkeit ist, etwas mehr Bewegung zu bekommen.

Was auch immer der Grund ist, Hunde, die mit ihren Frauchen oder Herrchen laufen gehen, sind eine tagtägliche Erscheinung auf den Straßen. Es ist ein schöner Anblick. Was dagegen nicht so schön ist, sind joggende Hunde an heißen Tagen: Ihre Pfoten auf dem heißen Pflaster verbrennend, hechelnd und offensichtlich durstig, folgen sie dennoch getreu ihrem Besitzer.

Hunde sollten genau wie Menschen einem Trainingsprogramm folgen. Der erste Schritt ist, sie zum Tierarzt zu bringen, um sicherzustellen, dass der Hund gesund ist und das Training bewältigen kann.

Hüftprobleme, die unter Hunden, die laufen, weit verbreitet sind, sind meist erblich. Der Veterinär Mark Katz, Autor von *Running & FitNews*, sagt, der beste Weg, um einen vierbeinigen Laufkumpanen zu finden, ist, von einem Züchter einen Welpen zu kaufen, der bescheinigen kann, dass beide Hundeeltern keine Hüftprobleme haben.

Warten Sie bis der Welpe neun Monate alt ist, bevor Sie ihn regelmäßig laufen lassen. Beginnen Sie langsam, mit allmählichen Steigerungen, genauso wie *Sie* es auch tun müssen. »Beginnen Sie mit fünfminutigen Läufen dreimal pro Woche für zwei Monate und vergrößern Sie die Distanz allmählich,« rät David Bebiak, der frühere Direktor von *Pet Nutrition and Care Research for the Purina Pet Care Center*. »Wenn Ihr Hund anfängt, während des Joggens hinter Ihnen zurückzubleiben, machen Sie langsamer oder halten Sie an, damit Ihr Hund ausruhen kann.«

»Benutzen Sie eine leichtgewichtige Leine,« sagt Katz, »und trainieren Sie Ihren Hund darauf, dicht auf Ihrer linken Seite zu laufen. Dadurch reduziert sich das Risiko, dass er von einem Auto oder Fahrrad erfasst wird. Erlauben Sie Ihrem Hund nicht, ohne Leine zu laufen.«

Bei heißem Wetter sollten Sie Ihren Hund mit derselben Vorsicht trainieren, die Sie für sich selbst anwenden:

- ✔ Reduzieren Sie die Trainingszeit
- ✔ Vermeiden Sie, zu den heißesten Tageszeiten zu laufen
- ✔ Stellen Sie sicher, dass Ihr Hund genügend Wasser bekommt
- ✔ Achten Sie darauf, wo Sie laufen. Heißer Zement kann Hundepfoten verbrennen, auf rauem Terrain abseits der Straßen können Hunde sich die Pfoten aufschneiden.

Behandeln Sie Ihren Hund so gut wie sich selbst und vielleicht haben Sie dann einen Laufpartner fürs Leben gefunden. Aber gehen Sie nicht davon aus, dass jeder Hund seine Tage auf der Straße fristen möchte. Einige Hunde sind besser dran, wenn sie im Garten herumlaufen können.

Wenn der Blitz einschlägt

Sie laufen an einem warmen Sommerabend und plötzlich ... Krach! Bumm! Ein Blitz, Donner grollt, der Himmel öffnet sich.

Kaum bedenklich ist die Aussicht, jetzt nass zu werden. Das kann an einem warmen Tag sogar angenehm sein. Der Regen wird Sie nicht umbringen, der Blitz könnte dies.

Der sportmedizinische Newsletter der Penn State University schlägt bezüglich Sicherheit während eines Gewitters Folgendes vor: Beim ersten fernen Donnerschlag sollten Sie sich einen Schutz suchen. Gute geschützte Plätze sind bewaldete Gebiete, ein geschlossenes Gebäude oder ein Fahrzeug mit geschlossenen Fenstern. Vermeiden Sie unüberdachte, metallene Zuschauertribünen und Torpfosten (wenn Sie auf einem Sportplatz laufen) oder offene Felder und isolierte Bäume.

»Suchen Sie den Wald, aber nicht den Baum,« rät Michale Cherington, M.D., der das *Lightning Data Center* am St. Anthony Krankenhaus in Denver leitet. »Wenn da 1.000 Bäume stehen, ist die Chance, getroffen zu werden, auf 1 in 1.000 reduziert.«

Wenn Sie draußen erwischt werden, suchen Sie eine Kuhle oder einen anderen niedrigen Punkt weg von Bäumen, Zäunen und Pfosten. Wenn Sie im Wald sind, suchen Sie unter niedrigen Bäumen und Büschen Schutz.

Außerdem empfiehlt der Newsletter, die Entfernung des Gewitters folgendermaßen abzuschätzen: Pro drei Sekunden Abstand zwischen dem Zeitpunkt, wenn Sie den Blitz sehen, und dem Geräusch des Donners, ist der Blitz etwa einen Kilometer entfernt. Wenn Sie zum Beispiel den Donner 24 Sekunden später hören, nachdem Sie den Blitz gesehen haben, ist das Gewitter acht Kilometer entfernt. Je mehr Sekunden dazwischen liegen, desto mehr Zeit haben Sie. Aber zögern Sie nicht. Suchen Sie so schnell wie möglich Schutz.

Ihre Karte, bitte

Als Sportagent Arthur Kaminsky vor einigen Jahren geschäftlich in Japan weilte, ging er in den überfüllten Straßen von Kyoto laufen. Die Umgebung betrachtend und über seinen nächsten großen Geschäftserfolg nachsinnend, vergaß Kaminsky aufzupassen, wohin er lief. »Bald hatte ich mich verlaufen,« erinnert er sich. »Alle Straßen sahen gleich aus, und ich konnte niemanden finden, der Englisch sprach.«

Kaminsky fand irgendwann irgendwie zurück ... und fand einen Weg, um ein solches Missgeschick in Zukunft zu vermeiden. Sein Tipp für das Laufen in fremden Ländern: »Stecken Sie eine Karte von dem Hotel, in dem Sie wohnen ein,« schlägt er vor. »Am besten eine in der Landessprache.« Befestigen Sie diese mit einer Sicherheitsnadel an Ihrer Laufhose, und wenn Sie sich verlaufen und niemanden finden können, der Ihre Sprache spricht, können Sie jemandem die Karte zeigen, der Ihnen zumindest die richtige Richtung zeigen kann.

Bon voyage!

Davonlaufen

Laufen ist ein reisefreundlicher Sport. Alles was Sie tun müssen, ist Ihre Laufschuhe einzupacken, und schon können Sie loslegen.

Aber achten Sie darauf, wo Sie laufen. Obwohl es Spaß macht, neue Gegenden zu erlaufen, so kann das auch gefährlich sein. Das Mindeste, was Sie tun sollten, ist, den Concierge in Ihrem Hotel oder andere Läufer, die Sie unterwegs sehen, nach sicheren und interessanten Strecken in der Umgebung zu fragen.

Teil III

Rennen um die Zeit

The 5th Wave By Rich Tennant

In diesem Teil ...

Wir unterstützen Sie bei der Wettkampfvorbereitung. Nicht alle Läufer wollen an Rennen teilnehmen, aber für diejenigen, die es möchten, stellen wir einige Programme vor, die ihnen helfen, am Wettkampftag topfit zu sein. Wir bieten sogar ein einfaches Marathon-Trainingsprogramm für die Läufer, die eine besondere Herausforderung suchen.

Training für Fortgeschrittene

12

In diesem Kapitel

- Ausdehnung der Laufstrecke
- Auf Schnelligkeit laufen
- Ein höheres Level erreichen
- Auf der Bahn trainieren
- Das Herz beobachten
- In der richtigen Reihenfolge trainieren

Ein Weltklasse-Läufer verglich einst sportliches Training mit dem Spannen eines Bogens, um ein schwieriges Ziel zu treffen. Wenn die Sehne nur leicht zurückgezogen wird, hat der Pfeil nicht genug »Mumm« in sich, um das Ziel zu erreichen, geschweige denn, um ins Schwarze zu treffen. Aber wenn Sie die Sehne mit zu viel Kraft nach hinten ziehen, werden Sie wahrscheinlich weit über das Ziel hinausschießen oder die Sehne reißt sogar.

Der Trick beim Laufen liegt natürlich irgendwo in der Mitte. Läufer, die unregelmäßig trainieren, entdecken selten ihr gesamtes Laufpotenzial, sowohl was die Leistung angeht als auch den Spaß. Läufer hingegen, die regelmäßig übertrainieren, vergrößern in hohem Maße ihre Verletztungsanfälligkeit und das Risiko eines mentalen Burnout-Effekts; das Ergebnis kann pure Frustration sein.

Ja, wo laufen Sie denn, wo laufen Sie denn hin?

Nachdem Sie angefangen haben, öfter als drei- oder viermal in der Woche zu laufen und Ihre Ausflüge länger als 30 Minuten dauern, dann laufen Sie wahrscheinlich nicht mehr nur, um abzunehmen oder den Cholesterinspiegel zu senken. Sie würden vielleicht gerne an einem Wettkampf teilnehmen. Oder haben eventuell sogar schon ein kurzes Rennen mitgemacht – einfach aus Spaß, in Ihrem gewöhnlichen Trainingstempo – und (trauen Sie sich, das zuzugeben?) Sie würden gerne schneller oder weiter laufen oder wollen für Ihren nächsten Wettkampf einfach besser gerüstet sein.

Nach diesen allerersten Schritten hinein in die Welt des Laufens ist der nächste große – und beängstigende – Schritt, Wettkämpfe zu laufen.

Ein weniger offensichtlicher (aber sehr wichtiger) Schritt ist der Schritt vom Laufen für die allgemeine Fitness zum Laufen bei Wettkämpfen. Egal, ob Sie es gezieltes Training nennen oder Qualitätstraining oder Training für Fortgeschrittene, alle diese Begriffe bezeichnen ein Training, das Sie auf intensiveres Laufen, hartes Training oder Wettkämpfe vorbereitet. In den meisten Fällen ist für ein solches Training eine Intensitätssteigerung und eine Ausdehnung der wöchentlichen Laufkilometer erforderlich.

Allmähliche Ausdehnung der Kilometer

Wer aus dem Fitness-Jogger-Status ausbricht, will meist möglichst rasch den Status eines ernsthaften Läufers erreichen und beginnt daher, Kilometer anzuhäufen. Aber widerstehen Sie der Versuchung, die wöchentlichen Laufkilometer sprunghaft zu erhöhen. Seien Sie geduldig und dehnen Sie Ihr Laufpensum allmählich aus.

Wenn Sie derzeit viermal in der Woche mit einer Gesamtkilometerzahl von etwa 25 bis 30 laufen, dann können Sie vernünftigerweise einen fünften Trainingstag einführen. Wenn Sie in diesem Szenario jedoch einen Sprung zu einer wöchentlichen Kilometerzahl von 50 oder 60 machen, was einer Verdoppelung Ihres vorherigen Trainingspensums entspricht, fordern Sie Verletzungen geradezu heraus.

Genauso töricht ist der Versuch, die Kilometer in einer kontinuierlichen, linearen Spirale zu erhöhen; wie ein schwankender Turm aus Bauklötzchen – irgendwann fällt er! Stattdessen sollten Sie die Steigerung des wöchentlichen Laufpensums im Bereich von fünf bis zehn Prozent halten und gelegentlich zu einer etwas leichteren Trainingslast zurückkehren (insbesondere falls Sie oft gegen Müdigkeit ankämpfen), bevor Sie die Wochenkilometer weiter erhöhen.

Es ist zwar wichtig, dass Sie Ihr Laufprogramm erfüllen, aber werden Sie nicht zum Sklaven Ihres Trainings-Logbuches. Hören Sie stattdessen auf Ihren Körper (eine alte Läuferweisheit, die mindestens drei Jahrzehnte alt ist!) und lassen Sie sich von ihm leiten. Wenn Sie müde sind, trainieren Sie nur leicht oder pausieren Sie gar einen Tag.

Ab und zu sollten Sie auch von Ihren höchsten wöchentlichen Kilometerzahlen auf ein kleineres Pensum zurückweichen. Vielleicht haben Sie sich schließlich auf etwa 65 Kilometer pro Woche hochgearbeitet, die sich auf sechs Tage verteilen. Wenn Sie nun jedoch eine besonders geschäftige Woche mit dringenden Geschäfts- oder Familienangelegenheiten vor sich haben, können Sie auf 50 Kilometer reduzieren, die sich auf fünf Tage verteilen. Bleiben Sie mit Ihrem Laufprogramm flexibel; und stellen Sie so sicher, dass es für Sie arbeitet und nicht anders herum.

Tempo ist gefordert

Einige Laufanfänger absolvieren einen 5-Kilometer-Lauf und schleppen sich durch ein paar Stundenläufe und sofort denken sie: »Marathon!«. Widerstehen Sie der Versuchung. Ja, Anfänger können einen Marathon beenden; durch joggen und gehen, joggen und gehen... Fast jeder kann 42,195 Kilometer hinter sich bringen. Aber für gute Ergebnisse bei längeren Strecken sollten Anfänger zunächst für kürzere Läufe trainieren, indem sie ihre Schnelligkeit und Laufform verbessern.

Schnelligkeitstraining für Anfänger

Einige Laufanfänger beginnen sich zu fürchten, wenn sie das Wort Tempotraining hören. Sie haben Visionen von gemeinen Footballtrainern, die ihre Spieler zwingen, an einem brüllendheißen Augusttag im Trainingslager vor Saisonbeginn bis zum Umfallen Sprints zu laufen.

Die Einbeziehung von Tempotraining (oder andere gezielte Trainingseinheiten wie Hügeltraining) in das allgemeine Lauftraining sollte allmählich erfolgen und derartige Trainingseinheiten müssen nicht schmerzhaft sein. Im Gegenteil, wenn das erste Schnelligkeitstraining richtig ausgeführt wird, *darf* es nicht weh tun. Das Training sollte jedoch den Läufer etwas fordern.

Für Ihren ersten Versuch, Ihr Trainingstempo zu beschleunigen, sollten Sie sich einen Feld- oder Waldweg oder eine gemähte Rasenfläche aussuchen. Laufen Sie etwa 30 Minuten und versuchen Sie, Ihre Laufgeschwindigkeit zwischendurch dreimal 30 bis 60 Sekunden lang zu erhöhen.

Fangen Sie nicht an zu sprinten. Beschleunigen Sie Ihren Laufschritt allmählich, so dass Sie schneller laufen, als Sie dies in Ihrem Training gewöhnlich tun. Nach jeder kurzen Temposteigerung gehen Sie mit flotten Schritten oder joggen Sie leicht, bis sich Ihre Atmung wieder erholt hat. Falls Sie nach jeder Geschwindigkeitssteigerung nach Luft japsen, laufen Sie zu schnell.

So, das war Ihr erstes Schnelligkeitstraining. Im Prinzip haben Sie nur Ihren Herzschlag etwas beschleunigt und wahrscheinlich Ihre Arme und Beine etwas schneller bewegt. Aber es zählt.

Laufen Sie auf weichem Untergrund wie Feld- und Waldwegen oder Rasen, das schont Ihren Körper und Ihre Laufschuhe. Trotten Sie nicht tagtäglich die Straßen und Bürgersteige entlang. Wenn Sie sechs Tage in der Woche trainieren, versuchen Sie die Hälfte der Läufe, insbesondere Geschwindigkeitsläufe, nicht auf der Straße zu absolvieren.

Telefonmasten sind eine weitere einfache Möglichkeit, Tempoläufe in Ihr Training zu integrieren. Mit Bäumen klappt das genauso gut. Nein, Sie brauchen sie nicht hinaufzuklettern! Laufen Sie einen Weg mit Telefonmasten entlang, anfänglich in lockerem Tempo. Wenn Sie sich warm gelaufen haben, beschleunigen Sie mehrmals während des Laufs über eine Strecke von drei oder vier Masten (oder Bäumen). Dann joggen (oder gehen) Sie, bis sich Ihre Atmung erholt hat, und wiederholen das Ganze.

Beginnen und beenden Sie Ihre gezielten Trainingseinheiten immer mit 10 bis 15 Minuten lockerem Joggen zum Aufwärmen und Auslaufen. Leichtes Stretching vor und/oder nach dem Training ist ebenfalls förderlich. Kapitel 8 gibt weitere Informationen zum Thema Aufwärmen und Stretching.

Gezieltes Training

Gezielte Trainingseinheiten sind alle Läufe, bei denen Sie merklich schneller laufen als im bequemen Lauftempo. Die meisten Ihrer regelmäßigen Ausdauerläufe sollten im »Sprechtempo« erfolgen: Das heißt, Sie sollten sich während des Laufens mit einem Laufpartner unterhalten können, ohne nach jedem Wort nach Luft schnappen zu müssen.

Tempoläufe sollten auch nicht darauf hinauslaufen, dass Sie sich krümmen und nach Luft schnappen, sondern Sie sollten diese mit einer Geschwindigkeit absolvieren, die schneller ist als Ihr Sprechtempo.

Hier die vier Grundtypen des Schnelligkeitstrainings:

- **Fartlek**: Diese Methode wird im Prinzip im vorherigen Abschnitt beschrieben. Der Läufer variiert während eines lockeren Laufs die Geschwindigkeit und arbeitet sozusagen mit unterschiedlichen Gängen. (Wenn Sie einen Sportwagen mit fünf Gängen besäßen, würden Sie sich auch nicht darauf beschränken, lediglich zwei davon zu benutzen, oder?)

Fartlek ist ein schwedisches Wort, das so viel wie »Spiel mit der Geschwindigkeit« bedeutet. Ein Fartlek ist eine Möglichkeit, wie Sie während eines Laufes verschiedene Geschwindigkeiten durchprobieren können. Im Deutschen wird meist der Begriff *Fahrtspiel* gebraucht.

- **Hügelläufe**: Hügelläufe können sowohl Schnelligkeit als auch Ausdauer verbessern, den Laufstil korrigieren, Muskelkraft aufbauen und die mentale Ausdauer stärken. Eine typische Trainingseinheit mit Hügelläufen könnte folgendermaßen aussehen: 10 bis 15 Minuten joggen zum Aufwärmen, einen Hügel (für den man mindestens 30 Sekunden, aber wohl nicht länger als drei Minuten braucht, um ihn zu erklimmern) mit forschem Tempo (flott und gleichmäßig) hinauflaufen, dann zur Erholung zurückjoggen. Beginnen Sie bei Ihrem ersten Hügeltraining mit zwei oder drei Bergauf-Läufen.
- **Wiederholungsmethode**: Bei dieser Trainingsmethode laufen Sie eine bestimmte Strecke – vielleicht eine 400-Meter-Runde auf dem Sportplatz – möglichst in einer bestimmten Zeit. Dann, nach einer kurzen Erholungspause, wiederholt der Läufer die Distanz wiederum mit einem raschen, forschen Tempo. Läufer absolvieren Wiederholungsläufe gerne auf dem Sportplatz, da sie hier leicht ihr Tempo und die gelaufene Strecke überprüfen können.

Beispieltraining mit Tempoläufen

Wenn Ihr lockeres Jogging-Tempo etwa fünf Minuten pro Kilometer beträgt und Ihre Wettkampfgeschwindigkeit bei einem 5-Kilometer-Lauf 4:30 Minuten, dann werden Sie bei Tempoläufen versuchen, etwa 4:45 Minuten pro Kilometer zu laufen. Eine lockere Trainingseinheit besteht dann zum Beispiel in drei Kilometern Warm-up in circa 15 Minuten, sofort im Anschluss drei Kilometer in Tempolauf-Geschwindigkeit (in circa 14:15 Minuten), gefolgt von drei Kilometern Auslaufen in 15 Minuten. Das ergibt insgesamt ein Laufpensum von 44:15 Minuten und neun Kilometern. Mit der Zeit werden Sie dann vielleicht die mittlere Tempo-Einheit auf vier oder sogar fünf Kilometer steigern wollen

- **Tempoläufe**: Dies sind Ausdauerläufe in einem flotten, aber kontrollierten Tempo, die meist mit einer Geschwindigkeit gelaufen werden, die etwa in der Mitte zwischen Ihrer Jogging-Geschwindigkeit beim Aufwärmen und Ihrer Wettkampfgeschwindigkeit liegt. Tempoläufe sind eingebettet in ein lockeres Joggen zum Aufwärmen und Auslaufen. Die tatsächliche Tempo-Einheit des Trainings dauert mindestens 15 Minuten und bis zu 30 Minuten bei fortgeschrittenen Läufern.

An allen Fronten vorwärts kommen

Nachdem Sie die Anfängerphasen eines Trainingsprogramm hinter sich gebracht und nach und nach gezielte Trainingseinheiten in Ihr Laufpensum integriert haben, fangen fast alle Läufer an, in Form zu kommen. Trainer und Sportphysiologen erklären (zuweilen eingekleidet in viele wissenschaftliche Begriffe), dass der Körper des Läufers Stress ausgesetzt ist, an den er sich dann gewöhnt. Einfach ausgedrückt: Sie wissen, dass Sie in Form kommen, wenn die sechs Kilometer, durch die Sie sich im letzten Monat noch hindurchgequält haben, plötzlich viel leichter fallen.

Im besten Fall können Sie Verbesserungen in vielen verschiedenen Bereichen gleichzeitig erkennen: Ihr Lauftempo, Ihre Ausdauer und Ihr Laufstil können sich alle gleichzeitig verbessert haben. Sie können, fast unerklärlicherweise, weiter, schneller und gleichmäßiger laufen.

Wenige Läufer fühlen sich jedes Mal, wenn sie trainieren gehen, großartig. Aber mit der Zeit werden die guten Trainingstage solche überwiegen, an denen Sie sich vorwärtsschleppen und nicht warten können, bis Sie wieder zu Hause sind. Wenn Sie den Punkt erreicht haben, bei dem fast jeder Lauf ein guter ist, sind Sie wahrscheinlich bereit, Ihre Trainingsdistanz oder Ihre Geschwindigkeit zu erhöhen.

Führen Sie nie mehrere neue Elemente in Ihr Training in derselben ein- oder zweiwöchigen Phase ein. Beginnen Sie beispielsweise nicht ein neues Krafttrainings-Programm zur gleichen Zeit, zu der Sie auch Ihr wöchentliches Laufpensum erhöhen und Ihre ersten Hügelläufe absolvieren. Stattdessen sollten Sie neue Trainingselemente, über einen Zeitraum von mehreren Monaten verteilt, nach und nach einführen.

Auf die richtige Bahn gelangen

Einige Läufer meiden Sportplätze, da sie es zu monoton finden, auf der Bahn zu laufen. (»Immer im Kreis laufen« ist ein allseits bekannter Einwand.) Andere Läufer fürchten sich vor der Bahn. (Wenn Sie auf der Bahn laufen, sollten Sie ein Sprinter sein, richtig?)

Das Laufen auf der Bahn, am besten eine 400-Meter-Bahn im Freien, kann jedoch dazu beitragen, dass enthusiastische Grünschnäbel ihre Fitness verbessern.

Der Vorteil an einem gezielten Bahntraining ist, dass Sie ein konstantes und akkurates Feedback erhalten. Sie wissen exakt, wie schnell Sie über eine genau bemessene Strecke laufen. Sie können leicht jede Woche Verbesserungen Ihrer Laufform feststellen, indem Sie Ihr Bahntraining mit vorhergehenden Tempoläufen vergleichen.

Wenn ein Läufer beispielsweise zwei 400-Meter-Runden auf der Bahn in vier Minuten rennt, dann entspricht dies einer Kilometerzeit von fünf Minuten. Vielleicht schafft der Läufer lediglich einmal diese 800 Meter in seiner allerersten Trainingseinheit auf der Bahn.

Aber nehmen wir an, dass dieser Läufer nach weiterem Training drei 800-Meter-Wiederholungsläufe in jeweils 3:30 Minuten schafft (mit entsprechenden Erholungspausen zwischen den Läufen), dann hat er einen stichhaltigen Beweis für seine Verbesserung in der Hand, sowohl was die Ausdauer angeht (der Läufer schafft nun insgesamt *drei* 800-Meter-Wiederholungsläufe im Vergleich zu lediglich einem bei seinem ersten Bahntraining), als auch was die Geschwindigkeit betrifft (der Läufer flitzt die zwei Runden jetzt bedeutend schneller).

Hier sind einige Tipps, wie Ihr erster »Bahntest« mehr Spaß macht und ein besseres Resultat erzielt:

- ✔ Wenn Sie das Gefühl des »Im-Kreis-Herumrennens«, das beim Laufen auf der Bahn vorkommt, vermeiden möchten, sollten Sie Ihr Aufwärm- und Cool-down-Programm außerhalb der Bahn gestalten.
- ✔ Denken Sie daran, dass es auf der Bahn eventuell schnellere Läufer gibt. Benutzen Sie die Innenbahn nur für die eigentlichen Wiederholungsläufe und die äußeren Bahnen für die Jogging- oder Gehpausen dazwischen.
- ✔ Wenn Sie alleine auf der Bahn sind, sollten Sie vielleicht ab und zu die Laufrichtung wechseln. Zu viel Bahntraining in dieselbe Richtung kann manchmal Schmerzen in Ihrem linken Bein hervorrufen. Die dem Innenfeld zugewandte Seite des Knies, der Hüfte und des Knöchels wird stärker belastet, insbesondere auf den oft kleineren Bahnen in der Halle.
- ✔ Wenn Sie auf einer Bahn mit vielen anderen Läufern trainieren, versuchen Sie nicht, gegen den erstbesten Läufer oder die erstbeste Läuferin um die Wette zu laufen, der oder die Sie überrundet. Bleiben Sie bei Ihrem eigenen Trainingsprogramm.
- ✔ Seien Sie flexibel! Extreme Bedingungen wie Wind, Hitze oder extreme Kälte machen es manchmal schwer, das gesteckte Trainingsziel zu erreichen. Passen Sie Ihre Zeitziele an oder verkürzen Sie die Länge der Wiederholungsläufe.
- ✔ Wenn Sie einen schlechten Tag auf der Bahn verbringen, können Sie immer Ihre Stoppuhr ausschalten und einfach in einer moderaten Geschwindigkeit laufen. Sie können das geplante Bahntraining immer an einem anderen Tag nachholen.

An den seltenen Tagen, an denen Sie sich während des Trainings fantastisch gut fühlen, sollten Sie der Versuchung widerstehen, zusätzliche Kilometer dranzuhängen oder schneller zu laufen. Es ist besser, eine gute Trainingseinheit mit einem guten Gefühl abzuschließen. Sie können immer noch beim nächsten Mal den Einsatz erhöhen.

Das Herz des Ganzen

Eine Möglichkeit, Ihre qualitativen Trainingseinheiten zu überwachen, besteht darin, den Puls während der Ruhepause zu überprüfen. Ein Läufer, der in Form ist, hat normalerweise einen Puls von circa 50 bis 60 Schlägen pro Minute. Das Herz desselben Läufers kann während der Aufwärmphase eines Trainings bis zu 100 – 120 mal pro Minute schlagen. Während eines intensiven Bahn- oder Hügeltrainings kann das Läuferherz auf einen Puls von 180 ansteigen. Während eines kontrollierten Tempolaufs registiert dieser Läufer per definitionem einen Herzschlag von 130 bis 170.

Wirklich fortgeschrittene Läufer (oder Läufer mit speziellen gesundheitlichen Vorraussetzungen) möchten vielleicht mit Hilfe eines Herzmonitors das Training tabellarisch überwachen. Ein offensichtlicher Vorteil des Herzmonitors ist, dass Sie nicht anhalten müssen, um Ihren Herzschlag zu messen. Stattdessen blicken Sie lediglich auf die Anzeige an Ihrem Handgelenk, der die Information anzeigt, die von einem kleinen über der Brust befestigten Sensor übermittelt wird.

Einige Herzmonitore sind mit speziellen Alarmsystemen ausgerüstet, die piepsen, wenn der Läufer eine bestimmte Intensität übersteigt. Nehmen wir zum Beispiel an, dass ein Läufer ein Trainingstempo von etwa 160 Schlägen pro Minute plant, aber er läuft ein intensiveres Tempo und gerät in die 170er-Spanne, dann beginnt der Alarm zu piepsen, im Prinzip in der Funktion der Verkehrspolizei, die Sie anhält und Ihnen mitteilt, dass Sie zu schnell fahren. Diese Warnung kann bei der Vermeidung von Übertraining eine wichtige Rolle spielen.

Wenn Ihr Herzschlag zu etwa demselben Puls zurückkehrt, den er beim Beenden der Aufwärmphase hatte (für den gerade beschriebenen Beispielläufer wären dies etwa 120 Schläge pro Minute), dann hat sich Ihr Körper genügend erholt, um eine weitere Bahn oder den nächsten Hügel anzugehen.

Aber Sie können auch die althergebrachte Methode verwenden: Halten Sie an und messen Sie Ihren Puls. Die Halsschlagader, die Arterie auf der linken Seite Ihres Halses, gerade unterhalb des Kiefers, ist dazu am besten geeignet. Aber Sie können den Pulsschlag auch an der Schläfe messen.

Wenn Sie Ihren Puls messen, zählen Sie ihn für 20 Sekunden und multiplizieren Sie dann mal drei.

Wo liegt Ihr Maximalpuls?

Wenn Sie Ihren harten Trainingseinsatz wirklich genau beobachten wollen, müssen Sie eine (zumindest ungefähre) Vorstellung davon haben, was Ihr maximaler Herzschlag ist. Obwohl es genauere Methoden gibt, ist eine sehr einfache Möglichkeit die, von der Zahl 220 Ihr Alter abzuziehen. Ein 35jähriger Läufer subtrahiert beispielsweise 220 minus 35; seine ungefähre maximale Herzschlagrate pro Minute ist damit 185. (Diese Methode ist zumeist recht zuverlässig bei Freizeitläufern, allerdings weniger bei fortgeschrittenen, gut trainierten Sportlern, bei denen der Maximalpuls innerhalb einer recht breiten Spanne liegt.)

Denken Sie daran, dass Ihr Maximalherzschlag nur eine generelle Richtlinie ist, die die oberen Grenzen Ihres äußersten Einsatzes reflektiert. Letztendlich jedoch ist Ihr Maximalpuls nur eine Zahl – kein Heiliger Gral, den Sie während des Trainings erreichen müssen, um zu beweisen, dass Sie genug Einsatz zeigen.

Sprechtest

Für Läufer, die sich gerade erst mit fortgeschrittenem Lauftraining vertraut machen, ist der »Sprechtest« (mehr dazu finden Sie in Kapitel 4) noch immer eine einfache Methode, um den subjektiv wahrgenommenen Einsatz (den wir in Kapitel 9 besprechen) objektiver zu beurteilen. Das heißt ganz einfach: Führen Sie innerhalb eines intensiven Trainings Ihren nächsten Wiederholungs- oder Hügellauf erst dann durch, wenn Sie wieder joggen (oder zunächst forsch gehen) und sich dabei mit Ihrem Laufpartner unterhalten können. Sie wollen nicht, dass Ihr Puls so weit abfällt, dass er fast Ihrem Ruhepuls entspricht. Aber auf der anderen Seite sollten Sie nicht schon beim Beginn eines weiteren intensiven Trainingsteils hart atmen.

Ein Aufruf zur Ordnung

Nachdem Sie das Trainings-/Wettkampffieber gepackt hat, sind die meisten Läufer bereit, einen hohen Einsatz zu zeigen. Aber die Bereitschaft zu äußerstem Einsatz ist nicht genug. Tatsächlich kann zu viel intensives Training Ihrer Leistung schaden. Ein Läufer muss sein Training richtig ordnen.

Bauen Sie Ihr Haus

Läufer können unter verschiedenen Möglichkeiten wählen, um in Form zu kommen. Die meisten Laufprogramme enthalten jedoch fast immer auch die Trainingsmethoden von Arthur Lydiard. Lydiard war ein berühmter neuseeländischer Trainer, der eine kleine, aber erfolgreiche Gruppe von Läufern für die Olympischen Spiele zwischen 1960 und 1970 fit machte. Fast jede Trainingsmethode von Langstreckenläufern basiert auf die eine oder andere Weise auf seiner Philosophie. Die folgenden Tipps sind eine sehr stark vereinfachte Version von Lydiards Methoden. Er riet seinen Läufern:

- ✔ Bauen Sie ein Fundament auf. Das Fundament besteht aus einer geraden, einfachen Basisstrecke, die mehrere Kilometer lang ist. Die Strecke soll Ihren Körper auf härteres, schnelleres und qualitatives Training vorbereiten. Das Ziel ist nicht, durch das Training durchzujagen, sondern einfach die Strecke regelmäßig zu bewältigen und dabei Verletzungen zu vermeiden.
- ✔ Laufen Sie Hügel (siehe Kapitel 9). Denken Sie daran, dass selbst ein wöchentliches Hügeltraining hinsichtlich der allgemeinen Fitness himmlische Dividenden ausschüttet.
- ✔ Erst nachdem ein Läufer eine Grund-Fitness an Ausdauer und Kraft aufgebaut hat (durch Basiskilometer und Hügel), sollte Tempoarbeit dazukommen, und zwar in Form von Wieder-

holungstraining auf der Bahn und Wettkämpfen. Vergessen Sie aber nicht, dazwischen genügend Erholungsphasen einzubauen.

Auch wenn Lydiard Monate für einige dieser Phasen veranschlagte, insbesondere für die Grundausdauer durch Basiskilometer, kann ein durchschnittlicher Läufer auch mit einem modifizierten Lydiard-Programm weit kommen. Beginnen Sie damit, Basiskilometer anzuhäufen, fügen Sie in einer Übergangsphase Hügelläufe (und Tempoläufe) hinzu, und verschärfen Sie dann das Training für die Wettkampfsaison mit Tempoarbeit und Erholungstagen. Letztere dienen dazu, die Energievorräte in Beinen und Psyche wieder aufzufüllen. Nachdem Sie die wichtigsten Rennen hinter sich haben, sollten Sie sich mit einer kurzen Periode aktiver Entspannung erholen, das heißt zum Beispiel Cross-Training wie Radfahren, Gewichtsheben, Langlaufski, Wandern oder schwimmen. Dann beginnen Sie wieder von vorne, indem Sie wiederum allmählich Ihre Basiskilometer aufbauen.

Die modifizierte Lydiard-Methode kann mit dem Bauen eines Hauses verglichen werden: Sie beginnen mit der wenig spannenden Aufgabe, eine solide Grundlage zu schaffen, vergleichbar mit den Basiskilometern. Dann gehen Sie über zu Wänden und Stützpfeilern – Hügel- und Tempoläufe. Sie schließen ab mit den feineren Pinselstrichen – Tempoarbeit und Wettkämpfe – die Ihr Haus zu etwas Besonderem machen.

Trainer benutzen auch gerne die Analogie des Kuchenbackens, wenn Sie über den Trainingsprozess sprechen. Die Zutaten sind die Basiskilometer, der Backvorgang sind die Hügel und der Guss ist die Tempoarbeit und die Wettkämpfe.

Im Zusammenhang mit Trainingsprogrammen benutzen Trainer und Läufer häufig den Begriff der *Periodisierung*. Periodisierung bezieht sich auf Phasen eines Gesamttrainingsprogramms, in denen jeweils eine bestimmte Trainingsmethode stärker betont wird als andere, wie Basisaufbau, Hügel oder Tempoarbeit.

Was ist Ihr Ziel?

Wenn Sie Ihren Jahresplan skizzieren, bestimmt die Strecke, für die Sie trainieren, den Zeitraum, den Sie damit verbringen, Basiskilometer anzuhäufen oder Tempotraining auf der Bahn zu absolvieren. Jemand, der für den Boston-Marathon trainiert, gestaltet sein Programm um einiges anders als jemand, der auf der Bahn eine neue persönliche Bestzeit über 1500 Meter laufen möchte.

Einige Trainingseinheiten werden sich trotzdem überlappen, egal welche Ziele ein Läufer hat. Marathonläufer und 1500-Meter-Läufer benutzen zum Beispiel beide leichte Langstreckenläufe am Beginn einer Trainingssaison. Irgendwann jedoch müssen Sie sich auf die besonderen Anforderungen einer bestimmten Strecke konzentrieren. Für den Marathon heißt das, 42,195 Kilometer in mehreren Stunden zu absolvieren; für die 1500 Meter ist das (hoffentlich) eine Sache von Minuten, um viermal um die Bahn zu sausen.

Ein Trainer kann bei der Planung des jährlichen oder sogar wöchentlichen Trainingsprogramms eine große Hilfe sein. Einige Laufclubs haben Trainer, die Ihnen für eine jährliche Mitgliedsgebühr bei der Planung helfen. Auch online können Sie heutzutage einige Trainingstips bekommen; einiges ist kostenlos, einiges kostet eine Gebühr.

Die Bedeutung von Erholungsphasen

Nachdem ein Läufer begonnen hat, richtig motiviert auf ein Ziel hinzuarbeiten, ist das schwierigste Trainingselement nicht das Hügeltraining, der wöchentliche lange Lauf oder gar die Tempoarbeit. In neun von zehn Fällen ist der schwierigste Teil des Trainings die Erholung!

Läufer brauchen eine Ruhephase, um sich physisch und psychisch von harten Trainingseinheiten und fordernden Wettkämpfen zu erholen. Deshalb ist es äußerst wichtig, aktive Erholungsphasen in das jährliche Gesamttrainingsprogramm zu integrieren, insbesondere dann, wenn sie einen oder zwei Marathons in einer Spanne von zwölf Monaten laufen.

Der durchschnittliche Freizeitläufer, der anfängt, für Wettkämpfe zu trainieren, kann mit einer oder höchstens zwei qualitativen Trainingseinheiten (Tempo- oder Hügelläufe) pro Woche bereits gute Leistungen erzielen. Der Rest der Woche kann aus lockeren Langstreckenläufen unterschiedlicher Länge und Dauer im Sprechtempo bestehen.

Vorsicht vor Übertraining!

Ein erfolgreicher Trainer und Physiologe wurde einmal nach der populärsten Trainingsmethode unter heutigen Langstreckenläufern gefragt. »Übertraining!«, frotzelte der Trainer.

Auf sich alleine gestellt, tun viele Läufer zu viel des Guten. Nachdem Sie den Status eines Laufanfängers hinter sich gelassen haben (das heißt, dass Sie bereits in Form sind), ist das Verletzungsrisiko wesentlich geringer und die Leistung wahrscheinlich besser, wenn Sie sich leicht untertrainiert fühlen.

So stellen Sie fest, ob Sie eventuell übertrainieren:

- ✔ Ihr Morgenpuls ist plötzlich erhöht. Nehmen wir an, dass Ihr normaler Ruhepuls um 60 bis 64 Schläge beträgt, aber für den größten Teil der Woche liegt er bei 70 oder 71.
- ✔ Ihre Leistungen in Wettkämpfen und intensivem Training bleiben gleich oder sind sogar gefallen, obwohl Sie das Gefühl haben, 100 Prozent Einsatz zu geben.
- ✔ Normalerweise sind Sie ein energischer Läufer, aber unerklärlicherweise ist Ihnen tagelang nicht nach Laufen zumute.
- ✔ Am Beginn eines Trainingslaufs fühlen sich Ihre Beine »tot« an oder sie sind ständig verspannt und tun weh.

- ✔ Ihre Schlafgewohnheiten werden komisch. Vielleicht können Sie nachts nicht schlafen (obwohl Sie härter denn je trainieren), aber Sie können sich in den späten Nachmittagsstunden kaum wach halten.
- ✔ Jeder Erkältungs- oder Grippevirus, der irgendwo in der Nähe ist, will sich in Ihrem Körper niederlassen.
- ✔ Normalerweise sind Sie ein freundlicher und fröhlicher Mensch, aber plötzlich sind Sie aufbrausend und ziehen ständig ein langes Gesicht.
- ✔ Sie erwischen sich dabei, wie Sie um 23 Uhr aus der Tür schleichen, um fünf Kilometer zu laufen. Es ist das Ende der Woche und Sie haben bereits 75 Kilometer auf Ihrem Laufkonto, aber Sie denken, dass 80 Kilometer in Ihrem Lauftagebuch besser aussehen.
- ✔ Sie können jede Zwischenzeit des jetzigen Weltrekords über 10.000 Meter runterbeten, aber Sie brauchen eine Weile, bis Ihnen die Namen Ihrer drei Kinder einfallen.

Erklimmen Sie den Gipfel Ihrer Leistungsfähigkeit

Obwohl Übertraining fast immer ein Problem sein kann, ist Selbstsabotage in den Tagen vor einem großen Rennen besonders frustrierend.

Wenn Läufer und Trainer von einem Hoch sprechen, ist das nicht dasselbe wie eine Schönwetterphase. Ein zeitlich perfekt abgestimmtes Leistungshoch kann allerdings genauso berauschend sein wie ein strahlender Sonnentag nach zehn Wochen Dauerregen. Ein perfektes Leistungshoch bedeutet im Sport, dass Sie exakt zum wichtigsten Wettkampf der Saison den Gipfel Ihrer Leistungsfähigkeit erreichen. Das bedeutet, dass Sie physisch gut vorbereitet, mental hochmotiviert und insgesamt locker und entspannt sind. Wenn alle drei Elemente exakt ineinander passen, dann ist eine persönliche Bestzeit möglich.

Läufer erhöhen ihre Chance, ein perfektes Hoch zu erwischen, wenn sie sich klarmachen, dass der Trainingseffekt mit einer gewissen Verzögerung einsetzt; das heißt, ein intensives Training erhöht nicht sofort und auf der Stelle den Fitness-Level eines Läufers. Manchmal brauchen Sie Wochen, um durch das fleißige Training, das Sie derzeit durchführen, zum nächsten Level zu gelangen. Sie setzen den Körper unter Stress, aber der Körper braucht Zeit, um sich an den Stress zu gewöhnen und für die nächste Dosis bereit zu sein.

Ein mörderisches Training am Montag, lediglich fünf Tage vor einem samstäglichen Rennen, könnte Ihre Beine (und Ihren Kopf) weniger als 100 Prozent frisch für den Kampf zurücklassen. Auf ähnliche Weise können eine große Menge zusätzlicher Kilometer in der Woche vor einem Wettkampf, selbst solche, die Sie in lockerem Tempo joggen, von dem Rennen ablenken.

Sehr wenige Läufer können bei jedem einzelnen Wettkampf auf den Punkt genau 100 Prozent fit sein. Also versuchen Sie's erst gar nicht! Benutzen Sie stattdessen die ersten Rennen der Saison als Test für Ihren derzeitigen Trainingsstand, der Ihnen Aufschluss darüber gibt, wo Sie sich hinsichtlich der Vorbereitung auf wichtigere Wettkämpfe später in dieser Saison befinden.

Wenn Sie im Verlauf eines Jahres etwa zehn bis zwanzig Rennen absolvieren, suchen Sie sich die zwei oder drei wichtigsten aus und sorgen Sie für etwas mehr Erholung direkt vor diesen Wettkämpfen, so dass Sie dann wirklich Ihre Bestleistung zeigen können.

Für etwas mehr Erholung sorgen, heißt nicht, dass Sie in der Woche vor dem Rennen nichts tun, als auf der Couch herumliegen. Jedoch brauchen Sie auf alle Fälle etwas mehr Schlaf, viel Wasser zum Trinken und eine reduzierte Trainingsquantität und -qualität. Weil sich die Kunst, sein Leistungshoch exakt zur richtigen Zeit zu erreichen, von Person zu Person unterscheidet, sollten Sie aus Ihren vergangenen Erfahrungen lernen und sich auf Einträge in Ihrem Lauftagebuch beziehen. Wenn Sie für sich das richtige Verhältnis von Training und Erholung gefunden haben, bleiben Sie dabei.

Einen Wettkampf in einer anderen Stadt mitzumachen, ist aufregend, aber verbringen Sie den Tag vorher nicht damit, sämtliche Touristenattraktionen abzuklappern. Ruhen Sie sich aus und trinken Sie! Sehen Sie sich die Sehenswürdigkeiten der Stadt am Tag *nach* dem Rennen an.

Das Hoch halten

Wenn Weltklasseläufer einen hohen Level erreicht haben, können sie dieses Hoch für einige Wochen halten. Aber irgendwann pendeln sich selbst die Leistungen von Olympiasiegern ein. Diese Phase wird im gesamten Trainingsprozess oft als *Plateau* bezeichnet. Manchmal gehen Leistungen auch zurück. Dieser Leistungsabfall geht meist sehr allmählich vor sich, aber ab und zu kann dies auch sehr abrupt geschehen.

Egal ob Sie ein Superstar oder ein Greenhorn sind, wenn Ihre Wettkampf- oder Trainingsleistungen ein Plateau (oder noch schlimmer, einen Rückgang) erreicht haben, ist es Zeit, den Trainingszyklus wieder von vorne zu beginnen. Fangen Sie wiederum mit einer Phase aktiver Entspannung an: mit etwas Cross-Training, gefolgt von einem allmählichen Wiederaufbau der Basiskilometer. Nachdem Sie eine angemessene Basis aufgebaut haben, fügen Sie Übergangstrainingseinheiten in Form von Tempo- oder Hügelläufen hinzu, lassen Sie Tempotraining folgen und arbeiten Sie dann auf ein perfektes Wettkampfhoch hin.

Wettkampftag

13

In diesem Kapitel

- Einen Lauf auswählen
- Vorbereitung auf den Wettkampf
- Ein Rennen laufen
- Ein Rennen beenden
- Mit Wettkampffieber umgehen

Dr. George Sheehan, der verstorbene Läufer/Autor/Philosoph, sagte einmal: »Der einzige Unterschied zwischen einem Läufer und einem Jogger ist ein Meldeformular.«

In vielerlei Hinsicht laufen (oder joggen) Läufer, die Meldeformulare für Wettkämpfe ausgefüllt haben, nicht mehr nur ausschließlich der Fitness und der frischen Luft wegen. Aber gehen Sie nicht davon aus, dass Läufer nur deswegen an Wettkämpfen teilnehmen, weil sie Spaß an erbitterten Auseinandersetzungen haben. Viele Läufer nehmen an Rennen teil, um nette Leute zu treffen, um Geld für einen guten Zweck zu sammeln oder einfach um einen Grund zu haben, einen anderen Teil der Welt zu sehen.

Natürlich *müssen* Sie genausowenig an Wettkämpfen teilnehmen, wie Sie das Fallschirmspringen ausprobieren müssen. Die Laufwelt wird Sie nicht meiden, nur weil Sie noch nie eine Startlinie berührt haben. Und trotz Sheehans flapsiger Bemerkung heften sich manche Läufer nie eine offizielle Startnummer an ihr Shirt. Einige laufen den *Appalachian Trail* in seiner gesamten Länge mit Wanderschuhen an den Füßen und einem 50 Pfund schweren Rucksack auf dem Rücken, aber nehmen nie an einem Rennen teil. Andere laufen dreimal die Woche 20 Minuten auf einem Laufband im Fitnessclub und haben absolut keinerlei Bedürfnis, gegen andere Mitmenschen oder digitale Zahlen auf einer Plastikarmbanduhr zu rennen. Und es ist vollkommen in Ordnung, wenn sich ein Läufer entscheidet, nicht an Wettkämpfen teilzunehmen.

Es gibt allerdings noch eine andere Seite: Wettkämpfe sind eine solch offensichtliche Metapher für das Leben mit hoch fliegenden Hoffnungen, harten Tiefphasen und unerreichbaren Zielen –, dass es einigen Menschen schwer fällt, der Teilnahme zu widerstehen. Einige Läufer finden darin ihre Kindheit wieder, in der sie in ferner Vergangenheit von einem anderen Kind auf dem Spielplatz herausgefordert wurden: »Wer zuerst an der Schaukel ist und wieder zurück!«

Die schwierigsten Rennen sind natürlich immer die, bei denen wir gegen uns selbst laufen. Nach John »The Penguin« Bingham, der im *Runner's World* Magazin eine Kolumne für Laufanfänger schreibt, sind Rennen hervorragend dazu geeignet, Ihre eigenen, persönlichen Dämonen abzuhängen – egal ob diese sich in der Vergangenheit, Gegenwart oder Zukunft befinden. Bingham, ein ehemaliger Posaunist und unermüdlicher Partygänger, begann erst im Alter von 43 Jahren mit dem Laufen, als ihn sein körperlicher Allgemeinzustand und seine Lebensaussichten anekelten. Als er anfing, watschelte er mit gerade mal sechs Minuten pro Kilometer durch seine Läufe, aber inzwischen absolviert er Dutzende Rennen pro Jahr, inklusive Marathons. Um die Worte des stolzen Wettkampfbekenntnisses von Bingham wiederzugeben: »Das Wunder ist nicht, dass ich das Rennen beendet habe – das Wunder ist, dass ich jemals die Courage hatte, überhaupt mit dem Laufen anzufangen.«

Klein anfangen

Sie können Ihren Wettkampfträumen dadurch Nahrung geben, dass Sie sich ihnen langsam und allmählich annähern. Anders gesagt, geben Sie Ihr Wettkampfdebut nicht beim New-York-City-Marathon, bei dem Sie mit mehr als 20.000 Läufern und 42,195 Kilometern klarkommen müssen.

Sehen Sie sich stattdessen nach einem örtlichen 5-Kilometer-Lauf auf einer flachen Strecke um, der zu einer Jahreszeit stattfindet, zu der die Wahrscheinlichkeit eines angenehmen Laufwetters – gemäßigte Temperaturen und geringe Luftfeuchtigkeit – hoch ist. Finden Sie einen Trainingspartner mit ähnlicher Leistungsstärke und ähnlichen Zielen, mit dem Sie das Rennen gemeinsam angehen, sich gegenseitig unterstützen und Erfahrungen teilen können.

Einige Zeitungen kündigen Läufe im Sportteil an, aber für eine Liste aller Läufe im gesamten Land (oder sogar internationaler Veranstaltungen) sollten Sie in Laufsportmagazinen oder im DLV-Laufsportkalender nachschauen. In unserer computerisierten Zeit können Sie Laufveranstaltungen auch online nachjagen. (Siehe Teil V dieses Buches.)

Manchmal finden kurze 1- bis 5-Kilometer-Schnupperläufe neben längeren, ernsthafteren Läufen wie 10-Kilometer-Rennen statt. Diese Schnupperläufe sind ein guter Einstieg für Anfänger, insbesondere für Läufer, die hinsichtlich ihres Wettkampfdebuts etwas ängstlich sind.

Laufen für einen guten Zweck

Wenn Sie nicht sehr erpicht darauf sind, nur für sich selbst an Wettkämpfen teilzunehmen, könnten Sie es vielleicht für jemand anderes tun. Wohltätigkeitsläufe – wie zum Beispiel der Frankfurter *Lauf für mehr Zeit* (siehe Kapitel 1) – haben einen steigenden Zuspruch erfahren und Millionen von Euro erbracht. Menschen, die niemals auf die Idee gekommen wären, ein Rennen zu laufen und sich nicht als ehrgeizig oder wettkampforientiert einschätzen würden, sind oft erstaunt, wenn sie herausfinden, welche Reserven sie aufbieten können, wenn sie für diejenigen laufen, die weniger Glück im Leben gehabt haben als sie selbst.

Vor einem Lauf

Ein guter Wettkampf resultiert unvermeidlich aus regelmäßigem Training. Wenn ein Läufer schlecht trainiert ist, dann kann die beste Wettkampfstrategie und die flachste Rennstrecke der Welt wenig helfen.

Aber wenn Sie gut gearbeitet haben, dann brauchen Sie in den Tagen vor dem Lauf und am Wettkampftag selbst nur ruhig und entspannt zu bleiben. Wenn Sie gut vorbereitet und organisiert sind, reduziert sich auch das Lampenfieber.

Der Abend davor

Legen Sie Ihre Laufkleidung – Trainingsanzug zum Aufwärmen, Laufschuhe, Socken, Hose und Shirt – am Abend vor dem Wettkampf zurecht. Wenn Sie bereits das Paket mit Ihrer Startnummer erhalten haben, stecken Sie diese an Ihrem Shirt fest, damit Sie darüber am nächsten Morgen nicht mehr nachdenken müssen. (Bei einigen Rennen, insbesondere bei größeren Veranstaltungen, liegen die Startunterlagen am Tag vorher zur Abholung bereit. Darin enthalten sind Ihr Souvenir-T-Shirt und eventuell weitere Geschenke, wie zum Beispiel eine Wasserflasche, Schlüsselring oder Stirnband.) Sehen Sie sich nochmals die Wettervorhersage an, um zu sehen, ob sich Ihre Kleidungsbedürfnisse bis zum nächsten Morgen eventuell noch ändern werden.

Wenn Sie Ihre Startnummer an Ihrem Shirt befestigen, achten Sie darauf, dass Sie den Abreißabschnitt für den Zieleinlauf nicht feststecken. Diesen Abschnitt müssen Sie beim Zieleinlauf abreißen und den Veranstaltern übergeben, damit Ihre Zeit eingetragen und zugeordnet werden kann.

Trinken Sie in den Tagen vor der Veranstaltung mehr Wasser als gewöhnlich. In den Morgenstunden direkt vor dem Rennen wollen Sie wahrscheinlich nicht mehr allzu viel trinken.

Der Morgen vor dem Wettkampf

Das Frühstück ist immer eine individuelle Geschichte. Einige Läufer verdrücken eine ganze Ladung Rühreier mit Speck und Toast drei Stunden vor Startaufstellung, während andere ein trockenes Brötchen bevorzugen und dieses mit einem Sportgetränk herunterspülen. Experimentieren Sie vor Ihren morgendlichen Trainingsläufen herum, damit Sie wissen, was Ihr Körper an Nahrung und Flüssigkeit braucht und verträgt.

Wenn das Rennen kurz und schnell ist, wie zum Beispiel ein 5-Kilometer-Lauf, wollen Sie sich leicht, nicht voll gestopft, fühlen, wenn Sie an den Start gehen. Wenn Sie jedoch ein langes Rennen vor sich haben, einen Marathon beispielsweise, wollen Sie nicht bereits nach 10 Kilometern Hunger bekommen.

Die Anreise

Geben Sie sich mehr Zeit für die Anfahrt, als Sie vorraussichtlich brauchen. Selbst einige Olympiateilnehmer haben ihr Rennen verpasst, weil sie auf dem Weg zum Stadion in einen Stau gerieten. Berechnen Sie eine unerwartete Verzögerung mit ein und Ihre Nerven werden es Ihnen danken. Es ist besser, etwas zu früh anzukommen und etwas mehr Zeit zum Aufwärmen, Stretchen und für einen letzten Gang zur Toilette zu haben.

Streckenbesichtigung

Wenn Sie Zeit haben, sehen Sie sich die Streckenführung auf der Karte an und lokalisieren Sie Schlüsselstellen, wie einen steilen Anstieg, eine Brücke, die überquert werden muss, Versorgungsstationen oder eine enge Kurve. Selbst wenn Sie voraussichtlich nicht an der Spitze laufen, hilft es, wenn man weiß, was man zu erwarten hat. Sie können auch einen Teil des Aufwärmens auf der späteren Strecke absolvieren, insbesondere wenn Sie den letzten Kilometer der Strecke ablaufen können (was einfach ist, wenn es sich um einen Rundkurs handelt, bei dem sich Start und Ziel an derselben Stelle befinden); auf diese Weise erkennen Sie vielleicht gegen Ende des Rennens einige Teile der Strecke wieder.

Wenn Sie Zeit haben, joggen Sie von der Ziellinie einen Kilometer in entgegengesetzter Richtung zum späteren Rennverlauf, um die Strecke kennen zu lernen. Suchen Sie sich einen Punkt in der Umgebung aus (eine Kirche, ein Straßenschild oder einen Baum) und planen Sie, während des Rennens ab diesem Punkt bis zum Ziel Ihr Tempo zu beschleunigen.

Für den Erfolg gekleidet

Wenn Sie im Zweifel sind, gehen Sie in Kleidung an den Start, die Sie entweder benutzen oder wegstecken können. Wenn es zum Beispiel ein kühler Tag um die fünf Grad ist und Sie sich nicht entscheiden können, ob Sie Ihre Handschuhe brauchen oder nicht, ziehen Sie sie an! Sie können sie später immer loswerden, wenn Ihnen zu warm wird, und sie in den Gummibund Ihrer Laufhose stecken. Dasselbe können Sie an einem unsicheren Märztag mit einer Schimütze tun.

Während des Laufs

Seien Sie an der Startlinie ehrlich und reihen Sie sich in die Gruppe ein, deren Zeit Sie tatsächlich erreichen können. Auf großen Rennen zeigen Schilder mit der Aufschrift 4 Minuten pro Kilometer, 5 Minuten pro Kilometer und so weiter an, wo die Läufer sich einordnen sollen.

Passen Sie auf, wenn die Startzeit näher kommt. Wenn der Startschuss fällt, können Sie vielleicht nicht gleich loslegen, weil das Startfeld so dicht gedrängt steht. Tippeln Sie leicht los, mit Ihren Händen nach oben – oder leicht gegen den Rücken des Läufers vor Ihnen gestützt – bis sich das Feld ausbreitet und Sie Platz zum Laufen haben. Versuchen Sie es zu vermeiden, während der ersten 500 bis 1000 Meter zu überholen. Außer dass sich so die Chancen eines »Staus« erhöhen, vergeuden Sie hier Energie, die Sie später im Rennen noch benötigen werden.

In einem sehr gedrängten Rennen sollten Sie die ersten Kurven der Strecke in einem weiten Bogen laufen. Sie laufen zwar dann einige Meter mehr, aber Sie vermeiden die »Staus« in der gedrängten Innenkurve und können Ihr Tempo gleichmäßig beibehalten.

Laufen Sie mit den Bedingungen

Wenn Schifahrer auf eine eisige Spur oder einen Schneesturm treffen, passen sie ihre Rennstrategie den örtlichen Gegebenheiten an. Genauso müssen auch Läufer das Wetter berücksichtigen. Wenn Sie am Wettkampfmorgen am Startort ankommen und von Winden über 50 Kilometer pro Stunde oder Temperaturen von über 30 Grad begrüßt werden, dann sollten Sie Ihr angestrebtes Zeitziel entsprechend anpassen.

Insbesondere heißes Wetter (siehe Kapitel 10) erfordert, dass Sie schon früh im Rennen Ihre Gehirnzellen in Bewegung setzen. Beginnen Sie mit einem moderaten Tempo und trinken Sie früh und oft viel Wasser. Bei heißen Temperaturen brauchen Sie etwa jede Viertelstunde etwas zu trinken, insbesondere während eines Halbmarathons oder Marathons.

Denken Sie positiv!

Neben den körperlichen Herausforderungen ist Laufen eine enorme psychische Leistung. Aber selbst wenn Ihr Wettkampf nicht genau so verläuft, wie Sie gehofft haben – Sie laufen langsamer, als Sie sich vorgenommen haben, oder Sie fühlen sich nicht gut –, konzentrieren Sie sich darauf, den Lauf zu beenden.

Zählen Sie die Kilometer, um sich selbst zu bestätigen, dass Sie vorwärts kommen. Aber wenn das Vorwärtskommen schwer fällt, dann scheint die nächste Kilometermarke oder Versorgungsstation manchmal sehr weit entfernt. Ein guter Trick ist dann, sich auf etwas Näheres zu konzentrieren, wie etwa die nächste Straße, die Feuerwehr einen Häuserblock weiter oder sogar der nächste Telefonmast – was auch immer Sie brauchen, damit Sie weiterlaufen.

Der Gruppenangriff

Selbst dann, wenn Sie versuchen, vor so vielen Mitläufern wie möglich ins Ziel zu kommen (und das trifft meist auf die erfahrenen Läufer im oberen Zehntel des Feldes zu), macht es dennoch Sinn, mit anderen zusammenzuarbeiten.

Eine Gruppe von fünf oder sechs Läufern, die die Kilometer zusammen durchstehen, neigt dazu, sich durch die Energie der Gruppe zu stärken. An einem windigen Tag können Läufer sich damit abwechseln, den Windbrecher zu spielen, und damit für jeden der Gruppe Energie sparen. Läufer in einer Gruppe teilen auch Wasser oder Energiegele. Letztendlich sind schließlich die Uhr und die Entfernung die wahren Gegner.

Behalten Sie die inneren Dämonen im Griff

Genauso wie einige Läufer vor dem Start gewöhnlich etwas nervös sind, werden einige Läufer während des Rennens von Zweifeln befallen, insbesondere während schlechter Phasen.

Wenn Sie während des Rennens eine schlechte Phase haben, versuchen Sie, sich auf etwas anderes als Ihr Unwohlsein zu konzentrieren, wie zum Beispiel einen guten Laufstil. Versuchen Sie, entspannt zu bleiben, und überreden Sie sich selbst, weiterzumachen. Denken Sie positiv und sagen Sie sich, »Ich kann diesen Hügel schaffen« oder »Ich kann das durchstehen«.

Energiegele können spät im Rennen einen Energieschub geben, insbesondere während eines Halbmarathons oder Marathons. Die meisten Energiegele enthalten 70 bis 100 Kalorien pro Packung. Sie sind leicht zu tragen (man kann sie zum Beispiel in die Laufhandschuhe stecken) und ein guter Reservetank für Kohlehydrate während des Rennens. Probieren Sie die Gele vorher während des Trainings aus (das Gleiche gilt für Sportgetränke), bevor Sie sie im Rennen einsetzen.

Der Zieleinlauf

Wenn Sie sich auf den letzten Kilometern relativ gut fühlen, versuchen Sie ein starkes Finish aufzubauen. Warten Sie nicht, bis Sie den Zieleinlauf sehen können, um Ihren Zug zu machen. Tun Sie dies früher. Wenn Sie am Schluss geradezu durchs Ziel fliegen, dann haben Sie wahrscheinlich zu viel für den Schluss aufgespart. Machen Sie sich eine mentale Notiz, in Ihrem nächsten Rennen Ihren Einsatz gleichmäßiger über die Strecke zu verteilen.

Nachdem Sie das Rennen beendet haben, sollten Sie sich etwaigen Problemen, wie etwa Blasen an den Füßen, zuwenden. Trinken Sie auf alle Fälle etwas, auch wenn Sie nicht durstig sind. Essen Sie innerhalb einer Stunde nach dem Lauf etwas, da die Muskeln dann besonders aufnahmebereit sind. Bei kaltem Wetter sollten Sie warme und trockene Kleidung überziehen oder Schutz suchen.

Einige Veranstaltungen bieten am Ziel kleine Snacks wie Bananen, Joghurt, Energieriegel oder Kekse an. Essen Sie etwas für den gröbsten Hunger, aber versuchen Sie trotzdem, in den nächsten beiden Stunden eine größere Mahlzeit zu sich zu nehmen, damit Ihr Körper wieder auftanken kann.

Einige Veranstaltungen bieten kostenlose Massagen nach dem Rennen an. Eine leichte Massage kann müde Muskeln entspannen. Aber wenn Sie vermuten, dass Sie verletzt sind, gibt es nur eins: Ruhe, Eiskompressen und Hochlegen (siehe Kapitel 15).

Wenn dies alles nach gesundem Menschenverstand klingt, denken Sie daran, dass Sie nach einem Rennen, insbesondere nach einem Marathon, nicht immer klar denken. Natürlich werden einige

Leute argumentieren, dass jeder, der einen Marathon läuft, von Anfang an nicht bei gesundem Menschenverstand gewesen sein kann ...

Kühlen Sie die Motoren

Falls Ihr Training für einen Anfänger nicht besonders verheißungsvoll war oder Sie einige tiefer gehende (und relativ kurz zurückliegende) Erfahrung in einem Sport haben, der viel Ausdauer verlangt (wie Fußball, Lacrosse, Radrennsport, Langstreckenschwimmen), sollten Sie sich nicht ganz vorne aufstellen. Seien Sie damit zufrieden, in der Mitte des Feldes oder, falls Sie unsicher sind, sogar weiter hinten, zu starten.

Da selbst ein einfaches Rennen wahrscheinlich dafür sorgt, dass Ihre Adrenalinpumpe Überstunden macht, sollten Sie der Versuchung widerstehen, in der ersten Minute des Laufs loszusprinten. Finden Sie stattdessen ein angenehmes Tempo, vielleicht nur einen Tick schneller als ein typischer Trainingslauf. Sie sollten so atmen, dass Sie Ihrem Trainingspartner eine Frage stellen könnten – oder eine Frage beantworten könnten.

Es ist vollkommen normal, dass Sie in der letzten Stunde vor einem Lauf etwas nervös sind. Um den Effekt der Nervosität zu neutralisieren, sollten Sie sich auf Ihre Aufwärmroutine konzentrieren. Nachdem der Startschuss gefallen ist, verschwindet dieses Lampenfieber normalerweise in kürzester Zeit.

Konzentrieren Sie sich in der Mitte des Laufs auf Ihr Tempo. Überprüfen Sie Ihre Zwischenzeiten auf Ihrer Uhr oder den Zeitansagen an jeder Kilometermarkierung. Denken Sie außerdem daran, zu kontrollieren, wie viel Energie Sie gefühlsmäßig für den Rest der Strecke noch übrig haben. Berücksichtigen Sie, dass Ihr Körper meist mehr kann, als Sie es in der Mitte eines Wettkampfs für möglich halten! Denken Sie positiv!

Zwischenzeiten sind die Zeiten, die ein Läufer für einzelne Teilabschnitte seiner Wettkampfstrecke benötigt. Wenn Sie beispielsweise den zweiten Kilometer eines 5-Kilometer-Laufs in fünf Minuten gelaufen sind, dann ist fünf Minuten die Zwischenzeit für diesen Teilabschnitt der Gesamtstrecke. Ein Bahnläufer spricht meist über Rundenzeiten, das heißt die Zeit, die er für eine Stadionrunde, also 400 Meter, benötigt.

Wenn Sie sich dem Ende eines Rennens nähern, mit vielleicht drei oder vier Minuten bis zum Ziel, sollten Sie versuchen, das Tempo zu erhöhen. Wenn Sie in gemäßigtem Tempo gestartet sind und während des Laufs Ihr Tempo gegangen sind, werden Sie wahrscheinlich überrascht sein, was Sie jetzt noch aus sich herausholen können. Warten Sie nicht auf die letzten zehn Sekunden, wenn Sie die Ziellinie sehen können, um Ihren Endspurt zu starten; versuchen Sie die Geschwindigkeit vorher zu erhöhen und verteilen Sie Ihre Energie auf den letzten Kilometer.

Wenn Sie kämpfen müssen, dann reduzieren Sie einfach Ihr Tempo und laufen weiter. (Alte Marathonläufer bezeichnen dies als den »Überlebenstrott«.) Selbst wenn Sie ein oder zwei kurze Gehpausen benötigen, der Sieg liegt im Durchhalten. Der letzte Kilometer eines harten Rennens mag Ihnen wie eine Ewigkeit vorkommen, aber Sie können es schaffen.

Vorsicht vor dem Rennfieber

Die Zeit direkt nach Ihrem ersten Rennen – insbesondere wenn Ihre Jungfernfahrt eine erhebende Erfahrung für Sie war – kann einige mögliche Fallen versteckt halten. Hier sind einige Gefahren, vor denen Sie sich in Acht nehmen sollten:

- ✔ **Der Trainingsfanatiker**: Der Läufer kehrt zu seinem Training zurück und schnappt plötzlich über, erhöht seine 30 Kilometer pro Woche auf 60 oder 70 und denkt sich: »Wenn ich härter trainiere, werde ich im nächsten Rennen viel schneller sein.« Aber eine sprunghafte Erhöhung des Trainingsvolumens oder der Intensität kann die Verletzungsgefahr stark erhöhen. Bedenken Sie das und erhöhen Sie sowohl die wöchentliche Kilometerzahl als auch qualitative Trainingseinheiten nur ganz allmählich. Ein Läufer, der 30 bis 40 Kilometer pro Woche läuft, sollte das wöchentliche Pensum nicht mit einem Schlag um mehr als 5 bis 8 Kilometer erhöhen.
- ✔ **Rennfieber**: Dieser Läufer liebt die Wettkampferfahrung so sehr, dass er oder sie in den nächsten drei Monaten jedes Wochenende für ein Rennen gemeldet ist. Aber wenn Sie es übertreiben und zu viele Rennen laufen, riskieren Sie Verletzungen oder das schale Gefühl absoluter Leere – auf den Punkt gebracht: zu viel des Guten.
- ✔ **Marathonfieber**: Einige Läufer beenden ihren ersten 5-Kilometer-Lauf und melden sich zwei Monate später ohne jegliche weitere Wettkampferfahrung zu einem Marathon an. Eine wesentlich vernünftigere und sicherere Vorgehensweise ist über den Verlauf eines ganzen Jahres fünf oder sechs kürzere Läufe anzugehen. Einige der Rennen sollten im 10-Kilometer- und Halbmarathonbereich (20 Kilometer) liegen. Außerdem müssen zukünftige Marathonläufer ihre wöchentlichen Langstrecken erhöhen, bevor sie das 42,195 Kilometer-Untier angreifen.

Der geduldige Plan

Nehmen Sie nach Ihrem ersten Schnupperlauf mindestens einen Monat lang an keinem Rennen teil. Kehren Sie zum Training zurück und erhöhen Sie vielleicht allmählich das wöchentliche Pensum und die Intensität, während Sie langsam in Form kommen. Warten Sie, bis Sie einige durchbrechende Trainingsläufe hinter sich haben, von der Sorte, bei der Sie hinterher denken: »Wow, das war viel leichter als das letzte Mal.« Jetzt ist es an der Zeit, über den nächsten Wettkampf nachzudenken.

Einige Trainer geben ihren Schützlingen folgende Analogie: Training ist vergleichbar mit Geldeinzahlungen auf Ihr Bankkonto. Wettkämpfe kosten eine Menge Einsatz und sind vergleichbar mit Abbuchungen. Nach einigen Läufen zunächst zum Training zurückzukehren, macht Sinn. Es ist der Weg, durch den Sie die Summe auf Ihrem Bankkonto wieder erhöhen.

Sieg!

Siege gehören nicht nur zur Fußballweltmeisterschaft. Definieren Sie für Ihr nächstes Rennen ein machbares Ziel. (Aber ein Traumziel in Ihrem Gehirn auf kleiner Flamme kochen zu haben, ist auch eine gute Idee.) Zum Beispiel sind Sie vielleicht Ihren ersten 5-Kilometer-Lauf in 28 Minuten (oder etwa fünfeinhalb Minuten pro Kilometer) gelaufen und haben sich bei diesem Tempo relativ wohl gefühlt. Sie haben den Lauf beendet, sich schnell wieder erholt und vielleicht sogar gedacht, »Ich kann schneller laufen als das!« Ein machbares Ziel für Ihren nächsten 5-Kilometer-Lauf könnten 27:30 Minuten sein. Wenn Sie etwas schneller sind, um so besser.

Sie sollten auf ein gleichmäßiges Tempo setzen, wenn Sie Zeitsiege erringen möchten. Ihre Geschwindigkeit mag aufgrund der Gegebenheiten der Strecke variieren, denn Steigungen sind verständlicherweise langsamer als flache Kilometer. Ein gleichmäßiges Tempo wird Sie jedoch mit einer guten Zeit und relativem Wohlbefinden ins Ziel bringen.

Gehen Sie jeden Wettkampf mit einem Plan an. Der Plan mag so etwas Einfaches sein wie »Ich werde mindestens die ersten beiden Kilometer mit Joe laufen und dann sehen, wie ich mich fühle« oder »Ich werde in moderatem Tempo beginnen und dann sehen, wie ich mich fühle, wenn ich den großen Hügel in der Mitte des Laufs hinter mir habe«. Sie sollten aber auf jeden Fall eine Vorstellung davon haben, wie Sie den Lauf angehen wollen.

Marathon

14

In diesem Kapitel

- Was macht das Marathonlaufen so attraktiv?
- Ein einfaches Marathon-Trainingsprogramm
- Wie Sie einen Marathon laufen
- Wie Sie sich von einem Marathon erholen

Ein Mythos umgibt den Marathon: ein 42,195 Kilometer-Lauf, den einige als exotische Reise betrachten, auf die sich nur wenige Läufer aufmachen.

»Wenn Sie laufen wollen, laufen Sie einen Kilometer,« sagte Emil Zatopek, der große tschechische Olympialäufer der fünfziger Jahre. »Wenn Sie ein anderes Leben erfahren wollen, laufen Sie einen Marathon.«

Gerede wie dieses zieht vielen Laufanfängern vor Angst die Hosen aus. Sollte es nicht. Die Wahrheit ist, Sie müssen kein Masochist sein oder ein Macho, um einen Marathon zu laufen. Jeder gesunde Mensch kann es tun – vorausgesetzt Sie verfügen über den Willen und das Wissen über den Weg. Wir zeigen Ihnen in diesem Kapitel den Weg, aber ein bisschen zusätzliche Motivation schadet niemandem.

Marathonerfahrung bekommt großartige Kritiken

Rezensionen sind »in«! Hier sind einige Zitate von Läufern über ihre Marathonabenteuer:

- ✔ »Das Überqueren der Ziellinie war wahrscheinlich die außergewöhnlichste und großartigste Erfahrung meines Lebens, neben der Geburt meines Kindes. Ich war monatelang *high*.«
- ✔ »Sie werden den Lauf wahrscheinlich nicht gewinnen, aber Sie werden bei Familie und Freunden ein Sieger sein. Denn wenn Sie einen Marathon gelaufen sind, haben Sie etwas für eine Menge Leute getan, die wünschten, sie könnten es auch.«
- ✔ »Einen Marathon zu laufen, gab mir eine innere Stärke, die mein Leben veränderte.«
- ✔ »Ich fühlte, dass, wenn ich einen Marathon laufen konnte, ich fast alles tun kann.«
- ✔ »Der Marathon ist mein Markenzeichen – er ist das Statussymbol in meiner Gemeinde, der Laufgemeinde.«
- ✔ »Der Marathon ist charismatisch. Er hat alles. Er hat Drama. Er hat Konkurrenten. Er hat Kameradschaft. Er hat Heldentum. Nicht jeder Jogger kann davon träumen, ein Olympiasieger zu sein, aber er kann davon träumen, einen Marathon zu beenden.«

Diese letzten beiden Zitate sind besonders wichtig, weil sie nicht von durchschnittlichen Läufern stammen, sondern von zwei der einflussreichsten Mitglieder der Laufgemeinde.

Der verstorbene Dr. George Sheehan, der über den Marathon als »Statussymbol in meiner Gemeinde« gesprochen hat, inspirierte in seinen Büchern, Artikeln und Vorträgen Tausende von Menschen, die Herausforderung eines Marathons anzunehmen. Dr. Sheehan, eine Art Läufer-Philosoph, sagte, dass Laufen ein natürlicher Bestandteil unseres Lebens ist und dass die Menschen durch einen Marathon eine ganze Menge über sich selbst lernen.

Der verstorbene Fred Lebow bezeichnete den Marathon als charismatisch, ein Adjektiv, das auch Lebow als Person beschreibt. Lebow war ein Visionär und ein großartiger Promoter. Als Mitbegründer und Direktor des New-York-City-Marathon, half der spitzbärtige Lebow, selbst ein Mittelfeldläufer, dabei, den Marathon von einer Veranstaltung für Olympialäufer und Fanatiker zu einer Massenveranstaltung zu machen, einem Spektakel, einem Happening. Der New-York-City-Marathon entwickelte sich schließlich zu einem der größten Marathons der Welt – auch in 2001, knapp acht Wochen nach den entsetzlichen Ereignissen, starteten 24.057 Läufer – und einem Event, das zu einer alljährlichen Tradition und nahezu zu einem Nationalfeiertag im Big Apple geworden ist.

Die Herkunft des Wortes Marathon

Das Wort Marathon wird in vielen Zusammenhängen verwendet, die meisten davon haben mit Laufen wenig zu tun. Der U.S. Congress hält Marathonsitzungen, wenn ein umstrittenes Gesetz zur Abstimmung kommt. Ihre örtlichen Heimelektronikgeschäfte haben Marathonverkäufe. Im Kino und Fernsehen laufen Film-Marathons. Obwohl das Wort Marathon also mittlerweile für fast alles verwendet wird, was besonders lange dauert, hat es eigentlich eine spezifische Bedeutung – und eine spezifische Streckenlänge. Das Wort hat seinen Namen von der Stadt Marathon in Griechenland erhalten, wo, so erzählt es die Legende, der erste Marathon von einem griechischen Langstrecken-Kurier namens Phidippides gelaufen wurde. Die offizielle Distanz des modernen Marathons, egal ob Boston-Marathon, New-York-City-Marathon oder Berlin-Marathon, beträgt 42,195 Kilometer oder 26,2 Meilen.

Ein Marathonprogramm für die Langstrecke

Der Lockruf des Marathons kann mächtig sein. Bevor Sie aus den Startlöchern laufen, denken Sie daran, dass Sie zuerst etwas Zeit und Training benötigen. Laufanfänger sollten sechs bis zwölf Monate laufen, bevor sie mit dem eigentlichen Marathontraining beginnen. Diese Zeit gibt Ihrem Körper die Gelegenheit, sich an das Laufen zu gewöhnen. Indem Sie sich allmählich an einen Marathon heranarbeiten, erhalten Sie die Chance, sich an den neuen Lebensstil anzupassen und die gesunden Änderungen einzuführen, die Ihnen helfen werden, die Grundlagen für die Bewältigung der ultimativen Herausforderung zu legen.

Sie können unter einer Vielzahl erprobter Marathon-Trainingsprogramme wählen, aber das, das wir am besten finden, wurde von Jeff Galloway entwickelt, einem Olympiateilnehmer von 1972 und erfolgreichem Trainer tausender Marathoneinsteiger.

Galloways Läufer schaffen die Strecken, denn das Programm ist einfach, konservativ und bringt sie unbeschadet an die Startlinie. Es basiert auf lediglich drei Lauftagen pro Woche (zuzüglich Cross-Training) und gibt Ihrem Körper dadurch genügend Erholungszeit von der strapaziösesten und wichtigsten Komponente des Marathontrainings: den langen Strecken.

Welchen Wettkampf sollte ich wählen?

Bevor Sie Ihr Marathontraining planen, brauchen Sie einen Marathon, für den Sie trainieren. Erfahrenere Läufer, die in einem Wettkampf eine gute Zeit laufen wollen, wählen oft kleinere Läufe, denn sie wollen schnell über die Startlinie kommen. Andere Läufer suchen nach einer flachen Strecke oder wenigen Kurven.

Als Anfänger sollten Sie sich über die Zahl der Teilnehmer keine Gedanken machen. Sie laufen wegen der Erfahrung und des Erfolgsgefühls. Ein Mega-Wettkampf kann das Gefühl eines Abenteuers erhöhen. Es ist außerdem eine Gelegenheit, eine neue Stadt kennen zu lernen oder eine bekannte Stadt aus einer neuen Perspektive zu erfahren.

Wählen Sie also einen Marathon (die Kapitel 20 – 23 helfen Ihnen dabei) und beginnen Sie dann rückwärts mit der Planung. Sie brauchen vier Monate, um sich vorzubereiten. Denken Sie auch daran, dass die meisten Marathons im Herbst oder Frühjahr stattfinden. Kühleres Wetter ist im Allgemeinen besser für einen Marathon geeignet, denn Sie verbrennen 2.000 bis 3.000 Kalorien und erzeugen einiges an Hitze während der 42,195 Kilometer.

Der Entwurf eines einfachen Trainingsprogramms

Wie bereiten Sie sich auf einen Marathon vor? Die Trainingsphilosophie ist wirklich einfach, egal wessen Programm Sie folgen. Sie beginnen bei der Strecke, die Sie im Moment laufen können, wie lang sie auch immer sein mag, und bauen sie allmählich aus, bis Sie im Training 30 oder mehr Kilometer laufen können.

Das Anfängerprogramm, das wir hier beschreiben, ist sehr einfach. Von Montag bis Samstag tun Sie praktisch immer dasselbe: Sie laufen ein wenig und machen jede Menge Crosstraining. Diese Aktivitäten beanspruchen und belasten Ihre Gelenke wesentlich weniger und halten Ihre Motivation hinsichtlich des Laufens frisch.

Das Einzige, was sich bei diesem Programm ändert, ist die sonntägliche Langstrecke, die immer länger und länger wird.

Hier ist ein Plan, wie Ihr wöchentliches Laufprogramm typischerweise aussehen sollte:

Sonntag: langer Lauf

Montag: Ruhetag

Dienstag: Gewichte oder Crosstraining

Mittwoch: 30 – 45 Minuten laufen

Donnerstag: Gewichte oder Crosstraining

Freitag: 30 – 45 Minuten laufen

Samstag: Gehen oder Crosstraining

Bauen Sie Ihre Trainingskilometer für den Marathon auf, indem Sie für Ihre sonntäglichen Langstreckenläufe folgendem Plan folgen:

Woche	Kilometer
1	10
2	12
3	16
4	10
5	19 bis 21
6	10
7	24 bis 26
8	12
9	29 bis 31
10	13
11	32 bis 35
12	16
13	16
14	35 bis 38
15	12 bis 16
16	12 bis 16
17	Marathon (42,195)

Sie können die langen Läufe mit schnelleren Läufen oder Hügelläufen abwechseln, wenn Sie möchten.

Der lange Lauf

Der lange Lauf lehrt Ihren Körper, wie er Kohlehydrate und Fett effizient verbrennt und wie er mit den geistigen und körperlichen Belastungen durch das Laufen über längere Zeiträume fertig wird.

Ein Wort bezüglich Zeiten: Machen Sie sich darüber während Ihrer langen Strecken keine Gedanken. Sie sollten sich nur darauf konzentrieren, durchzuhalten, die Strecke zu bewältigen, und den Erfolg des Erreichten fühlen und genießen. Das nächste Mal können Sie sich, wenn Sie möchten, ein Zeitziel setzen.

Gehen und laufen

Machen Sie sich während Ihrer langen Marathon-Trainingsläufe keine Gedanken darüber, wie schnell Sie laufen. Ihre Herausforderung ist, lange zu laufen. Das heißt, Sie sollten langsam laufen, vielleicht eine Minute langsamer als Ihr normales Trainingstempo. Galloway empfiehlt außerdem Gehpausen: nach allen drei bis fünf Minuten Laufen, eine Minute Gehen.

Wie lang?

Erhöhen Sie die Distanz Ihrer langen Läufe allmählich, indem Sie so lange jede zweite Woche zwei bis fünf Kilometer hinzufügen, bis Sie ungefähr Marathondistanz erreicht haben. Wie nahe Sie diese erreicht haben sollten, ist auch unter Marathontrainern kontrovers. Galloway rät den Läufern, die gesamte Distanz (42 Kilometer) im Training tatsächlich zu laufen. Andere Trainer empfehlen, im Training nicht mehr als 32 oder sogar nur 29 Kilometer zu laufen. Wir entscheiden uns für die Mitte – buchstäblich. Wir schlagen vor, dass Sie Ihren letzten langen Lauf, der drei Wochen vor dem Wettkampf stattfinden sollte, über 36 bis 38 Kilometer absolvieren. Auf diese Weise ist Ihr Körper daran gewöhnt, eine Marathon-ähnliche Distanz zu laufen, aber Sie haben am Wettkampftag noch immer ein Ziel vor Augen.

Die langen Läufe durchhalten

Es gibt keinen Weg drumherum. Wenn Sie einen Marathon laufen wollen, müssen Sie die Langstrecken laufen. Hier sind einige Tipps, wie Sie die langen Läufe überleben und – wagen wir uns das zu sagen? – vielleicht sogar genießen können.

- ✔ Starten Sie früh am Tag. Absolvieren Sie Ihren langen Lauf am Samstag- oder Sonntagmorgen. Die meisten Menschen haben Arbeit, Familie und Verpflichtungen, auch am Wochenende. Ein früher Start ermöglicht es dem Läufer, nach dem Training noch immer einen Großteil des Tages für andere Aktivitäten übrig zu haben. Ein Morgenlauf bewahrt Sie auch davor, zu den heißesten Tageszeiten zu trainieren.
- ✔ Stellen Sie sicher, dass Sie auf Ihrer Strecke Zugang zu Wasser haben. Vielleicht können Sie eine Route planen, die an einer Wasserquelle vorbeiführt. Oder Sie müssen Runden laufen, die Sie mehrmals an Ihrem Auto oder Haus vorbeiführen, so dass Sie sich mit Wasser versorgen können.
- ✔ Tanken Sie Ihre Energievorräte auf. 32 Kilometer mit leerem Magen zu laufen ist keine gute Idee. Das Angebot von Energieriegeln und -gelen erleichtert es Ausdauersportlern, die Kalorien zu bekommen, die sie brauchen. Aber natürlich können Sie auch eine Banane oder ein Brötchen mampfen, wenn Sie aufstehen. Weil jeder während des Trainings unterschiedliche

Nahrungsbedürfnisse hat, sollten Sie ausprobieren, was für Sie während eines langen Laufs am besten ist. Nehmen Sie dieses Wissen dann mit in den Wettkampf. Sie wollen vielleicht einen Riegel (oder ein Päckchen Gel) vor Ihrem Lauf und dann einen weiteren nach der Hälfte der Strecke zu sich nehmen.

- ✔ Suchen Sie die Gesellschaft von Freunden und Trainingspartnern. Beim Marathontraining sind Laufkameraden wichtiger denn je. Warum? Weil Sie irgendwann zu dem Punkt gelangen, an dem Sie während Ihrer langen Läufe zwei oder sogar drei Stunden draußen auf der Straße sein werden. Das ist eine lange Zeit! Gestalten Sie sie angenehm und anregend durch die Gesellschaft anderer Läufer.
- ✔ Betrachten Sie die langen Läufe nicht als Strafe oder Tortur, sondern als Herausforderung. Sie können belohnen, erfüllen und sogar Spaß machen. Vor allem sind sie wesentlich für die Vorbereitung auf Ihren Marathon.

Das Leben außerhalb der langen Läufe

Was sollen Sie an den sechs Tagen der Woche tun, an denen Sie keinen langen Lauf absolvieren? Nun, Sie werden wahrscheinlich entdecken, dass Sie an dem Tag nach Ihrem langen Lauf gar nicht viel tun möchten. Tatsächlich werden Sie wahrscheinlich während Ihres Marathonprogramms generell etwas mehr Schlaf und Nahrung brauchen.

Die Gesamtidee dieses Programms ist es, Ihre Ausdauer zu maximieren und die Chancen einer Verletzung zu minimieren. Für Anfänger, die wirklich meschugge werden, was das Marathonlaufen angeht, sind Verletzungen gewöhnlich geradezu vorprogrammiert. Sie werfen sich in die langen Läufe mit Begeisterung hinein und bestehen darauf, am nächsten Tag wieder zu laufen, und am übernächsten, und am überübernächsten. Obwohl sie fünf oder sechs längere Läufe in einer Woche vielleicht generell bewältigen können, sollten diejenigen, die ihre Kondition für ihren ersten Marathon aufbauen, nicht so viel laufen. Diese langen Läufe können Spaß machen, aber sie verlangen Ihnen auch viel ab. Aus diesem Grund schlagen wir vor, dass Sie die zwei oder drei weiteren Läufe pro Woche relativ kurz halten. Wenn Sie einige Hügel oder etwas Tempo hineinstreuen möchten, gut, aber tun Sie dies nicht an dem Tag vor oder nach Ihrem langen Lauf.

Wir empfehlen, dass Sie an den restlichen Wochentagen Cross-Training machen. Eine ausführlichere Beschreibung des Cross-Training für Läufer finden Sie in den Kapiteln 16 und 17. Aktivitäten wie Gewichteheben, Schwimmen und Radfahren bieten Ihrem Körper viele Vorteile, während Ihre Füße eine Pause bekommen.

Drei Wochen vor dem Start

Ein Freund von uns plante seinen ersten Marathon. Aber der Druck in seinem Job hielt ihn davon ab, ordentlich zu trainieren. Er versuchte, das aufzuholen. Einige Tage vor dem Lauf, ging er entgegen unserem Flehen hin und rannte 32 Kilometer – den längsten Lauf seines Programms. Er hatte am nächsten Tag einen derartigen Muskelkater, dass er vor Schmerzen kaum aus dem Bett kam. Am Wettkampftag quälte er sich über 20 Kilometer, bevor er aufgeben musste. Dieser

Trainingsfehler markierte das Ende seines Trainingsprogramms und das Ende seiner Marathonträume. Nach dem, was wir zuletzt gehört haben, war es sogar das Ende seiner Laufsportaktivitäten überhaupt.

Sie sollten Ihren letzten langen Lauf – ungefähr 37 Kilometer – drei Wochen vor dem großen Tag durchführen. Das gibt Ihrem Körper genügend Zeit, sich wieder zu erholen. Auch ein neues Paar Laufschuhe könnten Sie vielleicht zu diesem Zeitpunkt anziehen. (Denken Sie aber daran, diese vorher während einiger kürzerer Läufe einzulaufen.) Wenn Sie all Ihre langen Läufe in demselben Paar Schuhe absolviert haben, brauchen Sie wahrscheinlich neue. Und den Marathon in nagelneuen Schuhen zu laufen, ist keine gute Idee.

Sie haben Ihren letzten langen Lauf hinter sich? Glückwunsch. Die Tendenz der meisten Anfänger an diesem Punkt ist, mehr tun zu wollen, den Feinschliff zu machen und einen weiteren langen Lauf anzugehen. Widerstehen Sie diesem Bedürfnis. Studien zeigen, dass es etwa zehn Tage dauert, bis die Vorteile kardiovaskulären Trainings tatsächlich vom Körper umgesetzt werden, also wird ohnehin nichts, was Sie nach diesem Punkt noch tun, Sie in irgendeiner Weise verbessern.

Und lernen Sie von unserem Freund eine Lektion. Versuchen Sie nicht, etwas aufzuholen. Wenn Dinge in Ihrem Leben passieren, die Sie von Ihrem Marathontraining abhalten, nun gut. Gehen Sie zu Ihrem normalen Laufprogramm zurück, während Sie einen neuen Marathon aussuchen und einen neuen Plan aufstellen. Denken Sie daran, dass es immer einen nächsten Marathon gibt, aber nur *einen* ersten Marathon.

Essen für den großen Tag

So etwas wie eine gute Marathondiät gibt es nicht. Es gibt so etwas wie eine gute, gesunde Ernährung, der alle Läufer – im Grunde genommen alle gesunden Menschen – folgen sollten. Diese enthält viel Obst und Gemüse sowie Getreide; etwas Eiweiß, und, jawohl, auch etwas Fett. Sie sollten während Ihres Marathontrainings dieselbe hochwertige Nahrung zu sich nehmen. Was die Quantität angeht, so lassen Sie sich von Ihrem Körper leiten. Und er wird Ihnen wahrscheinlich sagen – etwas öfter und etwas nachdrücklicher als sonst –, dass er hungrig ist. Sparen Sie nicht bei der Menge, aber seien Sie vorsichtig, was Sie essen. Ein Marathonprogramm ist kein grünes Licht, um unbegrenzte Massen Junk Food in sich hineinzustopfen.

Wir können die Bedeutung einer ausgewogenen Ernährung nicht oft genug betonen. Pasta ist zum Beispiel sicherlich eine der besten Quellen für komplexe Kohlehydrate. Also: Bon appétit! Aber während Sie Gabeln voll Rigatoni oder Spagetti genießen, denken Sie daran, dass Pasta, Brot und Reis sowie andere kohlehydratreiche Nahrungsmittel alleine noch keine gute Ernährung ausmachen – nicht einmal für Marathonläufer.

Noch eine Woche bis zum Marathon

Was sollten Sie in der Woche vor dem Marathon tun? Was Sie bisher auch getan haben. Das ist richtig. Jetzt ist nicht die Zeit, irgendetwas an Ihren Ess- oder Schlafgewohnheiten zu ändern.

Versuchen Sie vor dem Lauf einen oder zwei komplette Tage Erholung zu bekommen. Am Vortag wollen Sie vielleicht Ihre Beine etwas dehnen, wahrscheinlich ein bisschen gehen. Und es ist nichts falsch daran, zwei oder drei Kilometer locker zu joggen, wenn es Ihnen hilft, die Nerven zu beruhigen.

Nutzen Sie die Zeit dazu, all die kleinen Details abzuklären, angefangen davon, was Sie am Tag der Tage anziehen, bis zu der Frage, wie Sie zum Start gelangen.

Viele Marathonveranstalter laden am Vorabend zu Pasta-Partys ein. Einige Läufer stopfen sich voll wie Weihnachtsgänse. Treten Sie nicht in ihre Fußstapfen. Essen Sie gut, aber füllen Sie sich nicht ab.

Sorgen Sie am Lauftag dafür, dass Sie aufgetankt haben und fertig zum Start sind. Wiederum: Experimentieren Sie nicht mit neuen Speisen, Riegeln oder Gelen. Verlassen Sie sich auf das, was Sie während Ihrer langen Läufe gelernt haben. Aber essen Sie etwas. Mit einem leeren Magen zu laufen, ist ein Fehler, den viele Marathonanfänger begehen. Sie bezahlen etwa bei Kilometer 35 damit, dass ganz plötzlich ihre Tankanzeige auf »Leer« umschaltet.

Dinge, die Sie 24 bis 48 Stunden vor dem Marathon erledigen

Nichts kann die Monate des Trainings ersetzten, die Sie für Ihren ersten Marathon absolviert haben. Sie können nicht hinausgehen und 42 Kilometer vortäuschen. Aber Sie können an den Tagen direkt vor dem Lauf einige Dinge tun, die beeinflussen, wie gut und wie angenehm Sie am Tag der Tage laufen werden:

- ✔ Schlafen Sie in den beiden Nächten vor dem Marathon richtig aus. Untersuchungen haben gezeigt, dass dies der Zeitpunkt ist, wenn Schlaf am meisten zählt. Vergessen Sie nicht am Morgen des Marathons einen Reservewecker zu stellen oder sich vom Weckdienst wecken zu lassen.

- ✔ Stellen Sie sicher, dass Sie wissen, wie Sie zum Start kommen und wie Sie nach dem Lauf nach Hause gelangen. Wenn Sie wegen der örtlichen Gegebenheiten unsicher sind, sehen Sie in Ihren Unterlagen nach oder rufen Sie beim Veranstalter an.

- ✔ Planen Sie, was Sie aufgrund derzeitiger Wetterbedingungen anziehen werden. Ziehen Sie nicht zu viel an: Ein Shirt und eine Laufhose reichen bei fast allen Marathons aus, es sei denn, es herrschen extrem kalte Wetterbedinungen. Die Kleidung sollten Sie auf alle Fälle schon einmal während des Laufens getragen haben. Damit Sie sich während des Wartens auf den Start wohl fühlen, sollten Sie ein altes, langärmeliges T-Shirt oder Sweatshirt und ein Paar Handschuhe mitnehmen, die Sie nach dem Start und nachdem Sie aufgewärmt sind, wegwerfen können.

- ✔ Heften Sie Ihre Startnummer am Vorabend an Ihr Laufshirt. (Warum den Morgen vor dem Marathon mit Blutvergießen beginnen – und noch dazu Ihr eigenes?)
- ✔ Schneiden Sie Ihre Zehennägel.
- ✔ Packen Sie eine Tasche, die an der Gepäckausgabe am Ziel auf Sie wartet. Packen Sie eine Flasche Wasser, einen Energieriegel oder ein Stück Obst, ein paar Notgroschen und Kleidung zum Wechseln ein.
- ✔ Trinken Sie vor dem Lauf viel Wasser.
- ✔ Versuchen Sie, etwas zu unternehmen. Sehen Sie sich zum Beispiel die Marathon-Ausstellung der Veranstalter an, aber verbringen Sie dort nicht den ganzen Tag.
- ✔ Entspannen Sie sich, so viel Sie können. Lesen Sie ein gutes Buch oder sehen Sie sich im Fernsehen einen Film an. Je weniger angespannt Sie in den Wettkampf gehen, desto besser werden Sie laufen.
- ✔ Spazieren Sie zur Startzone des Laufs hinüber, so dass Sie am nächsten Morgen wissen, wohin Sie gehen. Vielleicht können Sie auch die beiden letzten Kilometer der Strecke abgehen oder fahren, so dass Sie am nächsten Tag wissen, wann das Ziel nahe ist.

Laufen Sie den Lauf Ihres Lebens

Der Startbereich eines größeren Marathons ist ein aufregender Ort. Ballons werden in die Luft gelassen, Rockmusik spielt, Ansagen plärren über die Lautsprecher. Zuschauermengen haben sich versammelt, und Hunderte, vielleicht Tausende Läufer schwirren in heller Aufregung und Vorfreude umher.

Es ist leicht, von dieser Atmosphäre mitgerissen zu werden und den Lauf zu schnell anzugehen. Denken Sie daran, warum Sie hier sind: den Marathon zu beenden und sich dabei gut zu fühlen. Sie werden von einer Menge »Hot Dogs« überholt werden. Folgen Sie ihnen nicht. Die Chancen stehen gut, dass Sie sie später sowieso wiedersehen, wenn ihr anfänglicher Enthusiasmus von der Realität der 42,195 Kilometer wieder eingeholt wird.

Konzentrieren Sie sich stattdessen darauf, entspannt und in Ihrem Rhythmus zu bleiben. Und halten Sie unbedingt an jeder Versorgungsstation an und trinken Sie, auch wenn Sie nicht durstig sind. Viele Marathonveranstalter verteilen inzwischen auch Speisen und Gele. Wenn Sie diese während Ihrer langen Trainingsläufe ausprobiert haben, gut. Falls nicht, laufen Sie vorbei.

Wenn Sie den ersten Kilometer hinter sich haben, denken Sie nicht »Okay, nur noch 41,195«. Unterteilen Sie die Strecke stattdessen in Segmente: fünf Kilometer, 10 Kilometer, 15 Kilometer, Halbmarathon, 30 Kilometer, 40, 42,195. Denken Sie an jedem dieser Zwischenziele daran, wie weit Sie schon gekommen sind und wie gut Sie sich fühlen. Denken Sie nicht darüber nach, wie schnell Sie sind. Sie sollten sich während der ersten Hälfte des Laufs sehr wohl fühlen.

Vergessen Sie nicht, dass die meisten erfolgreichen Marathons als negative Teilstrecken gelaufen werden, das heißt die zweite Hälfte ist schneller als die erste. Obwohl Ihr Ziel in Ihrem Marathondebut nicht eine schnelle Zeit ist, sollten Sie nach derselben Vorgehensweise streben, die vorsichtiges Einteilen und eine große Reserve erfordert. Wenn Sie im Zweifel sind, sollten Sie verlangsamen, insbesondere auf den ersten 20 Kilometern.

Läufer sagen oft, dass ein Marathon an der 30-Kilometer-Grenze beginnt. Egal wie gut Sie trainiert haben, die letzten zwölf Kilometer werden wahrscheinlich die eigentliche Herausforderung sein. Jetzt ist es an der Zeit, die Zähne zusammenzubeißen und über die langen Läufe, das Training und die Mühe, die Sie hineingesteckt haben, nachzudenken. Konzentrieren Sie sich auf einen guten, geschmeidigen Stil.

Bleiben Sie dran. Das Ziel ist in Sicht. Endlich! Sie haben's geschafft! Wenn Sie die Ziellinie überqueren, lächeln Sie für die Kamera und gehen Sie weiter.

Ja, wir sagten Kamera. Die meisten großen Marathonveranstalter machen von jedem Finisher ein Foto. (Außerdem können Sie sicher sein, dass Freunde und Familienmitglieder ihre Fotoapparate und Videogeräte ebenfalls zur Hand haben.) Der Fotograf der Veranstaltung wird Ihnen einige Wochen nach dem Lauf einen Beweis schicken und Sie können dann so viele glänzende Fotos von sich bestellen, wie Sie wollen.

Nach dem Marathon

Genießen Sie den Moment, holen Sie dann Ihre Tasche, ziehen Sie etwas Warmes an und trinken Sie immer weiter. Ein heißes Bad, eine Runde im Pool, etwas Stretching oder eine Massage verringern den Muskelkater. Dies tun auch 20 bis 30 Minuten gehen. Jawohl, eines der besten Dinge, die Sie nach einem Marathon tun können, ist gehen – selbst wenn es später am Tag ist. Und laufen Sie eine Woche lang nicht. Gehen, Radfahren und Schwimmen sind in Ordnung, aber gönnen Sie Ihrem Körper und den Beinen eine Pause von der Belastung durch den ständigen Aufprall.

Ein letzter Tipp für den Marathontag: Feiern Sie am Abend! Sie haben es verdient. Sie sind ein Marathonläufer.

Teil IV

Feinabstimmung

»Okay - ich weiß, du wolltest ein Laufband zum Geburtstag, aber ich hatte da noch eine viel bessere Idee ... «

In diesem Teil ...

Um ein guter Läufer zu werden, müssen Sie trainieren, nicht nur laufen. Wir geben Tipps für ein ausgleichendes Cross-Training und ein ergänzendes Krafttraining. Wir helfen Ihnen auch dabei, mit Verletzungen umzugehen. Und zu guter Letzt lesen Sie einige zusätzliche Ratschläge für laufende Frauen, Kinder und Senioren.

Verletzungen und wie man damit umgeht

15

In diesem Kapitel

- Das Verletzungsrisiko reduzieren
- Verletzungen behandeln
- Unter welchen Beschwerden Läufer häufig leiden
- Hilfe von Spezialisten
- Der Gehtest

Ein verletzter Läufer suchte einen Sportpediatristen auf, und dieser teilte ihm mit, dass seine Schmerzen von biomechanischen Problemen seines Laufstils herrührten. Der Fußspezialist empfahl spezielle korrigierende Schuheinlagen, die seine fehlerhafte Biomechanik kompensieren sollten, und schickte ihn nach Hause.

Sechs Monate später kam der Läufer zurück – wieder verletzt.

»Ich dachte, Sie sagten, dass ich mich mit orthopädischen Einlagen nie wieder verletzen würde,« sagte der Läufer.

»Das habe ich nie gesagt,« antwortete der Pediatrist.

»Nun, wie komme ich dann darauf, dass Sie das gesagt haben?« fragte der Läufer.

»Weil Sie ein Läufer sind,« erwiderte der Pediatrist. »Und die meisten Läufer sind verrückt.«

Läufer sind nicht *wirklich* verrückt, aber was Verletzungen angeht – insbesondere wenn diese erfordern, dass das Laufpensum reduziert werden muss – sind wir nicht immer die geduldigsten Menschen. Wir wollen, dass es uns besser geht und wir wieder laufen können, wenn nicht gestern, dann aber wenigstens morgen.

Verletzungen vermeiden

Natürlich ist die beste Möglichkeit, mit laufbezogenen Verletzungen umzugehen, diese soweit es geht von vornherein zu vermeiden. Aber eine komplette Laufkarriere über zwei oder drei Jahrzehnte hinweg ohne eine Verletzung, die Sie für eine Woche oder zwei außer Gefecht setzt, ist vergleichbar damit, mit verbundenen Augen über ein Minenfeld zu gehen und es bis zur anderen Seite zu schaffen: Es soll schon vorgekommen sein, aber dazu ist die Sorte Glück nötig, die in ein Spielcasino gehört.

Nichtsdestotrotz werden Sie die Chancen einer Verletzung erheblich verringern, wenn Sie folgende Ratschläge beherzigen:

- ✔ Trinken Sie genug. Die Muskulatur eines gut hydierten Körpers ist weniger anfällig für Krämpfe oder Zerrungen.
- ✔ Kaufen Sie neue Laufschuhe, nachdem Sie 500 bis 800 Kilometer in einem Paar gelaufen sind. Vergessen Sie nicht, dass Schuhe billiger sind als Arztbesuche.
- ✔ Laufen Sie nicht in superleichten Wettkampfschuhen (unter 200 Gramm), die wenig stützen, insbesondere wenn Sie hart landen. Wählen Sie als Alternative leichte Trainingsschuhe (zwischen 250 und 280 Gramm) mit einer etwas höheren Stützfunktion.
- ✔ Laufen Sie nicht in Ihren Basketball- oder Tennisschuhen und trainieren Sie umgekehrt in Laufschuhen nicht Ihre Rückhand.
- ✔ Laufen Sie so viel wie möglich auf nachgebenden Untergründen, wie Aschenbahn, Feld- und Waldwege oder flacher, kurzgeschnittener Rasen.
- ✔ Vermeiden Sie es, auf Kopfsteinpflaster zu laufen; die unebene Oberfläche kann Schmerzen verursachen.
- ✔ Der Strand ist ein guter Ort, um ein Buch zu lesen oder in die Wellen zu springen, aber ein schlechter Ort, um zu laufen. Auf dem schräg abfallenden Meeresstrand zu laufen kann verschiedene Schmerzen auslösen. Wenn Sie nicht widerstehen können, sollten Sie sich den flachsten Abschnitt aussuchen und alle fünf Minuten die Richtung wechseln.
- ✔ Seien Sie sich bewusst, dass jeder plötzliche Wechsel auf eine Oberfläche, die Sie nicht gewohnt sind – wie loser Sand, Schnee, Eis oder nasse Straßen –, Ihren gewohnten Laufstil sabotieren kann. Wenn Ihr natürlicher Gang verändert wird, entsteht ein erhöhtes Verletzungsrisiko.
- ✔ Ergänzen Sie Ihr Lauftraining durch ein Programm, das zusätzlich Ihre Flexibilität und Kraft aufbaut.
- ✔ Versuchen Sie nicht, mit kleinen, subtilen Verletzungen weiterzutrainieren. Wenn Sie eine leichte Verletzung ignorieren, wird diese sich höchstwahrscheinlich verschlimmern.
- ✔ Kein Training ohne Aufwärm- und Cool-down-Programm! Dieses leichte Jogging vor und nach dem eigentlichen Training kann dabei helfen, den Milchsäurelevel im Körper zu reduzieren und Ihre Beinmuskulatur für den nächsten Lauf locker zu halten.

Milchsäure (Laktat) ist das Abfallprodukt eines hart arbeitenden Muskels. Die Milchsäure häuft sich im Blut an und verursacht den Muskelkater nach einem harten Lauf, insbesondere wenn Sie plötzlich Intensität oder Dauer Ihres Trainings erhöhen. Aber Ausdauertraining hilft Ihrem Körper, die Milchsäure mit größerer Effizienz aus dem Blut zu waschen.

- ✔ Wenn Sie Ihr jährliches Trainingsprogramm aufstellen, planen Sie einige reduzierte Phasen mit ein. Läufer brauchen einige Wochen reduzierten Trainings, Cross-Trainings oder sogar kompletter Erholung vom Laufen.

Trainieren, nicht belasten

Wenige Perlen sportlicher Weisheiten können den Rat »trainieren, nicht belasten« übertreffen. Aber Läufer sind meist besser darin, solche Tipps an andere Läufer weiterzugeben, als sie selbst zu beherzigen. Läufer behandeln diesen oft ausgesprochenen Rat meist eher wie eine gelbe Verkehrsampel – als eine Art freiwillige – aber für sie selbst unnötige – Vorsichtsmaßnahme.

Erkennen Sie die Anzeichen von Übertraining (siehe Kapitel 12) und nehmen Sie sich Zeit für Ruhe und Erholung. Übermüdete Läufer sind die besten Verletzungskandidaten.

Zu früh, zu viel

Sportmedizinische Experten, die sich mit laufbezogenen Verletzungenen auskennen, glauben, dass Läufer sich deshalb verletzen, weil sie zu früh zu viel tun.

Mit schnellen und plötzlichen Erhöhungen von Trainingsdauer oder Intensität laufen Sie direkt in die akute Gefahrenzone. Das ist der Grund, warum Sportmediziner den größten Teil laufbezogener Verletzungen als Überlastungen bezeichnen.

Die gute Neuigkeit ist, dass die meisten Laufverletzungen das weiche Gewebe betreffen und im Gegensatz zu gebrochenen Knochen mit einfacher Behandlung und Ruhe schnell ausheilen.

Gute Methoden, um Verletzungen zu behandeln

Bevor wir die verschiedenen Verletzungen nennen, beschreiben wir einige Behandlungsmethoden, die gewöhnlich benutzt werden, um die meisten Verletzungen zu behandeln, die Sie sich – der Himmel bewahre – beim Laufen zuziehen könnten.

EEE - Erste Hilfe bei Laufverletzungen

EEE ist der Schlüssel zur Behandlung von Laufverletzungen. Hier ist die Erklärung, wofür dieses Akronym steht:

- ✔ **E für Entspannung**: Ruhen Sie sich aus! Kein Läufer liebt Trainingsunterbrechungen, aber der Versuch, die Zähne zusammenzubeißen und mit einer leichten Verletzung weiterzutrainieren, kann bestenfalls den natürlichen Heilungsprozess behindern. Schlimmstenfalls kann die geringe Verletzung ernster werden und Sie für Wochen oder sogar Monate außer Gefecht setzen.
- ✔ **E für Eiskompresse**: Packen Sie sich beim ersten Zwicken oder Anzeichen einer Verletzung einen Eisbeutel auf die Stelle. Nur 15 oder 20 Minuten der Kältebehandlung werden die Entzündung lindern. (Lassen Sie das Eis nicht viel länger als 20 Minuten auf der entzündeten Stelle, damit Sie sich keine Erfrierungen zuziehen.) Am besten pressen Sie die Eiskompresse fest auf das Bein, falls es die Kniesehne oder der Oberschenkelmuskel ist. Druck hilft, die Schwellung zu reduzieren.

- **E für Erhöhen**: Falls möglich, legen Sie den verletzten Körperteil höher als Ihr Herz. Legen Sie sich auf die Couch, eine Eiskompresse auf dem verletzten Muskel und ein Stapel Kissen unter dem Bein.

Wenn Sie keinen Eisbeutel haben, versuchen Sie etwas Wasser in einem kleinen Pappbecher zu gefrieren. Nachdem das Wasser fest gefroren ist, entfernen Sie den Becher und behandeln die verletzte Stelle mit 15 bis 20 Minuten Eismassage. Ein Beutel mit gefrorenen Erbsen, fest um den verletzten Muskel gewickelt, hilft ebenfalls.

Diese simplen Maßnahmen sind eine gute erste Hilfe für Läufer. Sie sind einfach und billig. Aber wenn diese Behandlung nach 48 bis 72 Stunden (keine Mogeleien bei dem Teil, der Entspannung und Ruhe heißt!) nicht anschlägt (oder sich die Verletzung sogar verschlimmert), sollten Sie einen Arzt aufsuchen.

Einige Läufer geben widerwillig nach und nehmen einen Tag lauffrei für eine leichte Verletzung, aber in Wirklichkeit brauchen Sie zwei oder drei Tage Pause, damit selbst die kleinen Wehwehchen (ein schmerzender Wadenmuskel oder eine Verhärtung der Kniesehne, zum Beispiel) abklingen.

Entzündungshemmer

Neben EEE können entzündungshemmende Medikamente, wie Aspirin, den Schmerz und das Wundsein reduzieren helfen. Aber folgen Sie dabei buchstabengetreu den empfohlenen Dosierungen; Sie sollten leichte Schmerzen nicht komplett überdecken oder unabsichtlich der verletzten Stelle zusätzlichen Schaden zufügen. Schmerzen sind das Warn- und Abwehrsystem Ihres Körpers, also ist es nicht sinnvoll, dieses System auszuschalten.

Tappen Sie nicht in die Falle, Entzündungshemmer einfach als Krücke zu benutzen, mit deren Hilfe Sie sich für das Trainingsprogramm des Tages »fit« machen können. Wenn Sie nach mehreren Wochen noch immer entzündungshemmende Medikamente nehmen, damit Sie trainieren können, dann stehen die Chancen hoch, dass Sie wirklich einige Zeit aussetzen oder einen Sportarzt aufsuchen müssen, oder sogar beides.

Große Dosen entzündungshemmender Medikamente (insbesondere wenn sie über die empfohlene Menge hinaus verwendet werden) können den Effekt der Dehydrierung verstärken! Läufer, die an heißen Tagen die empfohlene Dosierung überschreiten, insbesondere in langen Läufen (wie einem Marathon), können sogar ein Leberversagen riskieren.

Häufige Laufverletzungen

Fünf der häufigsten laufbedingten Verletzungen sind Schienbeinschmerzen (Shinsplint-Syndrom), Chondromalazie (Läuferknie), Achillessehnenentzündung, Plantar fasciitis und das Scheuersyndrom. Stressfrakturen, die üblicherweise in den kleinen Knochen im Fuß, Bein oder Schienbein, passieren, treten bei Läufern, die übertrainieren, ebenso auf. Zusätzlich müssen Läufer immer auf der Hut sein vor Blasen, Zerrungen und anderen Problemen, die ihre Anstrengungen behindern können.

Schienbeinschmerzen (Shinsplint-Syndrom)

Laufanfänger klagen häufig über Schienbeinschmerzen, im Amerikanischen auch Shinsplint-Syndrom genannt. Diese Schmerzen betreffen gewöhnlich eine Überempfindlichkeit im weichen Gewebe an der Innenkante des Schienbeins und werden durch eine Überlastung der Knochenhaut des Schienbeins bzw. der dort ansetzenden Muskeln hervorgerufen. Die Verletzung pocht und fühlt sich wund an, aber lockert sich manchmal im Laufe des Trainings.

Die Grünschnäbel unter den Läufern leiden deshalb unter dem Shinsplint-Syndrom, weil ihre Beine den Stress des Laufens nicht gewohnt sind. Aber auch Überpronation (übermäßiges Einknicken des Fußes nach innen), Laufen in ausgelatschten Schuhen oder in Schuhen, die für andere Fitnessaktivitäten gedacht sind, können eine Rolle spielen, ebenso wie die Wahl des Untergrunds, auf dem Sie laufen.

Wie behandeln?

EEE ist Ihre erste Linie bei der Gegenoffensive. Aber eine sofortige Reduzierung des Trainings ist gewöhnlich nötig, bevor die Schienbeinschmerzen abklingen. Springen Sie in den Pool oder setzen Sie sich auf den Heimtrainer, auf dem Sie dann ohne Gewichtsbelastung trainieren können.

Wenn Sie wieder laufen

Fahren Sie mit dem Cross-Training fort und beginnen Sie allmählich, etwas lockeres Joggen mit einzuflechten. Halten Sie sich fern von hartem Untergrund, insbesondere von Betonflächen! Steuern Sie an steilen Abhängen vorbei, um den harten Aufprall zu reduzieren. Vermeiden Sie zu große Schritte, da der harte Aufprall bei Landungen auf der Ferse (mit gestrecktem Bein) auf Ihr gesamtes Bein ausstrahlt.

Die Schmerzen werden manchmal mit einer potenziell viel ernsthafteren Verletzung verwechselt, die Kompartment-Syndrom oder Logensyndrom genannt wird. Am häufigsten sind Schienbein-, Waden- und Oberschenkelbeugemuskulatur von dieser starken Muskelschwellung betroffen. In extremen Fällen kann sich der geschwollene Muskel steinhart anfühlen und die Haut ist durch die behinderte Durchblutung blass und kalt. Wenn Ihre Schienbeinschmerzen anhalten oder Sie in der Schienbeingegend das Gefühl einer Schwellung verspüren, lassen Sie einen Sportmediziner die Möglichkeit eines Kompartment-Syndroms ausschließen.

Chondromalazie oder Läuferknie

Wenn von den häufigsten Läuferverletzungen die Rede ist, führen die Knie die Schmerzgruppe mit großem Vorsprung an. Läuferknie ist die allgemeine Bezeichnung für jede Art von Knieschmerzen, die bei Läufern auftreten, genauso wie jede Art von Schienbeinschmerzen, zu Recht oder zu Unrecht, in die Shinsplint-Kategorie zusammengeworfen werden. Sportmediziner jedoch kennen das Läuferknie unter der wissenschaftlichen Bezeichnung Chondromalazie.

Das Läuferknie tritt auf, wenn der Knorpel unter der Kniescheibe aufgrund der konstanten Reibung gegen andere Knorpel die Textur von Sandpapier annimmt. Gewöhnlich treten Entzündungen rund um die Kanten der Kniescheibe auf. Als ob der Schmerz nicht genug wäre, macht diese Verletzung manchmal auch Geräusche – beim Bewegen können Schnipp-, Knack- und Pop-Laute auftreten.

Wie behandeln?

EEE und eine moderate entzündungshemmende Medizin können helfen, die Symptome zu lindern. In einigen Fällen können Sportorthopäden helfen, da Überpronation in der Laufbewegung die Ursache sein kann. Sie können auch versuchen, den Oberschenkelmuskel aufzubauen (indem Sie in Ihr Krafttraining einige Lifts mit gestrecktem Bein und leichten Gewichten einbauen), denn kräftige Oberschenkel können die Bewegungen der Kniescheibe (Patella) eindämmen. Eine Patella, die nicht richtig in ihrer Spur bleibt, verursacht gewöhnlich Knieentzündungen.

Wenn Sie wieder laufen

Vermeiden Sie einige Wochen lang steile Bergabläufe und Kopfsteinpflaster. Setzen Sie Ihre Übungen zur Kräftigung der Oberschenkelmuskulatur auch dann fort, wenn der Schmerz verschwunden ist. Behandeln Sie etwaige kritische Stellen rund um die Kniescheibe mit Eis.

Achillessehnenentzündung (Achilles tendinitis)

Die Achillessehne ist eine potenzielle Problemzone für die meisten Läufer. Wenn die Achillessehne eine übermäßig Menge Arbeit erdulden muss, wie exzessives Tempotraining oder mörderische Bergläufe, dann kann diese faserige Sehne sich entzünden und die Abstoßbewegung des Fußes wird schmerzhaft.

Eine Achillessehne kann auch reißen oder anreißen. Obwohl dies bei Langstreckenläufern selten vorkommt, ist eine gerissene Achillessehne eine ernsthafte Verletzung, die medizinische Betreuung erfordert und in den meisten Fällen sogar eine Operation.

Wer war Achilles?

Achilles war der bedeutendste aller griechischen Krieger, die Troja attackierten. Aber der Held war an einer Stelle verwundbar: in der Sehne direkt oberhalb der Ferse (»Achillesferse«). Der Legende nach war dies die Stelle, an der ihn seine Mutter festhielt, als sie ihn in den mythischen Fluss Styx tauchte, um ihn unsterblich zu machen. Wie das Schicksal es wollte, wurde Achilles später von einem Pfeil in genau diese ungeschützte Stelle getroffen und starb.

Wie behandeln?

EEE und Entzündungshemmer können helfen, die Schmerzen einer Achillessehnenentzündung zu lindern. Versuchen Sie nicht, eine bereits schmerzende Sehne zu dehnen – Sie könnten die Verletzung verschlimmern! Wenden Sie sich dem Cross-Training zu, um Ihre Fitness zu erhalten. Mit einer Achillessehnenverletzung ist das Laufen im Swimmingpool eine Alternative, bei der Sie das Aufprallen vermeiden. Wenn Sie einen Heimtrainer benutzen, sollten Sie vorsichtig sein und nicht die härtesten Gänge (die Gänge, die die größten Widerstände besitzen) treten; seien Sie zufrieden damit, in den leichteren Gängen Gas zu geben.

Wenn Sie wieder laufen

Bauen Sie leichte Wadendehnungen und Beugen der Zehen in Ihr Aufwärmprogramm ein, nachdem Ihre Achillessehne wieder völlig schmerzfrei ist. Hier ist ein einfacher Waden/Achilles-Stretch: Dücken Sie Ihre Hände gegen eine Wand, Ihr Körper fällt leicht nach vorne. Dehnen Sie die Wade/Achillessehne, indem Sie eine Ferse leicht anheben (Ihre Zehen berühren noch immer den Boden) und dann mit einer weichen, kontrollierten Bewegung vorsichtig Richtung Boden drücken. Beginnen Sie mit lediglich fünf bis zehn Wiederholungen (die Übung sollte nicht unangenehm sein) und erhöhen Sie die Zahl der Wiederholungen ganz allmählich bei späteren Trainingseinheiten. In den frühen Phasen Ihres Comebacks sollten Sie Hügel und harte Tempoarbeit vermeiden.

Plantar fasciitis

Die Plantar fascia ist ein dickes, faseriges Gewebeband unter dem Fuß, das von den Zehen bis zur Ferse verläuft. Wenn die Plantar fascia verhärtet oder zu sehr gestresst wird, kann ein Läufer Schmerzen und Entzündungen verspüren, meist unter dem Fußgewölbe. Diese werden Plantar fasciitis genannt. Läufer mit Plattfüßen – oder Läufer, die darauf bestehen, ausgelatschte Schuhe zu benutzen – sind erstklassige Kandidaten für eine Plantar fasciitis.

Weil die Plantar fascia sich durch Bewegung im Laufe des Tages allmählich lockert, sind die ersten Barfußschritte am Morgen meist die schmerzhaftesten. Läufer mit Problemen in der Plantar fascia sollten morgens direkt Schuhe anziehen – noch bevor ihre Füße auf den Boden auftreffen –, so dass die betroffene Fußmuskulatur nicht sofort stark belastet wird.

Wie behandeln?

Zusätzlich zu EEE finden einige Läufer in einer Reihe von Hausrezepten Erleichterung:

Der Trick mit dem Handtuch

Setzen Sie sich barfuß auf einen Stuhl und werfen Sie ein Handtuch vor sich auf den Boden. Versuchen Sie dann, mit den Zehen das Handtuch zu greifen und zu sich heranzuziehen. Wiederholen Sie diese Übung täglich (oder zweimal täglich, wenn Sie die Zeit dazu haben) jeweils 10- bis 20-mal, zum Beispiel während des Fernsehens. Die Greifbewegung der Zehen wird die Plantar fascia allmählich dehnen und sie flexibler machen.

Golfspiel

Einige Läufer finden Erleichterung von Schmerzen der Plantar fascia, indem sie einen Golfball unter dem Fußgewölbe hin und her rollen. Diese Übung massiert die Problemzone. Sie können auch versuchen, den Golfball mit den Zehen zu greifen, wie in der Übung mit dem Handtuch.

Orthopädie

Spezielle orthopädische Schuheinlagen, die meist von einem Gips- oder Kunststoffabdruck der Füße angefertigt werden, können einigen plattfüßigen Läufern helfen, Plantar-fascia-Probleme zu bekämpfen. Die Einlagen stützen das Fußgewölbe und verringern Pronation.

Wenn Sie wieder laufen

Setzen Sie die Selbstbehandlung auch fort, nachdem Sie sich für geheilt halten. Behandeln Sie die Plantar fascia direkt nach dem Laufen 15 bis 20 Minuten lang mit Eis. Achten Sie darauf, wie abgelaufen Ihre Laufschuhe sind. In extremen Fällen sollten Sie darüber nachdenken, die Einlagen auch in Ihren normalen Schuhen zu tragen, um Ihre Füßen tagtäglich zusätzlich zu stützen und Ihre Bewegung zu kontrollieren.

Scheuersyndrom des Tractus iliotibialis

Das Scheuersyndrom des Tractus iliotibialis klingt schon danach, als ob es schlechte Neuigkeiten für einen Läufer bedeutet!

Der Tractus iliotibalis ist ein kräftiger Sehnenstrang, der zwischen Hüfte und Knie entlang der Außenseite des Oberschenkels verläuft. Meistens fühlt ein Läufer Schmerzen am Knie als erstes Anzeichen des Scheuersyndroms, aber es kann auch am Hüftansatz des Strangs vorkommen. Manchmal kann sich das gesamte Band extrem hart anfühlen. Läufer mit O-Beinen oder Läufer, die überpronieren (das heißt, ihre Füße rollen zu sehr nach innen, wenn sie auf den Boden auftreffen), sind erstklassige Kandidaten für Probleme des Tractus iliotibialis. Läufer, deren Beine ungleich lang sind, können auch unter diesem Syndrom leiden.

Weil der Tractus iliotibialis oft von der Gleitbewegung am Knie (oder der Hüfte) erhitzt ist, fühlen Läufer sich vielleicht am Beginn eines Laufs okay, aber unterwegs fangen die betroffenen Stellen an zu schmerzen und entzünden sich.

Wie behandeln?

Sie können mit dem Scheuersyndrom nicht trainieren und müssen daher die Dauer Ihrer Läufe drastisch reduzieren oder komplett stoppen. Die EEE-Behandlung hilft auch hier.

Einer der effektivsten (und einfachsten) Stretches ist folgender: Sie stehen mit Ihrem rechten Bein hinter dem linken verschränkt und stützen Ihren linken Arm gegen einen Stuhl, Tisch oder die Wand. Schieben Sie Ihr Gewicht gegen das Objekt, während Sie die rechte Hüfte in die Gegenrichtung schieben. Behalten Sie Ihren rechten Fuß dabei fest auf dem Boden und lassen Sie das linke Knie leicht gebeugt. Diese Übung dehnt den Tractus iliotibialis entlang der Außenseite Ihres rechten Oberschenkels.

Wenn Sie wieder laufen

Machen Sie weiterhin diesen Stretch zu einem Bestandteil Ihrer Aufwärmroutine. Vermeiden Sie Bergabläufe, harte Laufbahnen oder Kopfsteinpflaster. Wählen Sie Laufschuhe mit einer guten Bewegungskontrolle oder verwenden Sie Einlagen, wenn ein Orthopäde dies empfiehlt.

Weitere Wehwehchen und Verletzungen

Die nächste Gruppe von Verletzungen reicht vom Gewöhnlichen zum Ungewöhnlichen und vom Ernsten zum weniger Ernsten.

Stressfrakturen

Stressfrakturen – winzig kleine Risse in den Knochen der Füße, Beine oder ab und zu sogar der Hüfte oder der Beckengegend – können einen Läufer für sechs oder mehr Wochen aus der Bahn werfen. Ermüdungsbrüche sind typischerweise ein Ergebnis von Übertraining. Militärärzte bezeichnen sie als *Marschfrakturen*, weil neue Rekruten, die zu langen Märschen gezwungen werden, sich manchmal diese winzigen Brüche zuziehen.

Die Frakturen erscheinen vielleicht zunächst nichts weiter zu sein als ein nagender Schmerz, aber der Schmerz wird sich verschlimmern, wenn Sie versuchen weiterzutrainieren. Selbst ein Röntgenbild zeigt nicht immer, ob Sie eine Stressfraktur haben. Wenn auf der Röntgenaufnahme eine dünne weiße Linie erscheint, mag die Faktur sich bereits im Heilungsprozess befinden.

Eine Methode, die Sportmediziner benutzen, um eine Stressfraktur genauer festzustellen, ist ein Knochen-Scan, aber dieser relativ teure Test erfordert, dass der Körper mit einem radioaktiven Farbstoff versetzt wird. Eliteathleten, die in großer Eile sind, um zu ihrem Wettkampfplan zurückzukehren, mögen den Knochen-Scan wählen, aber der durchschnittliche Fitnessläufer sollte darauf am besten verzichten, es sei denn, der Arzt hält ihn für unbedingt notwendig.

Hier ist ein frühes Warnsignal für eine mögliche Stressfraktur: ein Schmerzgefühl, das auftritt, wenn Sie einen Finger auf eine bestimmte Stelle pressen.

Gesunder Pferdeverstand

Hochgezüchtete Rennpferde erleiden ebenfalls Stressfrakturen. Und wenn das Kentucky Derby kurz bevorsteht, dann möchten die Trainer nicht, dass die Pferde außer Form sind. Also treiben sie sie in einen Pool und lassen sie im tiefen Wasser schwimmen, um die Fitness zu erhalten. Wassersport hilft auch bei Menschen, weil das Laufen im Wasser das Herz-Kreislaufsystem fordert und mehrere Muskelgruppen trainiert – alles ohne Auswirkung auf verletzte Gliedmaßen.

Zerrungen

Läufer werden manchmal mit einer Zerrung des Oberschenkel- oder Wadenmuskels aus der Bahn geworfen. EEE ist die Methode zur Behandlung leichter Muskelzerrungen, aber wenn die Verletzung extrem schmerzhaft ist und auf diese erste Hilfe nicht anspricht, sollten Sie einen Arzt aufsuchen.

Eine chronische Verletzungsgegend wie die Oberschenkelmuskulatur benötigt Dehn- und Kräftigungsübungen, um künftigen Verletzungen vorzubeugen. Kniebeugen können beispielsweise eine schwache Oberschenkelmuskulatur kräftigen. Tiefengewebemassagen können die Erholung der Muskulatur von gewöhnlichen Zerrungen beschleunigen.

Ein gut ausgerüsteter Fitnessraum verfügt wahrscheinlich über ein Gerät zum Training der Beinmuskulatur. Sie legen sich bäuchlings auf die Bank und pressen leichte Gewichte in einem langsamen, gleichmäßigen Rhythmus in Richtung Po. Wenn Sie die Gewichte mit einem Ruck nach oben drücken müssen oder nicht mindestens acht bis zehn Wiederholungen schaffen, ohne zu ermüden, dann sind die Gewichte wahrscheinlich zu schwer. Sorgen Sie dafür, dass ein Trainer Ihre ersten Lifts überwacht.

Ischias

Wenn der Ischias gereizt ist, kann dies einem Läufer buchstäblich auf den Nerv gehen. Der Schmerz kann vom Gesäß bis in die Beine hinabstrahlen und wird manchmal mit einer Oberschenkelverletzung verwechselt. In einigen Fällen kann der Schmerz sich anfühlen, als ob Sie einen elektrischen Schlag bekommen hätten, daher wird er landläufig auch oft als *Hexenschuss* bezeichnet. Ein Hexenschuss kann zuweilen auch im Sitzen auftreten.

Von dem Schuss der Hexe werden insbesondere Läufer mit verspannter Oberschenkelmuskulatur oder Läufer mit unterschiedlichen Beinlängen getroffen. Benutzen Sie Entzündungshemmer und achten Sie auf eine sorgfältige Dehnung vor allem der unteren Rückenmuskulatur und der Oberschenkel. Beobachten Sie die Entzündung sorgfältig, und suchen Sie, wenn sie durch Eigenbehandlung und Trainingsreduktion nicht abklingt, einen Arzt auf, bevor sie sich verschlimmert.

Seitenstechen

Seitenstechen ist eigentlich keine Verletzung, aber dieser nagende Schmerz sorgt dafür, dass Läufer verlangsamen oder anhalten müssen. Seitenstechen wird normalerweise durch einen Krampf des Zwerchfells verursacht oder durch zu viel Essen im Magen. Ein scharfes schmerzhaftes oder krampfendes Gefühl, meist unter dem Rippenbogen, tritt fast immer in der Mitte eines harten Trainings oder Wettkampfes auf. Wenn Sie aufhören zu laufen, verschwindet das Stechen innerhalb von Minuten, aber es kann sofort zurückkommen, wenn Sie wieder anfangen, schnell zu laufen.

Seitenstechen scheinen öfter vorzukommen, wenn Sie zu kurz vor dem Training gegessen haben oder wenn Sie direkt vor dem Start noch einen Liter Flüssigkeit in sich hineingestürzt haben. (Aus diesem Grund ist es besser, über den ganzen Tag verteilt genug Wasser zu trinken und dann eine halbe Stunde vor dem Lauf nur eine kleine Menge zu trinken.)

Wie werden Sie das Stechen in der Seite los, ohne Ihren Lauf tatsächlich unterbrechen zu müssen? Versuchen Sie Ihre Armposition zu verändern: Heben Sie die Arme für einige Minuten hoch und strecken Sie sie gerade über den Kopf, während Sie langsamer weiterjoggen, oder lassen Sie Ihre Arme an den Seiten locker herunterhängen. Einige, aber nicht alle Läufer finden mit diesen Tricks Erleichterung. Sie können auch versuchen, einige Minuten langsam zu joggen und dann allmählich wieder zu beschleunigen.

Blasen

Blasen sind kleine Probleme, die dann zu großen werden können, wenn sie sich entzünden. Fast jeder Läufer bekommt hin und wieder Blasen, aber sie sollten ernst genommen werden.

So sollten sie behandelt werden:

1. **Säubern Sie die Stelle um die Blase herum, am besten mit Jod, Alkohol oder einer anderen desinfizierenden Lösung.**
2. **Sterilisieren Sie eine Nadel mit kochendem Wasser.**
3. **Stechen Sie die Blase mit der Nadel auf und drücken Sie leicht auf die Blase (mit sauberem Verbandsmull), um die Flüssigkeit herauszubekommen.**

   Dieser Schritt sollte das unbehagliche Gefühl erleichtern.
4. **Schützen Sie die Stelle mit einer Salbe gegen Infektionen.**
5. **Bedecken Sie die Blase mit einem sauberen Pflaster.**

Wenn Sie vermuten, dass eine Blase entzündet ist (sie schmerzt stark und sieht rot und geschwollen aus), suchen Sie sofort einen Arzt auf!

Der verstauchte Knöchel

Eine Verstauchung des Knöchels ist eine der wenigen Laufverletzungen, die normalerweise nicht das Resultat einer Überbelastung ist. Eine Knöchelverstauchung passiert plötzlich: Ein Läufer stolpert über einen Stein oder eine Baumwurzel oder kommt beim Überqueren der Bordsteinkante falsch auf.

Versuchen Sie nicht, einen verstauchten Knöchel, der auch nur leicht schmerzhaft ist, »wegzulaufen« (oder wegzugehen). Packen Sie stattdessen so schnell wie möglich Eis drauf und legen Sie das Bein hoch. Überprüfen Sie, ob der Knöchel geschwollen oder verfärbt ist; wenn Sie eines dieser Symptome bemerken, sollten Sie sofort medizinischen Rat suchen, um das Ausmaß der Verletzung abzuklären.

Läufer, die chronisch unter Knöchelverstauchungen leiden, sollten auf flachen, ebenmäßigen Oberflächen laufen. Manchmal sind die Bänder eines bereits mehrfach verstauchten Knöchels überdehnt und ausgeleiert, was das Risiko einer weiteren Verstauchung stark erhöht.

Auf der Suche nach professioneller Hilfe

Erfahrene Läufer suchen meist die Hilfe von Ärzten oder Therapeuten, die Erfahrung in der Behandlung von Laufverletzungen haben. Das sollten Sie auch tun! Einige Laufclubs haben Sportmediziner in ihren eigenen Reihen. Sie können auch Trainer in Ihrer Umgebung fragen, wohin sie verletzte Athleten zur Behandlung schicken.

Läufer suchen mit ihrer neuesten Laufverletzung in der Regel nicht ihren Hausarzt auf. Aber ein Allgemeinmediziner ist eine gute Wahl, wenn Läufer krank werden. Wenn Sie Anzeichen einer Erkältung oder Grippe verspüren oder Atembeschwerden haben, konsultieren Sie ihren Hausarzt, bevor Sie Ihr Training fortsetzen, insbesondere wenn Sie Fieber haben.

Orthopädische Einlagen

Läufer mit Fuß- oder Knöchelverletzungen suchen oft den Rat eines Pediatristen, der in der Behandlung von Fußproblemen speziell ausgebildet ist. Läufer mögen auch einen Pediatristen aufsuchen, um Verletzungen oberhalb des Knöchels behandeln zu lassen, die eventuell im Fuß verursacht wurden. Zum Beispiel können einige Hüft- oder Knieschmerzen aus biomechanischen Unzulänglichkeiten entstehen, die durch den kontinuierlichen Auftritt beim Laufen verstärkt werden können.

Ein Sportpediatrist, der die mechanischen Vorgänge des Laufens versteht, kann Läufern oft helfen, Fehler zu kompensieren. Im Normalfall bedeutet das, dass orthopädische Einlagen angefertigt werden. Speziell hergestellte, Ihren Füßen angepasste Einlagen werden von den Krankenkassen zumindest anteilig bezahlt, und viele ehemals verletzte Läufer schwören darauf.

Wenn Sie einen Fußspezialisten oder Sportorthopäden aufsuchen, sollten Sie Ihre alten Laufschuhe mitbringen. An den Ablaufstellen der Sohlen kann ein Arzt manchmal bestimmte biomechanische Probleme ablesen.

Fragen Sie Ihre Krankenkasse nach einem Spezialisten in Ihrer Nähe.

Massage

Eine Massage kann viele Läufer in die richtige Richtung kneten. Eine Massage hilft nicht nur, die Muskeln zu lockern, sondern entspannt auch den Läufer und macht ihn glücklicher und verbessert dadurch seine Leistung. Selbst eine wöchentliche, halbstündige Sportmassage kann die Erholung schmerzender Oberschenkel oder Waden beschleunigen.

Physiotherapie

Physiotherapeuten können Ihnen helfen, wenn Sie sich von einer schwer wiegenden Verletzung erholen und Wochen oder Monate der Rehabilitation vor sich haben. Physiotherapeuten verfügen über Behandlungsmöglichkeiten wie beispielsweise Ultraschall, mit denen Ihre Hausapotheke nicht mithalten kann.

Ultraschall wird benutzt, um eine Verletzung des Tiefengewebes mit hoch frequenten Schallwellen zu bombardieren. Der Vibrationseffekt der Schallwellen soll die Durchblutung und den Heilungsprozess fördern.

Eine hoch moderne sportmedizinische Einrichtung, die über qualifizierte Ärzte und Physiotherapeuten verfügt, ist auch mit der neuesten Rehabilitationstechnologie ausgestattet. Fragen Sie Ihre Krankenkasse, wo sich in Ihrer Nähe eine Rehabilitationsklinik befindet und welche Kosten übernommen werden.

Chiropraktik

Anerkannte Chiropraktiker sind spezialisiert auf die manuelle Einrenkung verschobener Wirbelkörper und Bandscheiben, wodurch der zu Schmerzen führende Druck auf die Nerven behoben wird. Die Chirotherapie setzt eine gründliche diagnostische und röntgenologische Untersuchung voraus. Erkundigen Sie sich bei Ihrer Krankenkasse nach einem anerkannten Chiropraktiker in Ihrer Nähe.

Orthopädie

Die meisten Laufverletzungen – insbesondere durch Überlastung verursachte – verheilen mittels Ruhigstellung und traditioneller Behandlungsmethoden. Falls dies jedoch nicht hilft, Sie wieder auf die Beine zu bringen, wird es eventuell Zeit, stärkere Geschütze aufzufahren. Wenn Sie ernsthafte Zerrungen oder traumatische Verletzungen an Muskeln, Knochen, Bändern oder Nerven haben, sollten Sie wahrscheinlich einen Orthopäden aufsuchen – also einen Facharzt, der sich auf die Behandlung von Veränderungen des Bewegungsapparates spezialisiert hat. Einige Orthopäden haben sich auf bestimmte Körperteile spezialisiert, zum Beispiel auf die Knie.

Operative Eingriffe sollten fast immer ein letzter Ausweg bleiben. Versuchen Sie es zuerst mit allen nicht operativen Behandlungsmethoden. Bevor Sie sich zu einer Operation entscheiden, sollten Sie die Meinung weiterer Ärzte einholen.

Fragen Sie Ihre Krankenkasse nach einer orthopädischen Praxis in Ihrer Nähe.

Stehaufmännchen

Wenige Laufverletzungen bedeuten das Ende der Karriere. Sie können die Chancen eines erfolgreichen Comebacks erhöhen, indem Sie den empfohlenen Behandlungsratschlägen Folge leisten und Ihre Rückkehr zum Lauftraining nicht überstürzen.

Die Zeitdauer, die Sie ohne Lauftraining verbringen müssen, und die Behandlung und Übungen, die Sie während der Genesung anwenden, beeinflussen die Zeit, die Sie benötigen, um wieder in Form zu kommen. Wenn Sie viel Cross-Training absolviert haben und eifrig die Extras – wie Stretching, Eisbehandlungen und Kräftigungsübungen für schwache Muskelgruppen – durchgeführt haben, dann wird Ihre Rückkehr zum Laufen schneller gehen, als Sie denken. Aber überstürzen Sie nichts!

Entzündungen von Schienbein oder Achillessehne und Zerrungen haben mich einige Male während meiner Karriere aus dem Rennen geworfen – aber niemals für lange. Um das Verletzungsrisiko möglichst gering zu halten, trainiere ich mit Gewichten, mache Dehnübungen und gehe zur Massage.

Der Gehtest

Genau wie der Sprechtest für Laufanfänger eine hervorragende Tempo-Richtlinie ist, so ist der Gehtest eine gute Methode, um festzustellen, ob Sie nach einer Verletzung so weit sind, dass Sie Ihr Training wieder aufnehmen können.

Denken Sie erst gar nicht ans Laufen, bevor Sie nicht 100 Prozent schmerzfrei gehen können, inklusive treppauf – treppab. Wenn Sie einige Kilometer schmerzfrei gehen können, können Sie versuchen, einige Minuten leichtes Jogging einzufügen. Dieses anfängliche Jogging und Walking sollte bei den ersten Versuchen nicht länger als zwei oder drei Minuten dauern. Wenn Sie während des Joggens Schmerzen haben, sollten Sie für einige Tage zum Gehen zurückkehren, bevor Sie es wieder versuchen. Wenn Sie während des Joggings keinerlei Schmerzen haben, können Sie Ihrem Training allmählich einige Minuten hinzufügen.

Wählen Sie eine flache Aschen- oder Kunststoffbahn, die etwas nachgibt, und versuchen Sie ungefähr Folgendes: fünf Minuten forsches Gehen, zwei Minuten Joggen, drei Minuten Gehen, drei Minuten Joggen, drei Minuten Gehen, zwei Minuten Joggen, fünf Minuten forsches Gehen.

Kein Zweifel, Sie werden sich großartig fühlen, weil Sie wieder da draußen sind, aber widerstehen Sie unbedingt dem Drang, jeden Tag zu laufen. Gehen Sie stattdessen mindestens eine oder zwei Wochen lang nur jeden zweiten Tag und reduzieren Sie dabei allmählich die Gehpausen und erhöhen Sie die Laufphasen, bis Sie 15 oder 20 Minuten schmerzfrei laufen können.

Setzen Sie sich für Ihr Comeback keine Frist, nach dem Motto: »Am Montag werde ich wieder joggen, komme, was wolle«. Lassen Sie Ihren Körper entscheiden, wann Sie wieder so weit sind.

Wenn Sie in die Welt der Läufer zurückkehren, sollten Sie zunächst Steigungen vermeiden, bis Sie auf der Ebene greifbare Fortschritte machen. Nachdem Sie einige schmerzfreie Lauftage angesammelt haben, können Sie die Dauer der Läufe erhöhen und ganz allmählich wieder etwas qualitatives Training einfließen lassen. Die Rückkehr zu Wettkämpfen sollte erst erfolgen, nachdem Sie einige intensivere Trainingseinheiten ohne jegliche Anzeichen von Schmerzen hinter sich haben.

Cross-Training und Training auf dem Laufband

16

In diesem Kapitel

- Aerobes Training
- Cross-Training für Läufer
- Ausrüstung für Cross-Training
- Training auf dem Laufband

Wenn Sie lange genug laufen, werden Sie verstehen, warum wir alternativen Trainingsformen ein ganzes Kapitel widmen. Wenn Sie intensiv genug laufen, werden Sie merken, warum Läufer auch Radfahrer, Schwimmer und Geher sind. Und wenn Sie oft genug laufen, werden Sie sehen, warum ein ganz neuer Sport – das Triathlon genannte Schwimm/Rad/Lauf-Event – aus den Reihen überdrüssiger Läufer entstanden ist.

Wenn Sie zu lange, zu hart oder zu oft laufen, führt dies oftmals zu Überlastungsverletzungen, einseitigen Muskelbelastungen und Überdruss. Um diesen Problemen vorzubeugen, gestalten die heutigen Läufer ihre Fitnessaktivitäten im Allgemeinen wesentlich vielseitiger als ihre Vorgänger, die im Grunde genommen nur eines machten: laufen, laufen, laufen ... und letztendlich in Probleme hineinliefen. Im Laufe der Zeit lernen selbst die schnellsten und talentiertesten Athleten ihre Lektion bezüglich Cross-Training.

Vor meiner Verletzung glaubte ich nur ans Laufen. Ich mochte auch andere Sportarten, aber ich konnte mir nicht vorstellen, etwas anderes zu tun, als zu laufen, um in meiner Disziplin besser zu werden. Als ich jedoch eine schlimme Knochenhautentzündung am Schienbein bekam, hatte ich keine Wahl: Der Schmerz war so scheußlich – körperlich und mental –, dass ich mit anderen Sportarten begann, um fit zu bleiben. Und wissen Sie was? Ich fing schließlich an, diese anderen Aktivitäten zu mögen. Verletzungen führten dazu, dass ich anfing, an Cross-Training zu glauben.

Warten Sie nicht, bis Sie verletzt sind, um dieselbe Lektion zu lernen. Sowohl Anfänger als auch langjährige Läufer können jetzt damit beginnen, die gesunden Gewohnheiten anzunehmen, die sie für viele weitere Jahre auf der Straße halten werden. Und eine dieser gesunden Angewohnheiten ist das Cross-Training.

Ist Cross-Training nur ein Werbeslogan oder vielleicht eine Methode, um mehr Schuhe zu verkaufen? Nun, zu einem gewissen Maß dient Cross-Training auch diesem Zweck, aber die Argumentation hinter den Werbespots ist vernünftig. Im Grunde genommen bedeutet Cross-Training nichts anderes, als die Teilnahme an anderen Sportarten neben der eigentlichen eigenen Sportart. Cross-Training für Läufer kann also Gehen sein oder Schwimmen, Aqua-Jogging, Radfahren (auf dem Heimtrainer oder draußen), Schilanglauf und eigentlich alle anderen in Fitnesscentern angebotenen Aktivitäten.

In diesem Kapitel stellen wir die wichtigsten Möglichkeiten eines Cross-Trainings für Läufer vor, um Ihnen zu helfen, das Cross-Training zu finden, das zu Ihnen passt. Obwohl Laufbänder eigentlich keine Form des Cross-Trainings, sondern eine andere Form des Laufens sind, bieten sie Ihnen eine Alternative zu Straßen und Bürgersteigen sowie einen Tempowechsel. (Die einzige Form von Cross-Training, die wir in diesem Kapitel nicht behandeln, ist das Krafttraining. Informationen dazu finden Sie in Kapitel 17.)

Cross-Training: Wie viel? Wie oft? Wie intensiv?

Die Runden auf dem Heimtrainer machen Sie nicht zu einem besseren Läufer. Laufen lernt man nur durch laufen. Das macht Sinn, nicht wahr? Aber ständiges Laufen führt wahrscheinlich zu Verletzungen, Trainingsmüdigkeit und Burn-out. Wenn Sie Radfahren oder irgendeine andere Form des Cross-Trainings in Ihre Trainingsroutine integrieren, können Sie das Herz-Kreislaufsystem fit halten, während Sie Ihren Knochen und Muskeln eine Pause gönnen.

Wir empfehlen, dass Sie nicht mehr als vier- bis fünfmal pro Woche laufen. An den Tagen, an denen Sie nicht laufen, sollten Sie wahrscheinlich etwas Krafttraining und, wenn Sie möchten, etwas aerobes Cross-Training machen. (Außerdem sollten Sie keine Bedenken haben, auch mal einen Tag völlig trainingsfrei zu halten! Es ist ein altes Klischee, aber noch immer gültig: Der am meisten vernachlässigte Aspekt vieler Trainingsprogramme ist der der Erholung.)

Trainer und Sportphysiologen reden auch von Trainingszyklen – das heißt, der Unterteilung des Jahres in mehrere unterschiedliche Zyklen oder Perioden, die auf dem Wettkampfplan basieren und die Trainingsgestaltung entsprechend beeinflussen. Sie mögen bereits an Wettkämpfen teilnehmen oder auch nicht. Aber das Prinzip der *Periodisierung* ist auf alle Fälle sinnvoll, auch wenn Sie es nicht mit einem solch ausgefallenen Begriff bezeichnen würden. Sie benötigen schließlich kein Diplom in Sportphysiologie, um die Zeiten des Jahres zu erkennen, in denen man am besten laufen kann: Bittere Winter und brüllendheiße Sommer gehören mit Sicherheit nicht dazu. Während solcher Zeiten können Sie etwas mehr Cross-Training in Ihren Plan integrieren.

Und nach einer Verletzung wird Cross-Training natürlich eine zentrale Rolle spielen. Sie wollen diese hart verdiente Fitness nicht verlieren. Sie wollen nicht die überflüssigen Pfunde wieder ansammeln. Sie wollen nicht vor lauter Inaktivität durchdrehen. Cross-Training ist hier die Antwort.

Aerobe Trainingszone

Was haben Laufen, Rudern, Walking/Gehen, Radfahren, Schwimmen und Schilanglauf gemeinsam? Nun, es sind alles Formen kardiovaskulären oder aeroben Trainings – die Trainingsform, die Herz und Lungen fit hält. Deshalb sind die grundlegenden Trainingsprinzipien all dieser sportlichen Aktivitäten sehr ähnlich.

Die Dauer Ihres Cross-Trainings sollte 20 bis 60 Minuten betragen (anfänglich eher 20 bis 30 Minuten), zuzüglich Warm-up und Cool-down. Die Intensität kann auf verschiedene Arten bemessen werden: Sie können einen Herzmonitor benutzen und diesen auf Ihre individuelle Trainingsintensität einstellen. Sie können diese ungefähr berechnen, indem Sie Ihr Alter von 220 subtrahieren. Ihr Trainingsbereich sollte bei etwa 50 bis 70 Prozent dieser Zahl liegen. Ein 40-jähriger Sportneuling sollte also anfänglich mit einer Intensität von 90 bis 126 Herzschlägen pro Minute trainieren.

Zwei weitere (einfachere) Möglichkeiten, um die Trainingsintensität festzustellen, sind der Sprechtest (den wir in Kapitel 4 beschrieben haben) und die subjektiv wahrgenommene Anstrengungsrate (RPE oder *rate of perceived exertion*).

RPE heißt, dass Sie die Intensität mittels einer einfachen Skala bestimmen. »Die subjektiv wahrgenommene Anstrengung,« erläutert Thomas Scandalis, Doktor der Osteologie und Professor für Sportmedizin am *New York College of Osteopathic Medicine* in Old Westbury, New York, »ist vielleicht die beste verfügbare Methode für einen Sportler, der sich nicht mit Tests, mathematischen Formeln oder Herzmonitoren beschäftigen möchte, um den idealen Trainingsbereich zu bestimmen.«

Obwohl wir RPE hier im Zusammenhang mit Cross-Training vorstellen, können Sie diese Methode natürlich auch für das Laufen verwenden. Die Skala, nach ihrem Erfinder Borg-Skala genannt, basiert auf einer Einteilung von 6 bis 20. Für jede Anstrengung unter 6 benötigt man ein bequemes Sofa, einen Fernseher und eine Tüte Kartoffelchips. Alles um die 20 ist eine totale, dem Zusammenbruch nahe, völlige Verausgabung.

Moderat-intensives Training – die aerobe Zone, innerhalb der Sie trainieren sollten – liegt bei 13 oder 14. (Anfänger sollten bei 10 bis 12 bleiben.) Obwohl diese Skala natürlich subjektiv ist, sollte eine Anstrengungsrate von 13 oder 14 bedeuten, dass Sie intensiv arbeiten, etwas außer Atem kommen (aber nicht zu sehr) und dabei einige kurze Brocken sprechen können.

Cross-Training für Läufer

Sportphysiologe Owen Anderson, Arzt und Herausgeber der *Running Research News*, stellte eine Rangliste alternativer Trainingsformen für Läufer zusammen. Was stand ganz oben auf der Liste? Krafttraining. Wir stimmen zu, dass Krafttraining wichtig ist und widmen ihm daher ein eigenes Kapitel in diesem Buch (17). Hier sind die übrigen Alternativen zum Cross-Training, die ganz oben standen:

- ✔ **Radfahren**: Verschiedene Untersuchungen zeigen, dass Radfahren helfen kann, die Laufleistung zu verbessern. In einer Studie verbesserten Läufer, die regelmäßig auf dem Standfahrrad in die Pedalen traten, ihre Zeit über 10 Kilometer um neun Prozent. »Ich war von der Effektivität des Radfahrens für Läufer überrascht,« sagt Anderson. »Ich wusste zwar, dass es ein hervorragendes kardiovaskuläres Training ist, aber es war mir nicht bewusst, dass es spezifisch genug ist, um bei Läufern eine merkliche Leistungsverbesserung zu erzielen.«

- ✔ **Fußball**: Überrascht? Bedenken Sie, dass Fußballer während eines durchschnittlichen Spiels zwischen neun und elf Kilometer laufen, davon vier Kilometer Jogging, zwei Kilometer schnelles Laufen und 800 bis 1000 Meter Sprints. »Ein Fußballturnier ist vergleichbar mit einem exzellenten, verlängerten Intervalltraining,« sagt Anderson. Hier ist der Beweis, den wir sehen möchten: Viele der kenianischen Top-Läufer waren zunächst gute Fußballspieler.

- ✔ **Aqua-Jogging**: Anderson setzte das Laufen im tiefen Wasser auf Rang Vier seiner Liste, nach Krafttraining, Radfahren und Fußball; er nannte Langeweile als einen Nachteil des Aqua-Joggings. Ein weiterer Nachteil ist, dass man erst ein Schwimmbad aufsuchen muss, um diesen Sport zu betreiben. Andere Sportexperten bewerten Aqua-Jogging positiver. Bei diesem Training laufen Sie in tiefem Wasser, entweder am Rand des Pools oder hin und zurück in einer zugewiesenen Bahn. Währenddessen tragen Sie eine Schwimmweste oder -gürtel.

  Stan James aus Eugene, Oregon, einer der besten orthopädischen Chirurgen für Läufer, ist der Meinung, dass Aqua-Jogging das absolut beste Cross-Training für Läufer ist, weil es ihnen ermöglicht, weiterhin zu laufen, ohne auf den harten Untergrund aufzuprallen.

- ✔ **Treppensteigen**: Anderson glaubt, dass diese Aktivität, die die aeroben Fähigkeiten Ihrer Oberschenkelmuskulatur verbessert, Sie in einen »bergsteigenden Dämonen« verwandeln wird. Er zitiert eine jüngst erschienene Studie, in der Personen, die neun Wochen lang nur treppauf-treppab trainierten, ihre Laufleistung im gleichen Maß verbesserten wie Athleten, die regelmäßiges Lauftraining absolvierten.

Die übrige Rangliste führt (in dieser Reihenfolge) Schilanglauf, Aerobic, Walking, Rückschlagspiele (Tennis, Squash etc.) sowie Schwimmen auf; und als Letztes Golf spielen, was, wie Anderson trocken bemerkt, »nur unmerklich besser als Zigarrenrauchen ist.«

Denken Sie daran, dass Anderson sein Augenmerk darauf gerichtet hatte, inwiefern diese Aktivitäten die Laufleistung spezifisch verbessern. Sie alle – nun gut, vielleicht nicht gerade Golf – tragen zur Verbesserung der allgemeinen Fitness bei und ermöglichen Ihnen eine Pause vom Laufen. Der Schlüssel zum Cross-Training liegt darin, dass Sie die für Sie geeignete Aktivität finden.

Die Wahl der geeigneten Ausrüstung für Cross-Training

Was ist das beste Fitnessgerät auf dem Markt?

Das ist eine häufig gestellte Fragen von Leuten, die fit bleiben wollen, oder von Läufern, die sich entweder von einer Verletzung erholen oder Cross-Training in ihr Programm integrieren wollen, um Verletzungen vorzubeugen.

Um diese Frage zu beantworten, hat die Berliner Stiftung Warentest 1997 unterschiedliche Heimtrainingsgeräte untersucht *(test*-Heft Ausgabe 11/1997). Hier sind einige der Vor- und Nachteile der kardiovaskulären Fitnessmaschinen, die in der Studie getestet wurden, durchschnittliche Kaufpreise und einige Tipps, worauf Sie beim Kauf eines solchen Gerätes achten sollten.

Schilanglauf-Simulatoren

Preis: ab circa 500 Euro

Hersteller: Nordic Track (Wintersportspezialist)

Kalorienverbrennung pro Stunde: 610 bei 8 bis 12 kmh

Vorteile: Gute Indoor-Trainingsmöglichkeit für das Herz-Kreislauf-System sowie die Rumpf-, Arm- und Beinmuskulatur. Da Ober- und Unterkörper beansprucht werden, verbrennen Sie mehr Kalorien. Im Gegensatz zum Laufen werden die Gelenke nicht belastet.

Bei Modellen mit beweglichen Bandzuggriffen (Seilzug) entspricht der Bewegungsablauf weitgehend dem natürlichen Skilanglauf im traditionellen Diagonalschritt und schult zusätzlich das Koordinations- und Gleichgewichtsvermögen.

Nachteile: Die Geräte mit Seilzug erfordern ein hohes Koordinationsvermögen und sind daher für Anfänger sehr gewöhnungsbedürftig. Geräte mit Armstangen sind leichter zu handhaben, allerdings ist der Stockschub durch die festen Bügel nur bedingt simulierbar. Moderner Schilanglauf im so genannten Schlittschuhschritt (Skating) sowie der Doppelstockschub sind bei beiden Gerätevarianten konstruktionsbedingt nicht möglich.

Standfahrräder (Ergometer)

Preis: Je nach Ausstattung sind hochwertige Ergometer mit regulierbaren Belastungsstufen ab circa 500 Euro erhältlich, einfache Geräte auch deutlich darunter (ab circa 150 Euro)

Hersteller: Kettler, Bremshey, Tunturi, Cateye

Kalorienverbrennung pro Stunde: 545 bei 20 km/h

Vorteile: Ein Standfahrrad ist das Richtige, wenn Sie nicht viel Geld ausgeben möchten, Sie keinen Platz für ein Laufband haben oder gerade erst mit einem Cross-Trainingsprogramm beginnen. Heimfahrräder sind stabil und leicht zu bedienen. Und Sie können fernsehen oder lesen, während Sie in die Pedalen treten. Alles in allem eine gute kardiovaskuläre Trainingsmethode, die gleichzeitig Gesäß- und Beinmuskulatur kräftigt, ohne die Gelenke zu belasten.

Heimfahrräder mit Rückenlehne sind auch für Personen mit Rückenbeschwerden geeignet, da durch das freihändige Fahren der Rücken nicht belastet wird. Durch die niedrigere Sitzhöhe sind sie auch für weniger sportliche oder ältere Leute einfach zu besteigen.

Nachteile: Einige Läufer finden Standfahrräder langweilig, sie sind lieber auf den Füßen.

Rudergeräte

Preis: Kolbengeräte ab circa 200 Euro, Seilzugmodelle sind deutlich teurer (bis über 2000 Euro).

Hersteller: Kettler, Tunturi, Nordic Track, Bremshey

Kalorienverbrennung pro Stunde: 815 bei einem kräftigen Tempo

Vorteile: Rudern ist ein hartes, kardiovaskuläres Training, das auch die Rumpfmuskulatur fordert (was bei den meisten Heimtrainingsgeräten nicht der Fall ist). Durch Druck- (Kolbenmodell) oder Zugübungen (Seilzugmodell) kann das Gerät auch zum allgemeinen Kraftaufbautraining eingesetzt werden.

Nachteile: Das Rudergerät ist in den meisten Fitness-Studios nicht sehr populär, da man Zeit benötigt, um die richtige Technik zu erlernen. Die Trainingsmotivation ist bei Seilzugmodellen meist höher, da hier das Training eher den tatsächlichen Ruderbewegungen entspricht.

Stepper

Preis: einfache, unverstellbare Geräte ab circa 55 Euro, verstellbare Modelle ab circa 129 Euro

Hersteller: Kettler, Tunturi, Schwinn, Bremshey

Kalorienverbrennung pro Stunde: 410

Vorteile: Steppgeräte bieten ein gutes und einfaches Training für Herz-Kreislauf-System und Bein-/Gesäßmuskulatur. Sie gehören neben den Laufbändern zu den beliebtesten Fitnessgeräten in Studios.

Achten Sie beim Kauf eines solchen Gerätes unbedingt darauf, dass der Trainingswiderstand mit Ihrem Körpergewicht übereinstimmt. Bei teureren Modellen ist dieser verstellbar und daher für leichte und schwere Personen individuell anpassbar. Ist der Trainingswiderstand zu hoch, können Fliegengewichte die Trittbretter eventuell nur mühsam nach unten treten, so dass sie nur eine äußerst langsame Trittfrequenz erzielen, die für ein effektives Training nicht ausreicht. Dagegen müssen Personen, die etwas mehr Gewicht auf die Waage bringen, extrem schnell steppen, was sie rasch überanstrengen und die Achillessehne überreizen kann.

Nachteile: Das »Treppensteigen« verursacht bei einigen Personen Knieprobleme, und da Läufer ohnehin zu Knieproblemen neigen, sollten Sie mit diesen Geräten vorsichtig sein. Versichern Sie sich, dass Sie die Bewegung korrekt durchführen. Sie sollten aufrecht stehen und den gesamten Bewegungsablauf mit beiden Beinen vollständig ausführen.

Es ist eine gute Idee, die verschiedenen Geräte in einem Fitness-Studio einige Male auszuprobieren, bevor Sie sich für ein Heimtrainingsgerät entscheiden. Neben einer breiten Auswahl modernster Trainings- und Fitnessgeräte und Gewichte bieten Studios auch persönliche Trainerstunden und unterschiedliche Sportklassen, die Ihr Lauftraining ergänzen können. Sie können Ihren Fitness-Club auch als Start- und Zielpunkt für Ihr Lauftraining benutzen. Neben Duschen und Schließfächern finden Sie dort vielleicht unter den übrigen Clubmitgliedern auch den passenden Laufpartner.

Laufband-Training

Obwohl all diese Cross-Trainingsgeräte ihren Wert haben, ist das motorische Laufband das Gerät, das die meisten Kalorien verbrennt und den Benutzer am meisten fordert. (Rein mechanische Laufbänder sind für Läufer nicht zu empfehlen.)

Meiner Meinung nach gibt es nichts Besseres als ein Laufband-Training, wenn Sie nicht draußen laufen möchten. Ein guter Film, etwas Wasser und gute Belüftung ist alles, was Sie dazu benötigen.

Lesen Sie, warum das Laufband für Läufer eine hervorragende Methode ist, um in Form zu kommen oder fit zu bleiben:

- ✔ Die Laufoberfläche gibt mehr nach als Bürgersteige oder Straßen und minimiert so die Kräfteeinwirkungen auf Ihren Körper. (Heutige Laufbänder können im Vergleich zu Untergründen im Freien den Aufprall bis zu 40 Prozent stärker absorbieren.)
- ✔ Sie laufen in einer sicheren, kontrollierbaren Umgebung.
- ✔ Sie können ohne Einschränkungen bei jedem Wetter laufen.

Aber auch Laufbänder haben einige Nachteile:

- ✔ Laufbänder sind teuer.
- ✔ Das Laufen auf dem Band kann todsterbenslangweilig sein.
- ✔ Obwohl Sie auf dem Laufband gut trainieren können, ist ein Training auf dem Band doch nicht ganz dasselbe wie ein Training draußen bei vergleichbarer Geschwindigkeit.

Natürlich ist nichts falsch an einem etwas weniger fordernden Lauf. Manchmal mag das sogar genau das sein, was der Arzt verordnet hat. Aber wenn Sie sicherstellen wollen, dass Ihr Laufband-Training ungefähr vergleichbar ist mit einem Lauf draußen, sollten Sie es so einstellen, dass der Laufwiderstand einer Ansteigung von einem Prozent entspricht, statt »auf der Ebene« zu laufen. Diese Anpassung kompensiert den fehlenden Widerstand durch Luft und Wind, gegen den Sie im Freien ankämpfen müssen.

Laufbänder sind unter allen Fitnessgeräten im Studio und für zu Hause die weitaus beliebtesten. Einige Leute laufen fast ausschließlich auf dem Band. Einige Clubs veranstalten sogar Laufband-Marathons. Manchmal, insbesondere im Winter, sind Läufer, die für einen Frühjahrsmarathon trainieren, in den nördlichen Klimazonen gezwungen, ihre langen Läufe auf dem Band zu absolvieren. Wir haben bereits einige 30-Kilometer-Läufe auf dem Band hinter uns und können dieses Erlebnis nicht zur Nachahmung empfehlen ... Wir empfehlen Ihnen auch nicht, dass Sie Ihr gesamtes Training auf einem Laufband herunterspulen. Aber es ist machbar und das Laufband ist unzweifelhaft zu einem wertvollen Werkzeug für Läufer geworden.

Tipps zum Kauf eines Laufbands

Wenn Sie ein Laufband für zu Hause erwerben möchten, das einige Trainingsjahre halten soll, werden Sie mindestens 1.500 Euro hinblättern müssen.

Es ist eine gute Investition, sagen die Experten. »Je besser die Maschine, desto komfortabler ist sie auch,« sagt Richard Miller, Besitzer eines Fitness-Clubs. »Je weniger Rattern und Quietschen, desto mehr Zeit werden Sie vermutlich darauf verbringen.«

Nachdem Sie sich dazu entschieden haben, Ihr Geld in ein Laufband zu investieren, sollten Sie daran denken, dass, obwohl das elektronische Drum und Dran – der Kalorienzähler, die computerisierten Bergprofile, der eingebaute Herzmonitor – alles nette Raffinessen sind, sie aber längst nicht so wichtig sind wie die Gesamtkonstruktion, sprich die Stabilität. Pi mal Daumen können Sie sich bei Ihrer Kaufentscheidung nach dem Gewicht der Maschine richten, nach dem Motto: Je schwerer, desto besser.

Suchen Sie nach einer Maschine, die 100 Kilogramm oder mehr wiegt. Und wenn Sie Laufbänder anschauen, probieren Sie diese auch aus. »Springen Sie darauf herum und horchen Sie auf etwaige Geräusche und Quietschen,« sagt Miller. »Je weniger Sie hören, desto besser.«

Hier sind einige weitere Dinge, die Sie beim Kauf eines Laufbands beachten sollten:

✔ **Das Band:** Dies ist die Oberfläche, auf die Ihre Füße auftreffen. Die meisten Bänder sind zwei Lagen dick; einige haben zusätzliche Gummilagen, um den Aufprall besser abzufangen.

✔ **Die Länge:** Die meisten Laufbänder sind einen Meter bis anderthalb Meter lang. Wenn Sie einen langen Schritt haben, sollten Sie ein längeres Laufband wählen.

✔ **Die Breite:** Ein Laufband, das mindestens 45 Zentimeter breit ist, gibt Ihnen ausreichend Platz; bei einem schmaleren mögen Sie sich fühlen, als ob Sie sich durch eine überfüllte U-Bahn schlängeln.

✔ **Die Ausschalter:** Die meisten Geräte verfügen über Notausschalter. Aber einige dieser Schalter befinden sich an Stellen, an die Sie zu leicht aus Versehen anstoßen, während Sie laufen.

✔ **Die verlässlichen Marken:** Bei Laufbändern sind dies unter anderem Kettler, True Fitness, Nordic Track und Tunturi.

✔ **Komfort und Leichtigkeit der Benutzung:** Machen Sie einen Probelauf auf Ihrem Laufband. Spielen Sie mit unterschiedlichen Geschwindigkeiten und Widerständen und sehen Sie, wie das Gerät reagiert, wie es sich anfühlt und ob die Schalter leicht erreichbar sind oder nicht.

Einige Laufbänder verfügen außerdem über Herzmonitore, Kalorienzähler und Computeranzeigen, die Bergläufe und alle möglichen anderen Trainingsformen simulieren können. Sehr bald schon werden Sie auf dem eingebauten Monitor eines Laufbandes wahrscheinlich im Internet surfen oder Fernsehen können. Alle diese Dinge sind schöne Extras – aber Sie sollten daran denken, dass Sie genau das sind: nämlich Extras. Die Leistungskraft, Haltbarkeit und Qualität eines Laufbandes sollten die wichtigsten Entscheidungsfaktoren bei Ihrer Wahl sein.

Wenn Ihnen bei den Preisen für ein gutes Modell schwindlig wird, Sie aber dennoch gerne ein Laufband daheim hätten, versuchen Sie es auf dem Secondhand-Markt. Dort können Sie oft qualitativ hochwertige Modelle erstehen und dabei ein gutes Schnäppchen machen. Sehen Sie in den Anzeigenteil Ihrer Tageszeitung oder spezielle Secondhand-Zeitungen wie *Such & Find, Sperrmüll, Das Inserat, AVIS* o.Ä., die inzwischen auch meist Online zu finden sind. Auch einige Sportgerätehändler verkaufen zum Teil Secondhand-Fitnessgeräte.

Wie man ein Laufband benutzt

Weil sich das Laufen auf dem Band vom Laufen auf der Straße etwas unterscheidet, brauchen Sie vielleicht einige Zeit, bis Sie sich daran gewöhnt haben. Viele Leute brauchen einige Trainingseinheiten, bis sie ihre Stand- und Lauffestigkeit gefunden haben, also versuchen Sie nicht, sofort zig Kilometer runterzurennen, sobald Sie den Startknopf eingeschaltet haben.

Beginnen Sie Ihr Laufband-Training auf dieselbe Art und Weise, wie Sie Ihr Laufprogramm draußen begonnen haben: mit Gehen. In diesem Fall soll Ihnen das Gehen dabei helfen, sich an die bewegende Oberfläche unter den Füßen zu gewöhnen.

Versuchen Sie zu gehen, ohne dass Sie sich an der Anzeige vor Ihnen oder den Griffen an der Seite abstützen. Wenn Sie sich – nach einigen Tagen – dabei wohl fühlen, können Sie mit dem Laufen beginnen. Es mag Ihnen so vorkommen, als ob Sie Ihren Schritt etwas verkürzen oder Ihren Stil etwas anpassen müssen, um mit den Dimensionen des Laufbandes klarzukommen, und bis zu einem gewissen Grade werden Sie das wahrscheinlich auch tun. Aber Ihr Körper wird – wie das beim Laufstil ganz allgemein der Fall ist – wahrscheinlich den für Sie effizientesten Schritt finden (siehe Abbildung 16.1).

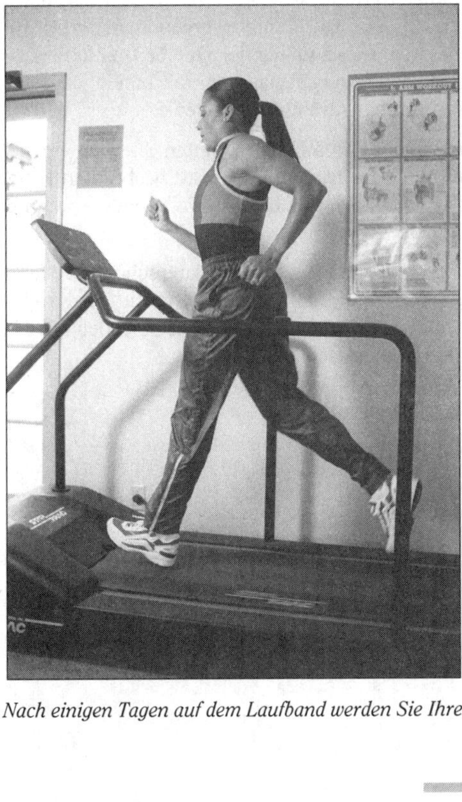

Abbildung 16.1: Nach einigen Tagen auf dem Laufband werden Sie Ihren Schritt finden.

Die Platzierung Ihres Laufbandes ist ebenfalls wichtig. Wer sein Gerät im Schlafzimmer stehen hat, benutzt es meist bald nur noch als Kleiderständer. Es ist wahrscheinlich eine gute Idee, dass Sie die Maschine an einen Platz stellen, wie den Keller oder einen Hobbyraum, der so weit wie möglich von den Ablenkungen des täglichen Lebens entfernt ist, insbesondere vom Kühlschrank. Versuchen Sie, das Laufband neben einem Fenster aufzustellen. Sie werden den Ausblick beim Laufen besonders dann genießen, wenn draußen der Wind heult und der Schnee fällt. An diesen Tagen werden Sie Mitleid mit denjenigen haben, die draußen laufen müssen, während Ihnen wohlig warm ist und Sie sich zu dem weisen Entschluss, ein Laufband zu kaufen, beglückwünschen.

Um die Langeweile des Laufens auf dem Band zu bekämpfen, sollten Sie sich ablenken, indem Sie fernsehen oder einen Videofilm anschauen. Die meisten Fitnessclubs haben vor ihren Laufbändern Fernseher installiert. Wenn Sie daheim ein Laufband benutzen, sollten Sie sich überlegen, das Gleiche zu tun. Oder stellen Sie Ihre Stereoanlage in die Nähe und laufen Sie zum Rhythmus Ihrer Lieblingsmusik oder hören Sie Radio.

Auch wenn wir Ihnen stark davon abraten, beim Laufen draußen Kopfhörer zu tragen, können Sie, wenn Sie drinnen laufen, ohne Sicherheitsrisiko Musik hören. Musik kann die Kilometer »verkürzen«. Untersuchungen zeigen, dass Leute, die beim Sport Musik hören, eine geringere Rate wahrgenommener Anstrengung (RPE) angeben, ein Thema, das weiter oben im Kapitel »Aerobe Trainingszone« bereits erläutert wurde. Sie fühlen sich besser und entspannter, wahrscheinlich weil die Musik, oder auch die Filme, Sie von Ihren Anstrengungen ablenken.

Zusätzlich zu Musik oder einem Fernsehgerät könnten Sie auch einen großen Spiegel vor sich anbringen, damit Sie während des Laufens Ihren Stil beobachten können. Ein Ventilator oder eine Frischluftquelle ist ebenfalls eine gute Idee, insbesondere wenn Sie während der langen Läufe ins Schwitzen kommen.

Obwohl einige Leute während des Laufens auf dem Band schnurlos oder mobil telefonieren, empfehlen wir das nicht. Es ist schwierig, mit einem Telefon in der Hand zu laufen. Außerdem ist gerade dies einer der Gründe für das Laufen: damit Sie eine kleine Weile von solchen Unterbrechungen weg kommen und Abstand nehmen können.

Filmtipps fürs Laufband-Training

Unsere bevorzugten Filme fürs Laufband-Training:

- ✔ *It's A Wonderful Life*: Flo-Jo's absoluter Lieblingsfilm.
- ✔ *The Wizard of Oz*: Aufmunternd, während Sie Ihre eigene »Gelbe Backsteinstraße« hinunterlaufen.
- ✔ Dokumentarfilme über herausragende Athleten: Flo-Jo's Helden und Heldinnen sind Jesse Owens, Wilma Rudolph, Sugar Ray Robinson und ihre eigene Schwägerin Jackie Joyner-Kersee.
- ✔ Wettkampfübertragungen: Wir kennen jemanden, der in einem Jahr den New-York-City-Marathon verschlafen hat und stattdessen die gesamten 42,195 Kilometer auf seinem Band lief, während er die Live-Übertragung im Fernsehen verfolgte ...

Heben Sie sich folgende Programme lieber für die Couch auf:

- ✔ Kabelfernsehen: Die Sender zeigen zu viel Werbung, und mit der Fernbedienung durch die Sender zu zappen, während Sie laufen, ist auch nicht das Wahre.
- ✔ Abendnachrichten oder Talkshows: Erstere sind zu deprimierend und letztere zu statisch.

Krafttraining

17

In diesem Kapitel

- Wie Krafttraining Ihre Laufleistung verbessern kann
- Warum das Training mit Gewichten Sie nicht *zu* muskulär macht
- Wichtige Übungen

Wenn Sie vor zehn oder zwanzig Jahren ein Buch über das Laufen durchgeblättert hätten, hätten Sie ein Kapitel wie dieses nicht gefunden. Krafttraining? Wieso, diese Aktivität war nicht für Läufer, sondern für breitschultrige Muskelprotze, die ihre Körper mit Öl bedeckten und grunzten, während sie versuchten, irgendeine bizarre Pose einzunehmen. Aber Sie wollen nicht wie ein Bodybuilder aussehen, oder? Und solange Sie Ausdauer und Geschwindigkeit haben – wer braucht da schon Muskeln?

Die Antwort: Sie brauchen sie. Läufer benötigen nicht unbedingt dieselbe Kraft wie Bodybuilder, Football-Spieler oder Sprinter. Aber Läufer brauchen genug Kraft, um ihre Oberkörper während der endlosen Stunden eines langen Laufes oder Marathons aufrecht zu halten, genug Kraft, um ihren Beinen zu helfen, die Krafteinwirkungen des Aufpralls zu absorbieren, und genug Kraft, damit sie auch als 70- oder 80-Jährige noch aus der Badewanne oder die Treppen hinaufsteigen können!

Was das Krafttraining für Ihr Lauftraining tun kann

Susan Kalish, früher Executive Director der *American Running and Fitness Association* in Bethesda, Maryland, sagt dazu: »Läufer kommen zu mir und fragen, was sie tun können, um sich zu verbessern. Ich sage ihnen dann: Wenn Sie neben dem Laufen noch irgendetwas anderes tun sollten, dann ist das Krafttraining. Es ist erwiesen, dass ein gutes Krafttrainingsprogramm Ihr Verletzungsrisiko erheblich reduziert und dass es Sie schneller macht.«

Sportphysiologe Owen Anderson stimmt dem zu. In seiner Rangliste der besten Cross-Trainingsaktivitäten für Läufer – die Aktivitäten, die die Laufleistung am unmittelbarsten verbessern – ist das Krafttraining die Nummer 1.

Warum?

Wie zahllose Untersuchungen der letzten Jahre gezeigt haben, hat sich das Krafttraining für Läufer als vorteilhaft erwiesen. Es kann helfen, Muskeleinseitigkeiten auszugleichen und vor allem Verletzungen zu vermeiden.

Die häufigste dieser Einseitigkeiten bei Läufern befindet sich in den Beinen: Läufer haben typischerweise im Oberschenkel sehr stark ausgeprägte Beugemuskeln und sehr schwache Streckmuskeln. Das kann zu Knieverletzungen führen. Ein Krafttraining, dass alle Oberschenkelmuskeln trainiert, kann das Risiko derartiger Probleme reduzieren. Viele Eliteläufer der längeren Distanzen bauen heutzutage Arbeit mit Gewichten in ihr Training ein, um solche Verletzungen zu vermeiden.

Die Bedeutung des Krafttrainings für Läufer

Von den Top-Läufern stellte Steve Spence aus Chambersburg, Pennsylvania die vielleicht dramatischste Referenz für die Bedeutung des Krafttrainings aus. Im Jahr 1991, als Spence aufgrund von Verletzungen und Erkrankungen nicht einmal laufen konnte, stellte er einen Krafttrainer ein und begann ein aggressives Krafttrainingsprogramm. Vier Monate später gewann er während der Weltmeisterschaften in Japan die Bronzemedaille im Marathon. Der Lauf gilt noch heute als eine der besten Leistungen eines amerikanischen Langstreckenläufers in diesem Jahrzehnt. Seither haben viele andere Top-Athleten, darunter Alberto Salazar und Ann Marie Lauck, das Krafttraining zu einem Bestandteil des Trainingsprogramms gemacht – mit hervorragenden Resultaten.

Was das Krafttraining für Ihr Leben tun kann

Top-Athleten sind nicht die einzigen, die vom Krafttraining profitieren. Das *American College of Sports Medicine* und die Gesundheitsbehörde haben zweimaliges Krafttraining pro Woche in ihre Empfehlungen für sportliche Aktivitäten aufgenommen – mit gutem Grund: Krafttraining hat sich als bedeutende Präventivmaßnahme gegen Osteoporose erwiesen. Außerdem hat eine ganze Reihe inzwischen berühmt gewordener Untersuchungen in Altersheimen gezeigt, dass ein regelmäßiges Krafttraining selbst Patienten in den Neunzigern befähigte, ihren Rollstuhl stehen zu lassen und wieder eigenständig zu laufen. Nachdem einige dieser Patienten jedoch wieder mit dem Krafttraining aufgehört hatten, kehrten sie in ihren Rollstuhl zurück.

Also ist die Botschaft für Ihre Muskeln klar: Liften Sie sie – mit Krafttraining.

Solange ich laufe, werde ich immer Krafttraining machen. Für mich ist Laufen ohne Krafttraining wie Barfußlaufen, weil etwas derart Wichtiges fehlt. Ich mache jetzt längst nicht ein so hartes Krafttraining, wie zu der Zeit, als ich Kurzstrecken lief – und diese Schnellkraft brauchte, um aus den Startblöcken zu kommen –, aber ich trainiere noch regelmäßig, drei- oder viermal pro Woche. Ich versuche alle Muskelgruppen miteinzubeziehen – Ober- und Unterkörper –, denn ich weiß, dass mein Körper kräftig sein muss, wenn er mich weiterhin überall hinbringen soll.

»Krafttraining macht steif und unbeweglich.« Quatsch. Diese allgemein verbreitete Annahme hat sich im Laufen und den meisten anderen Sportarten als falsch erwiesen. Keine Untersuchung hat jemals eine eingeschränkte Flexibilität (Beweglichkeit) unter Leuten, die mit Gewichten trainieren, aufgezeigt. In Wirklichkeit haben einige Studien sogar das genaue Gegenteil bewiesen.

Training, Training, Training

Gewichtheben, Krafttraining, Arbeiten mit Widerständen – alle diese Begriffe bezeichnen im Grunde genommen ein und dasselbe: Ihre Muskeln arbeiten gegen eine Kraft, einen Widerstand, der sie bis zu dem Punkt beansprucht, dass die Muskeln buchstäblich wachsen müssen, um den Widerstand zu »überwinden«.

Viele Gegenstände können beim Krafttraining als Trainingsmittel dienen. Physiotherapeuten benutzen Plastikschläuche und Aerobictrainer verwenden Gewichtsstäbe. Einige benutzen Suppendosen, dicke Wörterbücher oder andere gewichtige Gegenstände aus ihrer häuslichen Umgebung. Sie können sogar Ihr eigenes Körpergewicht einsetzen, zum Beispiel indem Sie Liegestützen machen.

Aber die effizienteste Form des Krafttrainings wird mit Hilfe von freien Gewichten (Kurzhanteln und Langhanteln) durchgeführt oder mit Krafttrainingmaschinen, wie sie in den meisten Fitnessclubs vorhanden sind. Diese Gewichte können leicht gehoben oder gesenkt werden; sie bieten eine Vielzahl von Bewegungsvarianten für die unterschiedlichen Muskelgruppen und Sie können mit diesen Gewichten Ihre Übungen sicher und einfach durchführen.

Hoch die Gewichte!

Vor einigen Jahren entwickelte Dr. Wayne Westcott als Trainingsberater des CVJM ein Krafttrainingsprogramm für das weibliche Crosslauf-Team der *Notre Dame High School* in Hingham, Massachusetts. Sein Programm betonte alle wichtigen Muskelgruppen, nicht nur die Muskeln, die beim Laufen besonders beansprucht werden. Er passte auf, dass die Mädchen die Übungen korrekt und regelmäßig durchführten. Das Ergebnis?

In den vier Jahren seiner Tätigkeit gewann die Schule viermal hintereinander die landesweite Crosslauf-Meisterschaft der Mädchen. Während dieser Zeit erlitt nur eine Athletin eine laufbedingte Verletzung – ein unglaublicher Rekord. »Diese krafttrainierten Läuferinnen hielten auch anspruchsvolle Trainingseinheiten durch ohne zusammenzubrechen,« sagte Westcott.

Damit auch Sie nicht zusammenbrechen: Heben Sie Gewichte.

Arnold, Sie sind nicht mein Typ - oder: Der Unterschied zwischen Läufern und Gewichthebern

Läufer unterscheiden sich von den meisten anderen Leuten, die in einen Fitnessclub gehen. Läufer wollen laufen. Sie wollen weniger Zeit im Fitnessraum verbringen und mehr Zeit draußen auf der Straße. Auch ihr Ziel unterscheidet sich von dem der meisten Leute – insbesondere der Männer –, die einem Fitnessclub beitreten. Läufer wollen keine Muskelvergrößerung. Ja sicher, ein sich gut abhebender Muskel unter dem Laufshirt wäre auch nicht schlecht, aber Läufer wollen nichts, das sie dazu bringt, ihre Laufhosen mit dem Outfit eines Bodybuilders einzutauschen.

Wenn Sie Bedenken haben, *zu* muskulär zu werden, seien Sie getröstet: Die meisten Männer und Frauen haben weder den Testosteronspiegel noch den Muskeltyp, um diese Art von Muskelwachstum zu erzeugen. Die meisten Läufer besitzen wesentlich mehr rote Muskelfasern – die auch langsame Fasern genannt werden und für die (Kraft-) Ausdauer zuständig sind – als ein durchschnittlicher Gewichtsheber oder Kugelstoßer, dessen Muskeln über mehr weiße Muskelfasern verfügen – der schnelle Fasertyp, der für die Schnellkraft zuständig ist.

Untersuchungen von Dr. Wayne Westcott haben gezeigt, dass die roten Muskelfasern im Krafttraining besser auf eine hohe Wiederholungszahl mit niedrigeren Gewichten ansprechen. »Footballspieler erzielen bessere Resultate mit höheren Gewichten und wenigen Wiederholungen,« erläutert Westcott. »Läufer müssen mit hohen Wiederholungen arbeiten, da sie ein großes Energie-Reservesystem besitzen. Sie brauchen länger, um dieselbe Ermüdungsebene zu erreichen. Und um länger arbeiten zu können, brauchen sie geringere Gewichte.«

Viele Wiederholungen heißt nicht endloses Pumpen mit einer 500 Gramm schweren Hantel. Wenn das Gewicht und damit die Trainingsintensität zu gering ist, erzielen Sie keine Ergebnisse. Muskeln werden nur kräftiger, wenn sie dazu gezwungen werden, mehr Fasern zu benutzen, um einen höheren Widerstand zu überwinden. Westcotts Untersuchungen zeigen, dass Läufer mit Gewichten arbeiten sollten, mit denen sie etwa 12 bis 15 Wiederholungen pro Übung durchführen können.

Also, auf geht's: Heben Sie Gewichte, aber tun Sie es richtig. Hier sind einige häufig gestellte Fragen und die Antworten, die Ihnen weiterhelfen können:

Wie oft sollte ich Krafttraining machen?

Die meisten Läufer können von zwei oder drei Trainingseinheiten pro Woche profitieren. Wenn Sie vier Tage die Woche mit mehreren Sätzen trainieren, werden Sie mehr Muskelzuwachs erzielen. Wenn das Ihr Ziel ist, prima. Aber denken Sie daran: Es ist ein Balanceakt. Kräftige Muskeln sind wichtig für das Laufen. Große Muskeln bedeuten mehr Körpergewicht und können Sie verlangsamen.

Welche Muskeln sollte ich trainieren?

Alle. Die meisten Experten empfehlen ein Krafttrainingsprogramm für den Ober- und Unterkörper als auch für die Rumpfmuskulatur. Ein zum Gesamtkörpertraining Bekehrter ist Alberto Salazar, Gewinner der New York City- und Boston-Marathons, der zwei- bis dreimal pro Woche in seinem kleinen Fitnesscenter im Keller trainiert. Salazar macht eine Reihe von Übungen für die Beine inklusive Beinstrecker, Beinbeuger, Übungen für die Adduktoren und Abduktoren (die Muskeln an der Innen- und Außenseite der Beine, die für die laterale Bewegung, also das Anziehen und Abspreizen der Schenkel zuständig sind) sowie Wadentrainer. »Ich meine, dass es wichtig ist, beides, den Unter- und den Oberkörper, zu trainieren,« sagt Salazar. »Ich denke, dass die zusätzliche Kraft dabei helfen wird, dass sich der Körper schneller vom Aufprall beim Laufen erholt.«

Persönliche Beratung

Wenn Sie lernen möchten, wie Sie die Kraftübungen korrekt ausführen, ist ein persönlicher Trainer vielleicht eine gute Idee. Halten Sie nach einem zertifizierten Trainer Ausschau. Ein guter persönlicher Trainer für Läufer muss nicht selbst laufen, aber er sollte genug davon verstehen, damit er ein Programm zusammenstellen kann, das für Ausdauerathleten, und nicht für Bodybuilder, geeignet ist. Er sollte Ihnen auch dabei helfen können, das Gewichtheben mit Ihrem Lauftraining ins richtige Gleichgewicht zu setzen.

Wenn Sie sich einen persönlichen Trainer suchen, sollten Sie sowohl die Persönlichkeit als auch die Ausbildung berücksichtigen. Ein guter Trainer ist auch ein guter Lehrer und Motivator und jemand, bei dem Sie sich wohlfühlen.

Obwohl Trainer auch zu Ihnen nach Hause kommen, arbeiten sie zumeist in Fitnessclubs. Ihr Studio kann Ihnen einen Trainer empfehlen. Denken Sie daran, dass Sie sowohl die Aufnahmegebühr für den Club als auch die Trainerstunden bezahlen müssen, die, je nachdem wo Sie wohnen und welche Erfahrung der Trainer mitbringt, einige Euro kosten können. Aber Sie wollen ja nicht Ihr ganzes Leben mit dem Trainer verbringen. Sie können ihn auch für nur eine oder ein paar Stunden buchen. Nachdem Sie dann eine Routine erarbeitet haben, die Sie richtig beherrschen, können Sie selbstständig weitertrainieren.

Welche Trainingsmittel sollte ich benutzen?

Eine Kombination von freien Gewichten und Kraftgeräten ist wahrscheinlich am besten. Sie können mit einer Runde Gerätetraining anfangen, wenn Sie sich dabei wohler fühlen; aber fürchten Sie sich nicht davor, auch die freien Gewichte zu benutzen, wenn Sie in den Fitnessclub gehen.

Wenn Sie zu Hause trainieren möchten und Geld sparen wollen, sind freie Gewichte vielleicht das Richtige: Eine Multifunktions-Fitness-Station kostet richtig Kohle (ab 500 Euro aufwärts). Eine Grundausstattung an freien Gewichten bekommen Sie schon für ein paar Hundert Euro.

Welche Übungen sollte ich machen? Wie sollte ich sie durchführen? Wie viele Sätze sollte ich machen?

Ein Krafttrainingsprogramm für Läufer sieht nicht viel anders aus als das anderer Athleten. Alle wichtigen Muskelgruppen sollten einbezogen werden inklusive der Beine.

Beachten Sie folgende allgemeine Richtlinien, damit Sie Ihr Krafttraining ohne Verletzungen und effektiv ausführen:

- ✔ Beginnen Sie zunächst mit Grundübungen (wie wir sie weiter unten in diesem Kapitel beschreiben) und denken Sie dabei an alle wichtigen Muskelgruppen.
- ✔ Führen Sie pro Übung ein oder zwei Sätze durch (eine bestimmte Kraftübung einmal pro Trainingstag durchzuführen ist ein *Satz*) und arbeiten Sie mit acht bis zwölf Wiederholungen pro Satz. Wenn Sie eine Übung leicht mit 16 Wiederholungen durchführen können, erhöhen Sie das Gewicht um fünf Prozent.
- ✔ Benutzen Sie langsame, kontrollierte Bewegungen: Der positive Teil der Übung (das Heben) sollte zwei Sekunden dauern, der negative (das Absenken) vier Sekunden.

Ein Krafttrainingsprogramm für Läufer

Die folgenden Übungen sind unserer Meinung nach gut für Läufer geeignet. Dr. Wayne Westcott, Krafttrainingsberater des CVJM, hat dieses Programm speziell für Läufer zusammengestellt. In den Übungen wird mit Kurzhanteln gearbeitet, aber sie können etwas abgewandelt auch an Kraftgeräten ausgeführt werden.

Kniebeugen

Kniebeugen gelten als *die* beste Kraftübung für den Unterkörper: Fassen Sie die Kurzhanteln und stehen Sie aufrecht, die Füße parallel und etwa hüftbreit auseinander. Halten Sie die Hanteln so, dass die Handinnenseiten ihren Oberschenkeln zugewendet sind. Halten Sie den Kopf aufrecht, die Schultern zurück und Ihren Rücken gerade (siehe Abbildung 17.1). Lagern Sie während der gesamten Übung Ihr Gewicht fest auf Ihren Füßen. Gehen Sie langsam in die Knie, bis die Oberschenkel parallel zum Boden sind. Atmen Sie dabei ein. Beginnen Sie die Aufwärtsbewegung, indem Sie Ihre Knie und Hüften langsam strecken (Ausatmen).

Bankdrücken

Eine Menge Jungs im Fitnesscenter verbringt wesentlich zu viel Zeit mit dieser Übung, aber sie hat großen Wert in der Kräftigung der Muskulatur von Brust, Schultern und Trizeps. Sie können dazu Kurz- oder Langhanteln verwenden. Legen Sie sich mit dem Rücken auf eine flache Bank, Gesicht nach oben, mit gebeugten Knien, die Füße flach auf dem Boden (siehe Abbildung 17.2).

Kopf, Schultern und Po sollten während der gesamten Übung auf der Bank bleiben. Fassen Sie die Hanteln und drücken Sie sie nach oben, bis beide Arme über der Brust gestreckt sind. Senken Sie die Arme gleichzeitig neben die Brust, drücken Sie sie dann gleichzeitig nach oben, bis sie voll gestreckt sind.

Abbildung 17.1: Kniebeugen kräftigen den Unterkörper.

Abbildung 17.2: Bankdrücken kräftigt Brust, Schultern und Trizeps.

Lateralhebungen

Fassen Sie die Kurzhanteln so, dass die Handinnenflächen zu den Oberschenkeln zeigen, Ihre Ellenbogen sind leicht gebeugt. Stehen Sie aufrecht, die Füße hüftbreit auseinander. Heben Sie die Hanteln gleichzeitig langsam nach oben, bis sie in einer Ebene mit den Schultern sind, die Arme ausgestreckt, parallel zum Boden. Senken Sie die Arme langsam in die Ausgangsposition und wiederholen Sie die Übung (siehe Abbildung 17.3).

Abbildung 17.3: Lateralhebungen sind eine weitere gute Übung für Arme und Schultern.

Schulterhebungen

Diese Übung wird im Stand ausgeführt, mit den Füßen hüftbreit auseinander. Fassen Sie die Kurzhanteln mit den Handflächen nach innen, die Arme hängen an der Seite gestreckt herunter, siehe Abbildung 17.4. Lassen Sie die Arme während der Übung gestreckt. Heben Sie die Schultern so hoch wie möglich, wie ein übertriebenes Schulterzucken. Senken Sie die Hanteln langsam wieder.

Bizeps Curl

Curls können im Stehen, Sitzen oder über eine spezielle Bank gelehnt durchgeführt werden. Im Stehen – die für Anfänger empfohlene Form der Übung – machen Sie den Curl wie folgt: Fassen Sie die Kurzhanteln mit den Handinnenflächen Richtung Oberschenkel, die Arme gestreckt. Stellen Sie sicher, dass Ihre Oberarme während der Übung an Ihren Seiten und senkrecht zum Boden bleiben. Stehen Sie aufrecht, die Füße hüftbreit auseinander und parallel zueinander. Beugen Sie die Hanteln gleichzeitig nach oben Richtung Schultern, indem Sie die Handgelenke drehen, bis die Handinnenflächen Richtung Brust zeigen. Dann senken Sie sie langsam und wiederholen das Ganze. Abbildung 17.5 zeigt die richtige Technik.

Abbildung 17.4: Benutzen Sie Schulterzucken, um Nacken und Schultern zu kräftigen.

Abbildung 17.5: Trimmen Sie diesen Bizeps mit Curls.

Trizepsstrecker

Halten Sie eine Kurzhantel mit beiden Händen und stehen Sie aufrecht mit den Füßen hüftweit auseinander. Heben Sie die Hantel so weit nach oben, bis die Arme direkt über dem Kopf vollständig gestreckt sind. Halten Sie die Oberarme während der gesamten Übung senkrecht zum Boden. Senken Sie die Hantel langsam Richtung Nacken. Heben Sie die Hantel wieder, bis die Arme vollständig gestreckt sind (siehe Abbildung 17.6).

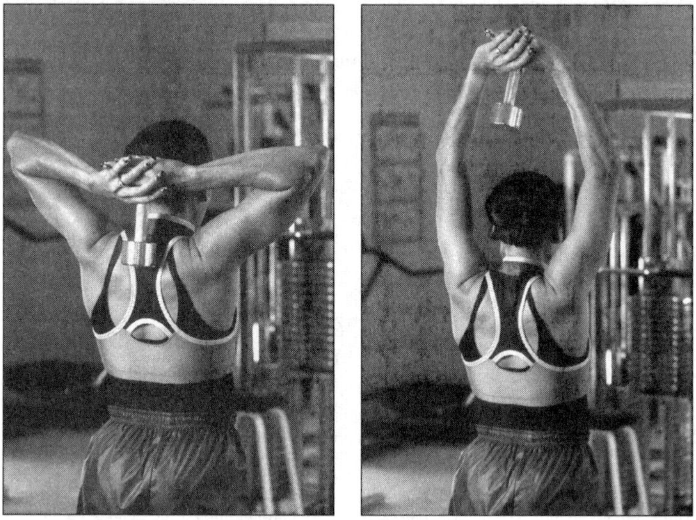

Abbildung 17.6: Diese Übung kräftigt die Rückseite Ihrer Oberarme.

Rückenstrecker

Legen Sie sich flach auf den Bauch, benutzen Sie die Hände, um die Brust 15 bis 20 Zentimeter über den Boden zu heben. Halten Sie die Hüften fest auf dem Boden. Versuchen Sie, sich ohne Hilfe der Arme langsam zu senken, indem Sie ausschließlich die Lendenmuskeln benutzen, wie Abbildung 17.7 zeigt. Ihr Ziel ist es, dass Sie irgendwann die Brust nur mit Hilfe der unteren Rückenmuskulatur heben und senken können.

Abbildung 17.7: Benutzen Sie diese Übung, um Ihre untere Rückenmuskulatur zu kräftigen.

Rumpfbeugen

Rumpfbeugen werden allgemein Sit-ups genannt – und oft falsch ausgeführt. Die korrekte Form dieser Übung sind langsame, kontrollierte Bewegungen. Wie Abbildung 17.8 zeigt, liegen Sie mit dem Rücken auf einer Matte oder dem Teppich. Beugen Sie die Knie in einen 100-Grad-Winkel, die Füße flach auf dem Boden. Legen Sie die Hände locker unter den Nacken, um den Kopf in neutraler Position zu halten. Heben Sie langsam die Schultern etwa 30 Grad vom Boden. Senken

Sie die Schultern langsam zum Boden. Wiederholen Sie. Was Ihnen jeder gute Trainer bestätigen wird: Wenn Sie die Übung korrekt ausführen, werden Sie zunächst nicht mehr als etwa 20 hintereinander schaffen.

Abbildung 17.8: Jedermanns Liebling: Sit-ups

Laufen für Frauen, Kinder und Senioren

18

In diesem Kapitel

- Gesundheitliche Probleme von Frauen verstehen
- Wie Kinder das Sofa verlassen
- Im Alter gesund bleiben

Kein anderer Sport ist so demokratisch wie das Laufen. Schauen Sie bei einem Volkslauf zu und Sie werden die Wahrheit dieser Worte erkennen.

Bei keinem anderen Sport nehmen so viele verschiedene Menschen unterschiedlichen Alters, unterschiedlichen Geschlechts, unterschiedlicher Statur und unterschiedlicher Fähigkeiten gemeinsam an demselben Wettkampf teil.

Und obwohl Läufer jung oder alt, männlich oder weiblich sein können, werden die meisten der grundlegenden Trainingsprinzipien immer zutreffen. Ob Sie ein 15-jähriger Junge oder eine 72-jährige Frau sind – Sie brauchen doch ein gutes Paar Schuhe, Sie müssen doch allmählich anfangen und Sie müssen sich doch der Gefahren des Übertrainings und der Hitze bewusst sein.

Allerdings spielen für bestimmte Gruppen von Läufern, darunter Frauen, Kinder und Senioren, auch einige spezielle Faktoren eine Rolle.

Frauen und Laufen

Einst war es Frauen generell nicht erlaubt, an Langstreckenläufen teilzunehmen. Die Einschränkungen basierten auf einigen behämmerten Theorien, die man zu jener Zeit für richtig hielt. Beispielsweise glaubten einige Leute, dass Frauen zu schwach wären, keine Ausdauer und nicht genug Durchhaltevermögen besäßen. Aber die Männer, die damals für die Leichtathletik verantwortlich waren, hatten in Wirklichkeit nur Angst davor, ihre eigenen Sensibilitäten zu verletzen: Die Vorstellung verausgabter Frauen, die an der Ziellinie nach Atem ringen, schien ihnen geschmacklos und wenig damenhaft. Wahrscheinlich fühlten sie sich von der generellen Idee schwitzender Frauen als solches gekränkt und beleidigt – oder vielleicht sogar bedroht.

Dieser Sexismus hielt an bis in die sechziger Jahre, als Frauen – insbesondere eine entschiedene Studentin der Syracuse Universität namens Kathrine Switzer und eine New Yorker Hausfrau und Krankenschwester namens Nina Kuscsik – diesem Sport ihren Stempel aufdrücken wollten. Switzer war die erste Frau, die offiziell den Boston-Marathon lief (obwohl der Direktor der Veranstaltung persönlich versuchte, sie mit Gewalt aus dem Rennen zu reißen), und kurz darauf wurde Kuscsik die erste Läuferin, die dieses Rennen für Frauen gewann.

Beide Frauen arbeiteten hart daran, Laufen für Frauen zu promoten, und beide konnten in den vergangenen 30 Jahren eine unglaubliche Entwicklung beobachten. Wahrscheinlich war keine Veränderung bedeutender oder dramatischer als der erste olympische Frauenmarathon bei den Olympischen Spielen 1984 in Los Angeles, den Joan Benoit, eine tapfere junge Frau aus Maine, USA, gewann.

Zwölf Jahre und zwei Kinder später qualifizierte sich Benoit (die mit ihrer Heirat inzwischen den Namen ihres Mannes, Samuelson, angenommen hatte) für den Olympischen Marathon 1996. Mittlerweile in ihren Vierzigern, nimmt sie weiterhin an Wettkämpfen teil. Und auch Switzer und Kuscik laufen dreißig Jahre, nachdem sie mit dem Sport begonnen haben, noch immer, weil es ihnen Spaß macht und sie fit bleiben wollen. Und als Programmdirektorin der *Avon's Global Series* von Lauf-/Geh-Veranstaltungen setzt sich Switzer weiterhin für laufende Frauen ein.

So viel zur fehlenden Ausdauer von Frauen!

Aber Frauen sollten sich einiger spezifischer Faktoren bewusst sein, bevor sie mit dem Laufen beginnen. Mona Shangold, Dr. med. und Direktorin des *Center for Women's Health and Sports Gynecology* in Philadelphia, gibt dazu Ratschläge in folgenden Bereichen:

Zahlen zeigen, dass Frauen aufholen

Die wirkliche Nachricht im Laufsport der neunziger Jahre ist die steigende Zahl von weiblichen Teilnehmerinnen. In wachsender Zahl gehen Frauen jeglichen Alters auf die Straßen, nehmen die Vorteile des Sports wahr und gestalten dabei den Sport neu.

- ✔ Zum ersten Mal in seiner 30-jährigen Geschichte berichtet das *Runner's World* Magazin, dass die Mehrheit seiner neuen Abonnenten Frauen seien.
- ✔ Der erste *Rock and Roll Marathon* in San Diego verzeichnete 1998 20.000 Teilnehmer – und 55 Prozent der Anmeldungen kamen von Frauen.
- ✔ Es werden immer mehr Läufe nur für Frauen angeboten (siehe *Der Top-Ten-Teil*).

Laufen und Menstruation

Im Prinzip hat die Menstruation keinerlei Auswirkung auf das Laufprogramm. Tatsächlich hat Shangold beobachtet, dass Sport häufig sogar bei einigen Menstruationsbeschwerden hilft und Krämpfe sowie prämenstruelle Syndrome reduzieren kann.

Einige Frauen, die ein regelmäßiges Lauftraining beginnen, entwickeln zum ersten Mal seit langem einen regelmäßigen Menstruationszyklus. Viele beleibte Frauen haben einen sehr unregelmäßigen Zyklus und demzufolge ein erhöhtes Risiko, an Gebärmutterkrebs zu erkranken.

Shangold betont, dass Sport für Frauen viel mehr Vor- als Nachteile hat.

Laufen und Amenorrhö

Amenorrhö, oder das Ausbleiben der Periode, ist unter sehr aktiven, athletischen Frauen und unter Frauen, die abnehmen, recht häufig. Shangold empfiehlt, dass Frauen, die eine Amenorrhö entwickeln, einen Gynäkologen aufsuchen.

Laufen und Schwangerschaft

Früher wurde schwangeren Frauen Ruhe empfohlen. Heute raten Ärzte den meisten Frauen, dass regelmäßige sportliche Aktivität während der Schwangerschaft von Vorteil ist. »Laufen mag für einige Frauen unangenehm sein,« sagt Shangold, »aber für diejenigen, bei denen die Schwangerschaft unkompliziert verläuft, ist Laufen völlig in Ordnung.« Natürlich sollten alle schwangeren Frauen ihren Arzt konsultieren, bevor sie ein Fitnessprogramm beginnen.

Wenn die Schwangerschaft normal verläuft, können Sie bis zur Geburt Ihres Babys laufen. Ein Laufprogramm nach der Geburt wieder aufzunehmen, ist mehr eine Frage der Zeit als von irgendetwas anderem, denn Sie werden Schwierigkeiten haben, Zeit fürs Laufen zu finden, während Sie versuchen, sich in Ihre neue Rolle als Mutter hineinzufinden. Aber für die meisten Frauen gibt es keinen physischen Grund, warum sie nicht bald nach dem Gebären ihr Laufprogramm wieder aufnehmen könnten. (Dr. Shangold begann übrigens zehn Tage nach einem Kaiserschnitt wieder mit dem Laufen.)

Laufen mit Sport-BH

Die alten Nestoren der Leichtathletik – diejenigen, die nicht wollten, dass Frauen mehr als 400 Meter liefen – würden wahrscheinlich in Ohnmacht fallen, wenn sie in einem aktuellen Katalog für Laufsportbekleidung blättern würden. Unter der Überschrift »Frauenunterwäsche« zeigt ein solcher Katalog mehrere Seiten Büstenhalter und Slips, die speziell zum Laufen entworfen wurden.

Die freie Auswahl ist überwältigend, aber natürlich haben Sie auch eine andere Möglichkeit. Sie brauchen zum Laufen keinen speziellen BH zu kaufen.»Tragen Sie etwas, das angenehm ist,« rät Shangold. »Das ist alles, was zählt. Einige Frauen mögen sich in Sport-BHs wohlfühlen, aber wenn Sie einen normalen BH haben, der auch beim Laufen angenehm ist, tragen Sie diesen.«

Probieren Sie einen Sport-BH an, bevor Sie ihn kaufen. Auch ein Sport-BH, der gut sitzt, kann nach einer Stunde laufen durchaus kneifen. Verwenden Sie vor dem Laufen Vaseline oder Ähnliches, um Irritationen zu vermeiden.

Kinder und Laufen

Kinder lieben es, zu laufen und aktiv zu sein. Trotzdem bekommen fast die Hälfte aller Kinder zu wenig oder keine Bewegung und eines von fünf Kindern hat mindestens einige Pfund Übergewicht.

Wie kommt's? An welchem Punkt wird die instinktive Begeisterung eines Kleinkindes für Bewegung in eine Teenager-Diät aus Dauer-Fernsehen, Videospielen und Junk Food umgewandelt?

Während öffentliche Gesundheitsexperten und Erzieher über die Antwort auf diese Frage nachdenken, können Eltern einen einfachen Schritt unternehmen, um ihre Kinder in Bewegung zu halten: Unterstützen Sie den natürlichen Bewegungsdrang Ihres Kindes. Sie können das tun, indem Sie das Laufen zu einem Spiel machen, nicht zu einer Strafe.

Laufen steht laut *American Sports Data* in Hartsdale, New York unter den beliebtesten Outdoor-Sportarten von Kindern an der sechsten Stelle. Über 3,4 Millionen Jugendliche im Alter von 6 bis 17 Jahren laufen mindestens zweimal pro Woche.

Einst war es für Kinder verboten, eine Distanz zu laufen, die über anderthalb Kilometer hinausging. Aber jetzt, da die medizinischen Fachkreise erkannt haben, dass die Vorteile sportlicher Aktivität die langfristigen Gesundheitsrisiken durch Inaktivität bei weitem überwiegen, unterstützen sie die Idee des Laufens für Kinder ... bis zu einem gewissen Punkt.

»Es ist ein Mythos, dass Kinder keinen 3-Kilometer-Lauf mitmachen können,« sagt Stephen J. Virgilio, Professor für Körpererziehung an der Adelphi Universität in Garden City, New York. »Wir wollen nicht, dass Kinder zu Lauffanatikern werden, aber wir wollen, dass sie Spaß daran finden.«

Um Kindern zu helfen, Freude am Laufen zu entwickeln, sollten Eltern ihre Kinder ermuntern, teilzunehmen und Spaß zu haben und ihnen gleichzeitig zu verstehen geben, dass Laufen nicht unbedingt etwas ist, in dem sie gut sein müssen. Kinder sollten wissen, dass Laufen eine Aktivität ist, bei der sie sich einfach wohl fühlen sollen und durch die sie Ausdauer für andere Sportarten, wie zum Beispiel Fußball, aufbauen können.

Das Problem entsteht erst dann, wenn Kinder unter zwölf Jahren übermäßig ehrgeizig werden (oder wenn Eltern versuchen, sie in Wettkämpfe zu drängen). Obwohl einige talentierte Kinder sicherlich Langstreckenläufe bewältigen können, empfehlen heute die meisten Sporterzieher, dass Kinder bis zu zwölf Jahren keine Distanzen über fünf Kilometer laufen sollten.

Hier einige Tipps, wie Sie mit Ihrem Kind eine gesunde, lebenslange Laufgewohnheit beginnen können:

- ✔ **Spielen Sie zusammen, drängen Sie nicht**: »Wie sehr sollten Sie Ihr Kind drängen, zu laufen?« fragt Bob Glover, der ein sehr erfolgreiches Kinderlaufprogramm für den *New York Road Runners Club* entwickelt hat. »Überhaupt nicht. Drängen Sie nie. Unternehmen Sie stattdessen etwas gemeinsam mit dem Kind. Gehen Sie nach draußen und kicken Sie zusammen einen Fußball. Machen Sie eine Radtour. Wenn Sie dann laufen gehen, können Sie Ihr Kind fragen, ob es Lust hat mitzukommen.«

- ✔ **Anerkennung und Belohnung**: Immer mehr Läufe kennen Kinder- oder Bambini-Kategorien. Manche dieser Läufe ziehen einige der besten Läufer der Welt an, die für Geld teilnehmen, dennoch kennt die Kinderklasse keine Gewinner oder Verlierer. Jedes Kind, das durchs Ziel läuft, bekommt eine Medaille. Die Betonung liegt auf Teilnahme, nicht auf Wettbewerb. (Kinder werden später genügend Zeit für Wettkämpfe haben, wenn sie an Schulwettkämpfen teilnehmen oder in einen Sportverein eintreten.)

- ✔ **Beginnen Sie langsam und steigern Sie allmählich**: Kinder sollten denselben Prinzipien folgen wie erwachsene Laufanfänger. Beginnen Sie langsam und allmählich. Ermuntern Sie Ihre Kinder, Gehpausen zu machen. Bringen Sie ihnen bei, dass zwei oder drei Kilometer laufen nichts mit sprinten zu tun hat. Und stellen Sie sicher, dass sie viel Wasser trinken.
- ✔ **Gehen Sie mit gutem Beispiel voran**: Ein Kind wird eine Lektion über Fitness nicht ernst nehmen, wenn sie von einem Elterteil kommt, der sich selbst nicht in Form hält. Die Freude und die offensichtlichen körperlichen Vorteile, die Sie durch Ihr Laufen genießen, sprechen für Ihre Kinder Bände. Sie werden vielleicht sogar neugierig, wenn sie bemerken, welchen Spaß Sie selbst am Laufen haben. Wenn sie Interesse am Laufen bekunden, laden Sie sie ein, an einem nahe gelegenen Volkslauf teilzunehmen, die meist konkurrenzlose Kinder- oder Jugendläufe (oft Bambini- oder Schnupperläufe genannt) haben.

Ich habe mit dem Laufen begonnen, als ich sieben Jahre alt war. Ich hatte Spaß daran, und es war mir egal, als Wievielte ich ins Ziel lief. Solange ich mein Bestes gab, fühlte ich mich immer wie ein Sieger. Meine Mutter unterstützte diese Haltung. Nun, da ich selbst Mutter bin, sehe ich, wie richtig sie damit lag. Ich sehe eine Menge Eltern, die ihre Kinder in sportliche Aktivitäten hineindrängen, und ich denke, dass sie dies tun, weil sie selbst diese Möglichkeit nicht hatten und dies durch sportliche Erfolge ihrer Kinder nachholen möchten. Was diese Eltern nicht erkennen, ist, dass jedes Kind großartig ist, egal wie erfolgreich es beim Sport ist. Meistens nehmen solche Eltern ihren Kindern den Spaß. Stattdessen sollten wir Kinder lehren, teilzunehmen und Spaß am Laufen zu haben, egal wie begabt sie sind.

Senioren und Laufen

Bevor Sie als 65-Jährige/r (oder älter) mit dem Laufen beginnen, sollten Sie auf jeden Fall einen Arzt aufsuchen. Sie sollten auch in den Anfängen Ihres Laufprogramms etwas vorsichtiger vorgehen. Sie brauchen vielleicht etwas länger, bevor Sie zu dem Punkt kommen, an dem Sie zwei oder drei Kilometer durchlaufen können. Und Senioren brauchen eventuell auch längere Ruhephasen zwischen den einzelnen Trainingseinheiten.

Aber das Einzige, was ältere Menschen nicht tun sollten, ist, zu denken, dass sie allein deshalb nicht laufen können, weil sie zu alt sind. Sie sind nie zu alt, um mit dem Laufen anzufangen, insbesondere heutzutage.

In den Vereinigten Staaten hat sich die Einstellung zum Älterwerden stark geändert, und der Anstoß für diese neue Perspektive kam zu einem großen Teil aus den Reihen von Läufern. Mediziner fanden ein lebendiges Labor zur Untersuchung der Vorgänge des Alterns unter den Menschen, die in der Mitte ihres Lebens mit dem Laufen begannen und heute noch immer laufen, weit bis über die 70 hinaus. Einige dieser »Untersuchungsobjekte« sind selbst Wissenschaftler. So läuft zum Beispiel Walter Bortz von der Stanford Universität, Autor und Experte für den Prozess des Alterns, jedes Jahr einen Marathon. Eine der wichtigsten Lektionen, die er und seine Kollegen aus ihren Studien gelernt haben, ist, dass der menschliche Körper mehr oder weniger eine Benutz-oder-Verlust-Maschine ist.

Seniorenservice

Seniorenläufer haben eine eigene Organisation. Die *Fifty-Plus Association* in Palo Alto, Kalifornien richtet regelmäßig monatliche Geh- und Laufveranstaltungen sowie Radtouren in verschiedenen Orten in den USA aus. Sie veranstaltet auch Vorträge und Seminare über Sport im Alter und veröffentlicht einen monatlichen *Newsletter*.

Sie könnten sich kein besseres Vorbild für ältere Läufer vorstellen als den Direktor des Verbandes, Ray Stewart. Inzwischen über 70 Jahre alt, begann Stewart vor über 20 Jahren mit dem Laufen und trainiert noch immer regelmäßig. Er lief mit 61 Jahren seine schnellsten Zeiten – 38:04 über zehn Kilometer und 18:38 über fünf Kilometer, großartige Zeiten selbst für jemanden, der halb so alt ist!

Weitere Informationen: P.O. Box 20230, Stanford, CA 94309, USA oder besuchen Sie die Website unter `www.50plus.org`. In Deutschland ist der Seniorensport weitgehend dem allgemeinen Breitensport zugeordnet; die ehemalige Interessengemeinschaft Älterer Langstreckenläufer ist in die Interessengemeinschaft der Langstreckenläufer aufgegangen, die sich zum Ziel gesetzt hat, Laufen für alle – für Groß und Klein, Jung und Alt – zu fördern. Eine ähnliche Zielsetzung verfolgen zahlreiche Sportvereine und auch das Breitensportreferat des DLV.

In den Vereinigten Staaten hat sich die Einstellung zum Älternwerden stark geändert, und der Anstoß für diese neue Perspektive kam zu einem großen Teil aus den Reihen von Läufern. Mediziner fanden ein lebendiges Labor zur Untersuchung der Vorgänge des Alterns unter den Menschen, die in der Mitte ihres Lebens mit dem Laufen begannen und heute noch immer laufen, weit bis über die 70 hinaus. Einige dieser »Untersuchungsobjekte« sind selbst Wissenschaftler. So läuft zum Beispiel Walter Bortz von der Stanford Universität, Autor und Experte für den Prozess des Alterns, jedes Jahr einen Marathon. Eine der wichtigsten Lektionen, die er und seine Kollegen aus ihren Studien gelernt haben, ist, dass der menschliche Körper mehr oder weniger eine Benutz-oder-Verlust-Maschine ist.

Mit anderen Worten: Wenn Sie aufhören aktiv zu sein, wenn Sie Ihre Muskeln nicht mehr benutzen und Ihr Herz, Ihre Lunge und die Blutkörper nicht mehr zur Arbeit animieren, dann hören diese Organe auf, mit voller Kapazität zu arbeiten. Aber wenn Sie weiterhin trainieren – Ihren Körper genauso wie übrigens auch Ihr Gehirn –, dann können diese Organe wesentlich länger funktionieren, als man bisher angenommen hat. Aktive Individuen haben nicht nur das Potenzial, länger zu leben, sondern auch besser zu leben und ihre Seniorenjahre aktiv und gesund zu gestalten. Laufen und Sport können solche Resultate erzielen, während die Menschen älter werden.

Wo ist der Beweis? Er ist dort drinnen in den Laboren, aber was wichtiger ist, er ist auch dort draußen auf den Straßen. Sehen Sie sich die 70- und 80-Jährigen an, die Marathons laufen und an Triathlons teilnehmen. Sehen Sie sich Robert McKeague aus Villa Park, Illinois an, der im Alter von 72 Jahren den *Hawaii Ironman Triathlon* beendet, der aus 3,8 Kilometer Schwimmen, 180 Kilometer Radfahren und einem 42,195 Kilometer langen Marathon besteht. Sehen Sie sich John McManus aus Sunnyside, New York an, der 25 nationale Rekorde in seiner Altersklasse aufgestellt hat und im Alter von 74 Jahren den Kilometer noch immer unter 4:20 Minuten laufen konnte. Sehen Sie sich den verstorbenen Dr. Paul Spangler an, der praktizierte, was er anderen riet, und bis in seine Achtziger und Neunziger an Marathonläufen teilnahm. Und schließlich sehen Sie sich den U.S. Senator John Glenn an, der 35 Jahre nach seinem ersten Weltraumflug ins All zurückkehrte. Als Teil seines Trainingsprogramms in den frühen sechziger Jahren lief Glenn. Sehen Sie, wie weit das Laufen ihn gebracht hat!

Durchs Leben laufen

Jawohl, Sie können vor Herzkrankheiten davonlaufen. Eine Studie, über die in *Running & FitNews* berichtet wurde, hat Herzkrankheiten bei älteren Athleten über einen Zeitraum von 20 Jahren beobachtet. Die Teilnehmer an der Studie waren zwischen 60 und 92 Jahre alt und trainierten und liefen alle regelmäßig. Das Resultat? Die Risikofaktoren für Krankheiten der Herzkranzgefäße blieben für die Senioren niedrig, die ihr Trainingsprogramm aufrechterhielten.

Ein Rezept für lebenslanges Laufen

Wollen Sie bis in Ihr achtes und neuntes Lebensjahrzehnt hinein laufen? Hier sind sieben Tipps, wie Sie das schaffen, zusammengestellt von verschiedenen Experten in den Bereichen Sport und Alter und vielen ausgezeichneten Seniorenläufern.

- ✔ Bleiben Sie beständig: Untersuchungen zeigen, dass Senioren, die beständig trainieren, ihr Risiko für Herzkrankheiten auf einem Minimum halten. Sie müssen sich Sport zur Gewohnheit machen.
- ✔ Qualität, nicht Quantität, ist das, was zählt: Damit Sie weiterhin Optimales leisten können, brauchen Sie eine Kombination aus qualitativem Training und effektiver Erholung,« sagt Trevor Smith, Herausgeber von *Running & FitNews* und über sechzigjähriger Läufer. »Sie sollten vielleicht alle zwei oder drei Wochen einen langen Lauf einschieben, um die Ausdauer zu erhalten, sowie etwas Tempoarbeit einmal in der Woche oder in vierzehn Tagen. Achten Sie darauf, dass Sie sich vollständig erholen, indem Sie Ruhetage einlegen, Gehtage oder in Ihrem Erholungs-Joggingtempo weiterlaufen.«
- ✔ Trainieren Sie mit Gewichten: Während Sie altern, verlieren Sie Muskelmasse. In einer bekannten Studie der siebziger Jahre fand der Alterssportexperte Michael Pollock heraus, dass selbst Top-Läufer über 40 durchschnittlich einen Pfund Muskeln pro Jahr im Oberkörper verlieren. Ihre Herzen und Lungen waren stark, aber ihre Musklen schwach. Was ist das Rezept? Trainieren Sie zwei- oder dreimal pro Woche mit Gewichten. (Siehe Kapitel 17 für weitere Informationen.)
- ✔ Laufen Sie nicht nur auf Straßen: Wenn Sie nur auf Bürgersteigen und Straßen laufen, kann das nach einigen Jahren negative Folgen haben. Physiotherapeut David Balsley, ein hervorra-

gender Ultralangstreckenläufer, empfiehlt, dass Läufer nach Alternativen suchen: Laufen Sie regelmäßig auf dem Laufband, dem Sportplatz, weichen Waldwegen oder anderen nachgebenden Untergründen, die Ihren Beinen eine Pause gönnen.

- ✔ Fürchten Sie sich nicht davor, einen Tag frei zu nehmen: Beständigkeit ist eine Sache, obsessives Training eine andere. Wie Trevor Smith bemerkt, ist Erholung der kritische Punkt im Alter. Das heißt, Sie sollten sich einige Tage vom Laufen freinehmen und regelmäßig Cross-Training einschieben. (Lesen Sie Kapitel 16 zum Thema Cross-Training.)
- ✔ Verwöhnen Sie Ihren Körper: Wir alle verlieren mit dem Alter an Flexibilität. Die Krafteinwirkungen während des Laufens wirken dieser Verringerung an Flexibilität entgegen. Um die Muskulatur geschmeidig zu halten, dehnen Sie, machen Sie Yoga oder gehen Sie regelmäßig zur Massage.
- ✔ Achten Sie auf eine gute Laufform: Balance ist insbesondere für Senioren ein wichtiger Punkt. Das Stärken der zentralen Rumpfmuskulatur und der Beine wird dabei helfen, aber das wird auch ein guter Laufstil.

Ein letzter Schlüssel zu einem erfolgreichen Laufprogramm ist, dass Sie sich von Anfang an Ziele setzen sollten. »Ich denke, das ist wirklich wichtig,« sagt Ray Stewart, Executive Director der *Fifty-Plus Fitness Association*. »Auch wenn Sie zu Beginn nur zwei Minuten joggen können, das Erfüllen dieses einfachen Zieles erhöht Ihr Selbstvertrauen.«

Ziele setzen führt auch zu größeren und ehrgeizigeren Herausforderungen in der Zukunft. Vielleicht wollen Sie an Wettkämpfen jenseits des Atlantik teilnehmen. Vielleicht würden Sie gerne einen Halbmarathon oder einen Marathon laufen. Vielleicht möchten Sie Ihre Zeiten verbessern. Obwohl jeder im Alter etwas langsamer wird, hält Sie das Setzen von Zielen und das Annehmen neuer Herausforderungen frisch und motiviert.

Und wenn Sie schon dabei sind, vergessen Sie nicht, dass Laufen mehr bedeutet als schnelle Endzeiten oder niedrige Cholesterinwerte. Laufen bedeutet, draußen im Freien sein, in der Gesellschaft von Freunden oder gesegneter Einsamkeit, Spaß haben, in Bewegung bleiben und immer, immer nach vorne blicken.

Viel Glück ... auf ein langes Läuferleben!

Teil V

Der Top-Ten-Teil für Läufer

»Früher dachte ich immer, dass Sportler, die wegen der Endorphine laufen, an Wohltätigkeitsläufen für bedrohte Meeressäugetiere teilnehmen.«

In diesem Teil ...

Jedes Buch aus der ... *für Dummies*-Reihe schließt mit Top-Ten-Listen der zehn besten, schönsten ... – und dieses ist keine Ausnahme. Wir verraten Ihnen, wo die landschaftlich reizvollsten Läufe stattfinden, wo es Wettkämpfe nur für Frauen oder interessante Marathons für Neulinge der 42-Kilometer-Strecke gibt. Wir bieten Ihnen außerdem sogar mehr als zehn Tipps und Ratschläge, wie Sie Ihr Training mental unterstützen können.

Mehr als zehn Tipps, wie Sie sich mental fit machen

19

In diesem Kapitel

- Realistische Ziele setzen
- Motiviert bleiben
- Machen Sie eine Pause
- Denken Sie positiv
- Geben Sie nicht auf

Entgegen dem allgemeinen Glauben sind die härtesten Distanzen nicht die letzten zehn Kilometer eines Marathons oder die Endrunde eines 1.500-Meter-Laufs auf der Bahn. Die härteste Strecke beim Laufen ist in Wirklichkeit die von der Wohnzimmercouch zur Haustüre. (Wenn Sie dabei durch die Küche müssen, vorbei an einem gut gefüllten Kühlschrank, dann fällt es sogar noch schwerer haben, die Tür hinter sich zu schließen.)

Ganz offensichtlich ist die Strecke, die Sie sich zur Tür schleppen müssen, um laufen zu gehen, mehr ein psychisches Hindernis als ein physisches. Sie fragen sich wahrscheinlich nicht »Bin ich körperlich fähig, von der Couch aufzustehen, die Laufschuhe zuzuschnüren und durch die Tür und die Einfahrt hinauszugehen und zu laufen?« Höchstwahrscheinlich fragen Sie sich dagegen: »Warum sollte ich?«

Nachdem Sie die »Warum sollte ich?«-Frage gestellt haben, haben Sie den Felsbrocken schon ein ganz klein wenig bewegt. Und nachdem Sie das getan haben – nun, man kann nie wissen, wie viel Energie der Fels vielleicht freisetzt und wohin eine derart wundervolle, abenteuerlustige Lawine Sie führen mag.

Vergessen Sie nicht, wer Sie sind

Ein Läufer ist jemand, der läuft. So einfach ist das. Ihre Geschwindigkeit, Strecke und Trainingshäufigkeit sind lediglich Details. Wie auf dem T-Shirt mit einem Zitat von Dr. George Sheehan (ein bekannter Läufer, Autor und ehemaliger Kolumnist des *Runner's World Magazins*) zu lesen ist: »Wir sind alle Athleten. Aber einige von uns sind im Training und andere nicht.«

Denken Sie langfristig

Eingefleischte Börsenmakler lieben es, ihren Klienten zu erzählen, dass sie bei Investmentstrategien langfristig denken müssen. Derselbe Ratschlag trifft für die Planung und Aufrechterhaltung eines produktiven Laufprogramms zu. Genauso wie das Hinein – Hinaus für den Aktienmarkt eine fragliche Finanzstrategie ist, so hat auch ein *Los – Stopp, Los – Stopp*-Fitnessplan fragwürdige Erfolgsaussichten.

Um das Los-Stopp-Syndrom zu vermeiden, sollten Sie ein Laufprogramm planen, das spezifisch auf Sie zugeschnitten ist. Das Programm mag vielleicht nur vorschreiben, zwei- bis dreimal pro Woche zu laufen. Aber es ist wesentlich wahrscheinlicher, dass Sie ein Lauftraining aufrechterhalten, wenn es in Bezug auf Ihr sonstiges Leben realistisch ist. Verantwortung in Familie und Beruf sind typischerweise das Wichtigste im Leben, nehmen Sie sich also kein Laufprogramm vor, das zu sehr fordert und Ihnen zu wenig Zeit oder Energie für die anderen Lebensbereiche lässt.

Wenn alle Läufer (von Olympiateilnehmern bis zu Laufanfängern) eine Goldene Regel des Laufens befolgen sollten, dann ist es diese: Laufen sollte Ihr Leben stärken und bereichern und nicht zu einem weiteren Stressfaktor werden.

Benutzen Sie das Laufen zum Stressabbau. Gehen Sie für einen Lauf nach draußen, statt sich für einen Drink in eine Bar zu setzen oder hirnlose Stunden auf der Couch vor dem Fernsehen zu verbringen. Ein einsamer Lauf oder ein Lauf mit einem Freund ist eine ideale Möglichkeit, um mit einem Problem fertig zu werden.

Bleiben Sie motiviert

Laufen ist nicht langweilig, aber den ganzen Tag herumzusitzen und darüber nachzudenken, ob Sie laufen sollten oder nicht, kann langweilig sein. Greifen Sie sich eine Zeit aus Ihrem Tagesablauf heraus, ob es 15 Minuten sind oder eine Stunde, und ernennen Sie diese zu Ihrer Fitnesszeit. Die moderne Welt – mit ihren Autotelefonen, E-Mails und sonstigen Beepern – wird sich gegen Ihre Fitnessziele verschwören. Aber geben Sie nicht nach!

Hier sind einige Tipps, wie Sie motiviert bleiben:

✔ Planen Sie mindestens einen landschaftlich reizvollen Lauf pro Woche. Wählen Sie die schönste Strecke, die Sie finden können, selbst wenn es etwas mehr Zeit kostet, dorthin zu kommen.

✔ Trotten Sie nicht immer und immer wieder dieselben Strecken entlang. Selbst wenn Sie eine ideale Runde haben, die an Ihrer Haustüre beginnt und endet, sollten Sie diese hin und wieder in entgegengesetzter Richtung laufen.

✔ Vermeiden Sie zu viele Wettkämpfe und zu viel Training (leichter gesagt als getan!). Beide können zu »toten Beinen« führen, ein Zustand niedriger Energie, selbst an Tagen mit lockerem Jogging. Genauso gefährliche Ergebnisse sind mentales Ausgebranntsein und ein schales Gefühl. (Siehe den Abschnitt über Anzeichen für Übertraining in Kapitel 12.)

- ✔ Ziehen Sie die Uhr aus – das heißt, stoppen Sie nicht jedes einzelne Training. Mindestens ein- oder zweimal pro Woche sollten Sie Ihre Stoppuhr zu Hause lassen und einfach nach draußen gehen und in einem Tempo laufen, das Ihnen angenehm erscheint. Laufen Sie das Tempo und die Strecke, nach der Sie sich fühlen.
- ✔ Treten Sie in einen Laufclub ein. Ein Laufclub kann Ihnen nicht nur Wissen über Wettkämpfe und Trainingsprogramme vermitteln, sondern hier bekommen Sie auch Unterstützung und Motivation durch die Laufkollegen.
- ✔ Planen Sie einen geselligen Wochenendlauf mit anderen Läufern und treffen Sie sich danach zu einem ausgiebigen Frühstück.
- ✔ Lesen Sie ein Buch über das Laufen, schneiden Sie Bilder von Läufern aus Magazinen aus und hängen Sie diese an die Wand oder sehen Sie sich einen Film zum Thema Laufen an, zum Beispiel *Chariots of Fire*.

Ich reise viel und habe einen sehr hektischen Terminplan. Aber nichts hilft mir mehr, mich zu konzentrieren als ein guter Lauf. Ich laufe, weil es meine Therapie für das Leben ist – und es kostet keinen Cent!

Gönnen Sie sich eine Pause

Eine Verletzung oder mehrere laufbedingte Wehwehchen sind oft der Ruf von Körper und Geist nach einer längst überfälligen Pause. Aber Sie können den »Burn-Out Blues« besiegen, noch bevor er zum Schlag ausholt, indem Sie Ihre Ruhephasen einhalten, bevor Sie dazu gezwungen werden. Die Auszeiten vom Laufen können aus völligen Ruhepausen bestehen oder einer zeitweiligen Reduzierung des Trainings in Bezug auf Intensität und wöchentliche Kilometer.

Der perfekte Zeitpunkt für eine Ruhepause ist direkt nach einem Wettkampf, auf den Sie speziell hintrainiert haben, insbesondere wenn es sich um einen so langen Lauf wie einen Halbmarathon oder Marathon handelt.

Denken Sie daran, dass es ganz natürlich ist, in den Tagen direkt nach einem Marathon oder einem anderen harten Wettkampf, für den Sie wochenlang trainiert haben, ein mentales Loch zu fühlen. Einige Läufer setzen so viel Anstrengung in eine große Herausforderung – sowohl körperlich als auch geistig –, dass sie sich natürlicherweise hinterher etwas ausgelaugt fühlen.

Spielen Sie die Cross-Trainingskarte aus

Einige Läufer bauen Cross-Training in ihren jährlichen Fitnessplan ein, andere machen nur dann Cross-Training, wenn eine Verletzung sie vom Laufen abhält.

Aber Cross-Training ist der Schlüssel zu einer geistigen Erholung nach einem harten Lauf (insbesondere einem Marathon) oder einer Wettkampfsaison. Cross-Training kann Ihnen auch dabei helfen, ein Kalorien verbrennendes, Muskel formendes Grundtraining zur Erhaltung des Fitnesslevels vor der Aufbauphase einer neuen Trainingssaison durchzuführen. Indem Sie durch Cross-Training fit bleiben, bringen Sie auch die Stimmen in Ihrem Kopf zum Schweigen, die Ihnen zuflüstern: »Sie werden außer Form kommen ... Sie werden außer Form kommen!«

Also rollen Sie sich nicht direkt nach dem zentralen Wettkampf der Saison für zwei Wochen in einem Armsessel zusammen. Denken Sie stattdessen an eine aktive Entspannungsphase. Wie wär's mit Schwimmen, Radfahren, Wandern, Krafttraining, Schilanglauf – irgendetwas anderes als Laufen. Sie trainieren noch immer, aber Sie benutzen andere Muskeln und fühlen sich mental (und körperlich) erfrischt, bis Sie wieder zum Laufen zurückkehren.

Befreien Sie den inneren Kämpfer in Ihnen

Indem Sie einfach nur die Courage haben, sich die Laufschuhe anzuziehen, flirten Sie mit heroischen Unternehmungen, egal wie viel oder wenig Sie laufen oder in welchem Tempo. Sie sind ein Kämpfer in einem Kampf gegen eine Welt, die Sie tagaus-tagein mit mechanischer Bequemlichkeit und eitlem Luxus konfrontiert. Aber nichtsdestotrotz haben Sie sich entschieden, in Form zu kommen, und diese Entscheidung kann eine Quelle der Befreiung sein. Die Wahl der Geschwindigkeit, der Strecke, der Entfernung oder der Begleitung liegt ganz bei Ihnen.

Stellen Sie sich dem Wettkampf

Die meisten Läufer fühlen sich mit ihrer Trainingsroutine ziemlich wohl in ihrer Haut, aber stellen Sie sie auf eine Laufbahn oder vor ein hartes Tempotraining oder gar auf die Startlinie eines Wettkampfes, und ihre Launen können von Ängsten bis hin zu purem Terror wechseln.

Statt Ihre Befürchtungen vor einem Wettkampf oder einer harten Trainingseinheit abzustreiten, sollten Sie wissen, dass Gefühle von Nervosität ganz normal sind. Schließlich ist ein Rennen oder ein forderndes Tempotraining eine Art Prüfung. Etwas Nervosität kann sogar vorteilhaft sein; eine gute Dosis Adrenalin kann Ihnen durch die Anfangsphasen eines Laufes hindurchhelfen.

Eine gute Möglichkeit, um Lampenfieber in Zaum zu halten, ist eine regelmäßig durchgeführte Aufwärmroutine. Indem Sie sich auf das Warm-up konzentrieren, bestehend aus lockerem Joggen und Stretching, verringern Sie die Wahrscheinlichkeit, dass Sie an der 3-Kilometer-Marke einen Hügel aufbauen, der dem Mount Everest ähnelt.

Sie können es schaffen

Ihre Mutter oder Ihr Pfadfinderführer hat Ihnen dies wahrscheinlich gesagt, aber Sie haben nicht zugehört: Denken Sie positiv! Sie können sich entweder als untergehende Titanic sehen oder als die Kleine Lokomotive aus dem bekannten Kinderbuch, die sich in den Bergen mit »Ich kann das schaffen ... ich kann das schaffen« auftankt. Es ist Ihre Entscheidung.

Gedankenkino

Sie können Ihre Gedanken mit positiven Bildern genauso programmieren wie mit negativen. Ein großer Golfprofi sagte einmal, dass er in seinem wirklichen Leben nie einen Ball getroffen hat, den er nicht bereits vorher in Gedanken perfekt geschlagen hatte. Überflüssig zu sagen, dass er sich nie vorstellte, in einen Sumpf abzuschlagen.

Ob es die Olympiade ist oder ein lokaler 5-Kilometer-Lauf, stellen Sie sich vor, dass Sie energisch und effizient laufen. Wenn Sie in Gedanken eine Strecke laufen, die Sie bereits kennen, beziehen Sie so viele reale Details und landschaftliche Merkmale wie möglich in die Vorstellung mit ein. Sportpsychologen nennen diese Technik Visualisierung oder mentale Vorstellung.

Praktizieren Sie die Visualisierungstechnik täglich. Es ergänzt Ihr körperliches Training und wird Ihnen helfen, Ihre Ziele zu erreichen.

Wenn Sie die Technik der Visualisierung benutzen, spielen Sie nicht nur den Moment ein, an dem Sie die Ziellinie überqueren, die Hände in Ekstase erhoben zur Feier Ihrer persönlichen Bestzeit. (Es ist natürlich in Ordnung, wenn Sie auch dieses Szenarium miteinbeziehen.) Stellen Sie sich auch vor, wie Sie die harten Abschnitte eines Laufs bewältigen, zum Beispiel einen mörderischen Hügel, den Sie dadurch überwinden, dass Sie langsam und stetig laufen, so dass Ihre Vorstellung auf alles vorbereitet ist.

Atmen Sie gut durch

Jene Minuten direkt vor dem Abfeuern des Startschusses werden immer Ihr Herz zum Schlagen bringen; manchmal fühlt es sich an wie ein Vorschlaghammer!

Wenden Sie vor dem Einlaufen einige grundlegende Atemtechniken an, um sich zu entspannen. Atmen Sie durch die Nase ein und aus – langsam und rhythmisch. Füllen Sie Ihre Lungen und halten Sie den Atem für mindestens drei Sekunden an. Wiederholen Sie das einige Male. Das Resultat kann ein schönes entspannendes Gefühl sein und bietet Ihnen den perfekten Zeitpunkt, um Ihre Visualisierungen abzuspielen. Die Atemtechniken können auch in Ihre Stretchübungen vor dem Wettkampf integriert werden, insbesondere in Verbindung mit Yogapositionen.

Setzen Sie auf Erfolg

Sie sollten mit einem Ziel (oder auch mehreren) in jeden Wettkampf gehen, aber stellen Sie sicher, dass sie realistisch sind, und erlauben Sie etwas Raum für Flexibilität. Wenn Sie zum Beispiel eine persönliche Bestzeit von 24 Minuten über fünf Kilometer haben, aber Sie denken, dass Sie 22 Minuten unterbieten könnten, wählen Sie eine dreiteilige Strategie:

- **Ein realistisches Ziel:** Schnell, aber in einem für Sie angenehmen Tempo laufen, einen guten Stil benutzen und eine Zeit nahe an – oder etwas unter – 24 Minuten laufen.
- **Ein forderndes Ziel:** Über mindestens die Hälfte des Rennens ein Tempo laufen, das so nahe wie möglich die 22 Minuten anpeilt, und dann den Rest der Strecke irgendwie durchstehen.
- **Ein goldenes Ziel:** Schlau, schnell und hart laufen und wirklich versuchen, die 22-Minuten-Grenze zu brechen.

Der Trick liegt darin, dass Sie Ihre Ziele flexibel genug gestalten, damit Sie ein großes Ziel vor Augen haben. Denken Sie daran, es sind die 100 Beinahe-Treffer, die einen guten Bogenschützen näher ans Schwarze bringen.

Setzen Sie sich Teilziele

Je länger das Rennen, desto mehr Zeit haben Sie nachzudenken. Halbmarathons, Marathons und Ultra-Langstrecken (Läufe über mehr als die 42,195 Kilometer-Distanz) erfordern mehr mentale Energie, um Sie ins Ziel zu bringen.

Hier ist eine gedankliche Checkliste, die Ihnen hilft, Ihr Ziel zu erreichen:

- Gratulieren Sie sich zu der Distanz, die Sie bereits gelaufen sind, und halten Sie sich nicht damit auf, auszurechnen, wie viel Sie noch vor sich haben.
- Teilen Sie den Lauf in kleinere Teilläufe auf. Das ist auch ein guter Tipp für harte, intensive Trainingseinheiten oder lange Hügel, die bergauf führen, abflachen und wieder bergauf führen. Konzentrieren Sie sich auf die nächste Biegung, den nächsten Baum oder die nächste Versorgungsstation. Dann setzen Sie sich ein weiteres Ziel.
- Denken Sie sich in die unmittelbaren körperlichen Aufgaben hinein. Denken Sie nicht: »Ich habe noch immer dreizehn Kilometer vor mir.« Denken Sie: »Kopf hoch, Arme in Bewegung halten und im Rhythmus bleiben.«
- Vertrauen Sie der »Macht des Rudels«. Es sei denn, Sie messen sich mit den führenden Läufern, sonst ist die typische Läufergruppe im Mittelfeld das richtige Ticket, auf das Sie setzen sollten. Sie können ein Gefühl der Kameradschaft mit den Laufkollegen erleben, indem Sie sich an den Stationen gemeinsam mit Wasser versorgen, zusammen herumblödeln oder sich gegenseitig ermuntern. Sie werden staunen, wie diese Tricks helfen, dass die Kilometer nur so dahinschmelzen.

Vergessen Sie die Uhr

Wenn Sie versuchen, in einem Wettkampf oder einem fordernden Training bestimmte Zeiten zu schaffen, gibt es immer Tage, an denen Sie einfach nicht mit der Stoppuhr Schritt halten können. Das passiert auch Eliteläufern. Top-Läufer kämpfen sogar noch öfter gegen die Uhr, weil sie nach

Weltrekorden, Goldmedaillen oder Preisgeldern streben, und das Verfolgen dieser Ziele erfordert den Willen zum Risiko eines gelegentlichen Scheiterns.

Der Wettlauf gegen die Zeit ist eigentlich von Grund auf ein Verlustgeschäft, weil Sie nicht eine bestimmte Distanz in einer pauschalen Zeit laufen können. Jedoch können Zeitziele einen Fokus für Training und Wettkampf bieten.

Aber das Entscheidende ist: Lassen Sie sich nicht von der Uhr kontrollieren. Wenn Sie einen katastrophalen Lauf oder ein schlechtes Training haben, brauchen Sie keine Stoppuhr, um Sie daran zu erinnern, dass die Dinge nicht so glatt laufen. Also stellen Sie sie aus! Konzentrieren Sie sich darauf, den Lauf zu beenden (dazu gehört Stolz!), und verlegen Sie Ihr Comeback auf einen späteren Wettkampf.

Rückschläge überwinden

Laufmagazine vergeuden jede Menge Platz und Energie, um Ihnen zu sagen, wie Sie es schaffen, wie ein reinrassiges Rennpferd zu laufen (»Laufen Sie Ihren besten 10-Kilometer-Lauf!« trompetet das Deckblatt), aber was tun Sie, wenn die Dinge falsch laufen? Wie gehen Sie mit einer schlechten Leistung oder einer Serie weniger spektakulärer Wettkämpfe um?

- ✔ Wenn Sie eine Menge von sich verlangen, ist es wahrscheinlich, dass Sie nach einem schlechten Lauf oder sogar einem unterdurchschnittlichen Training nicht zufrieden sind. Geben Sie sich eine Stunde oder zwei, um Dampf abzulassen, aber dann Schwamm drüber; es ist vorbei.
- ✔ Verbringen Sie etwas Zeit (aber nicht sechs Monate!) und Energie damit, Ihr Wettkampf und/oder Trainings-Logbuch zu analysieren. War Ihr Ausrutscher das Resultat eines Wettkampffehlers (sind Sie zum Beispiel in den ersten Kilometern zu schnell losgespurtet) oder war die Trainingsvorbereitung nicht optimal?
- ✔ Definieren Sie nicht Ihr gesamtes Selbstwertgefühl nach der Anzeige einer Stoppuhr oder dem Platz auf der Ergebnisliste eines Rennens. Es ist nur ein Lauf und Sie sind nur ein Mensch. (Ansonsten hätten Sie einen Metallschlüssel am Rücken, den man aufziehen müsste!)
- ✔ Konzentrieren Sie sich auf das Comeback. Es sind die Ausrutscher, die letztendlich den guten Tagen mehr Glanz verleihen. Läufer, genauso wie Musiker oder Künstler, lernen aus ihren Fehlern.
- ✔ Wenn Sie während des Versuchs, eine bestimmte Zeit oder Distanz zu laufen, frustriert sind, wählen Sie – zumindest für die nahe Zukunft – eine andere Herausforderung. Nehmen wir zum Beispiel an, dass Sie versucht haben, die 24 Minuten über fünf Kilometer wieder und wieder zu knacken, aber Ihr Ziel einfach nicht erreichen konnten: Warum nicht für einen 10-Kilometer-Lauf oder einen Halbmarathon trainieren? Sie können immer später nochmals zu den fünf Kilometern zurückkehren und es erneut versuchen.

Machen Sie einen Ortswechsel! Ja, manchmal kann ein Wettkampf in einem anderen Teil des Landes oder der Welt Sie zu einer Höchstleistung animieren. Machen Sie Urlaub an einem Ihrer Lieblingsorte und nehmen Sie dort an einem Wettkampf teil.

Steigen Sie wegen eines Ausstiegs nicht aus

Ein richtig schlechter Lauf ist natürlich der, bei dem Sie aufgeben müssen. Manchmal, insbesondere bei einer Verletzung oder schlechten Wetterbedingungen, finden Sie sich vielleicht auf der Bordsteinkante sitzend oder in einem Sanitätszelt wieder. Tragen Sie ein solches Vorkommnis mit Fassung; selbst Eliteläufer kommen manchmal in diese unangenehme Situation. Bill Rodgers musste aus mehreren Boston-Marathons aussteigen, aber er gewann das prestigeträchtige Rennen auch viermal.

Blicken Sie um die Welt

Wenn alles andere fehlschlägt, sehen Sie sich die Welt an. Ihre unterdurchschnittliche Leistung im lokalen 5-Kilometer-Lauf oder dem New-York-City-Marathon mag für Sie eine Katastrophe sein, aber vergessen Sie nicht: Eine Milliarde Menschen in China wussten nicht einmal, dass Sie laufen!

Bleiben Sie nicht unten

Das vielleicht Einzige, was schwieriger zu verarbeiten ist als HNB (hat nicht beendet), ist eine Verletzung, die Sie Tage, Wochen oder sogar Monate außer Gefecht setzt. Wenn Ihnen das Laufen plötzlich genommen wird, kann dies Ihre Geduld auf die Probe stellen. Folgen Sie diesen Tipps, wenn Sie sich gerade von einer Verletzung erholen:

- ✔ Blasen Sie kein Trübsal! Wem nützt das? Benutzen Sie Ihre Zeit, während der Sie nicht laufen können, für andere Dinge. (Hoffentlich laufen Sie wieder, bevor Sie »Krieg und Frieden« beendet haben.)
- ✔ Machen Sie Cross-Training. Die meisten Laufverletzungen sind auf die Krafteinwirkungen während des Laufens, insbesondere den Aufprall, zurückzuführen, also strampeln Sie auf dem Heimtrainer. Auch Schwimmen und Krafttraining mit Gewichten sind wie für Sie gemacht.
- ✔ Halten Sie ein wachsames Auge auf Ihre Ernährung. Weil ernsthaft trainierende Läufer während des Trainings jede Menge Kalorien verbrennen, mag es Ihnen schwer fallen, während der Zwangspause die Essensmenge zu reduzieren. Aber wenn Sie 20 Pfund zunehmen, wird Ihnen Ihr Comeback hinterher nur noch schwerer fallen.

Zehn schöne Läufe

20

In diesem Kapitel

- Laufen durch reizvolle Landschaften
- Wie Sie teilnehmen können

Was macht einen schönen Lauf aus? Es ist nicht immer nur eine persönliche Bestzeit auf einem schnellen, flachen 5-Kilometer-Kurs. Eine reizvolle Landschaft ist zum Beispiel ebenso wichtig. Wir behaupten nicht, dass die folgenden Läufe die absolut schönsten sind, aber sie gehören mit Sicherheit dazu.

Denken Sie daran, dass Schönheit nicht immer umsonst ist. Routen durch besonders schöne Landschaften beinhalten meist einige Steigungen über Hügel und Brücken oder schlängeln sich an der Küste entlang, wo Sie mitunter gegen heftigen Gegenwind zu kämpfen haben. Aus diesem Grund sind die schönsten Strecken nicht unbedingt die, auf denen Sie sich ein hohes Zeitziel setzen sollten. Manchmal ist es besser, die Uhr zu vergessen und sich nur mit purem Erstaunen von den Wundern der Natur inspirieren zu lassen.

Die folgende Liste ist nicht unbedingt alphabetisch geordnet, die Reihenfolge und auch die Auswahl bedeuten jedoch keine Wertung. Denken Sie daran, einen adressierten und frankierten Rückumschlag beizulegen, wenn Sie Wettkampfinformationen anfragen.

Athen

Laufen Sie auf den Spuren des allerersten Marathonläufers von Marathon nach Athen. Dieser historische Lauf über die 42,195-Kilometer-Distanz findet jedes Jahr im November statt. Mondial Sport, 6 Ermou Street, GR-Athens 10563.

Jungfrau-Marathon

Ein Marathon der Superlative im September durch das Berner Oberland, der als der härteste Marathon Europas und als einer der schönsten der Welt gilt. Vor den Augen des Läufers das berühmteste Panorama der Alpen: Eiger, Mönch und Jungfrau. Das Ziel liegt am Fuß der Eigernordwand, auf über 2.000 Meter Höhe, mit anderen Worten: 42,195 km und über 1.800 Meter Steigung. Der Marathon wird gleich zweimal ausgetragen und das Teilnehmerfeld ist auf jeweils 3.500 LäuferInnen beschränkt. Jungfrau-Marathon, CH – 3112 Allmendingen/Bern, Tel: 0041 79 42 19500, Fax: 0041 31 951 7562, E-Mail: `jungfrau-marathon@ip-plus.ch`, Homepage: `www.jungfrau-marathon.ch`

100 Kilometer von Biel

Der wohl populärste 100-Kilometer-Lauf findet seit über 40 Jahren Anfang Juni während der Bieler Lauftage in der Schweiz statt, die neben der Ultra-Marathon-Distanz auch weitere Kurz- und Langstrecken über Asphalt- und Naturwege umfassen. Bieler Lauftage, Postfach 224, CH-2560 Nidau, Fax 0041 32 3318714, Homepage: `www.100km.ch`

Boston-Marathon

Seit über 100 Jahren (Frauen offiziell seit 1972) treffen sich jedes Jahr im April Läufer aus aller Welt in Boston, um hier die klassische Marathonstrecke zu bewältigen. Der berühmte amerikanische Traditionslauf ist einer der großen drei Frühjahrsmarathons (neben London und Rotterdam, alle im April), aufgrund der hohen Teilnehmerzahlen seit einigen Jahren qualifikationspflichtig. B.A.A: Registration Office "The Starting Line"/One Ash Street, Hopkinton, Massachusetts 01748, USA, Tel. 001 508 435 6905, Fax 001 508 435 6590, E-Mail: `mile27@baa.org`

Flora London-Marathon

Der teilnehmerstärkste Marathon der Welt und ein reiner City-Lauf findet im April in London statt. Alan Storey, P.O. Box 1234, London SE1 8RZ, Tel. 0044 171 620 4117, Fax 0044 171 620 4208 Homepage: `www.london-marathon.co.uk`

Volkslauf in Maxdorf

Ende Oktober zur Erntedankzeit findet ein kleiner 10-Kilometer-Volkslauf im pfälzischen Maxdorf statt, flache Wald- und Feldstrecke. Die nach dem Lauf unter den Siegern und Teilnehmern verlosten riesigen Obst- und Gemüsekörbe oder Metzgerplatten lassen in der Sporthalle bei der Siegesfeier volksfestartige Stimmung aufkommen. TSG Maxdorf, Carl-Bosch-Str. 16 a, 67133 Maxdorf, Tel. 06237/3040.

New York City-Marathon

Der König der Marathons findet jedes Jahr im November statt. Allan Steinfeld, 9 E 89th Street, New York NY 10128, Tel. 001 212 860 4455, Fax 001 212 860 9754 Homepage: `www.nycmarathon.org/`

Nürburgringlauf

Seit 1978 treffen sich im September Läufer und Läuferinnen in der Eifel zum Nürburgringlauf, inzwischen sind es etwa 5.000 an der Zahl. Unter dem Begriff Nürburgring versteht man traditionell zunächst einmal die 20,8 Kilometer lange »Nordschleife«, die bergauf, bergab ihren Weg der Natur anpasst und so zu dem geflügelten Begriff »Schönste Rennstrecke der Welt« beitrug. Daran angebunden ist der Start-Ziel-Bereich mit der so genannten »Grand-Prix-Strecke« von 4,5 Kilometer Länge, die jedoch aufgrund der kurzen und wenig aufregenden Streckenführung und der Betontribünen relativ langweilig ist. Der Lauf über 23,8 Kilometer führt über eine wundervolle und schwierige Rennstrecke mitten durch die grüne und dünn besiedelte Eifellandschaft rund um die Nürburg. Ein 4,5- bzw. 9-Kilometer-Kurs (eine bzw. zwei Runden auf der Grand-Prix-Strecke) stehen ebenfalls zur Auswahl. Verein Nürburgringlauf, Postfach 20 13 54, 56013 Koblenz, E-Mail: info@Nuerburgringlauf.de, Homepage: www.Nuerburgringlauf.de.

Helgoland-Marathon

Geht das überhaupt? Wie oft muss man denn um die Insel laufen? VFL Fosite Helgoland von 1893 e.V., Postfach 11709, 27493 Helgoland, Tel. 04725/695, E-Mail: LaKruess@t-online.de

Bodensee-Marathon

Vom Bodensee-Zufluss Argen führt der Weg am Ufer entlang bis zur Bodensee-Mündung über Feldwege zum Tettnanger Wald und über angenehm schattige Wege mit herrlichen Ausblicken zurück nach Kressbronn. Ohne besondere Steigungen. Verkehrsamt Kressbronn, Seestraße 20, 88079 Kressbronn, Tel. 07543/96650, E-Mail Tourist-info@Kressbronn.de

Zehn Läufe für Frauen

21

In diesem Kapitel

- Eine Liste von Rennen nur für Frauen

In den sechziger Jahren hatten Frauen wenig Gelegenheit, an Straßenrennen teilzunehmen, da die zum Großteil »nur für Männer« waren. Heute dürfen Frauen nicht nur gemeinsam mit Männern laufen, sondern sie können zusätzlich noch aus einer Reihe von reinen Frauenläufen auswählen. Wir haben mal neun ausgesucht, aber wenn Sie selbst anfangen zu suchen, werden Sie von dem Ergebnis überwältigt sein ...

Bensberger Frauenlauf in Bergisch Gladbach

Abendlauf im Juni. TS 1879 Bergisch Gladbach, Guido Schmitt, Siegenstr. 35, 51427 Bergisch Gladbach, Tel. 02204/301939.

Avon-Frauenlauf in Berlin

Frauenlauf im Mai über 5 und 10 Kilometer in Berlin. SCC-Running, Waldschulallee 34, 14055 Berlin, Tel. 030/302 53 70 Fax: 030/306 22 03.

Bottroper Frauenlauf

Bottroper Frauenlauf im September. Neu ist eine Mutter/Tochter-Wertung. DJK Adler 07 Bottrop, Jürgen Liebert, Im Fuhlenrock 102, 46242 Bottrop, Tel. 02041/52230, Fax 02041/52230.

Nike-Winterlaufserie ASV-Duisburg

Flache Rundstrecke über 10 km (2 Runden je 5.000 m) im April. Ausdauer-Sportverein Dusiburg e.V. Postfach 10 01 18, 47001 Duisburg, Tel. 0203/33 62 66 Fax: 0203/30 58 619 Homepage `www.asv-duisburg.de`, E-Mail: `info@asv-duisburg.de`

Internationaler Verner Frauenlauf

Abendlauf im August, verschiedene Distanzen. SC Rot-Weiß Verne, Monika Schnieders, Wilhardstr. 14 a, 33154 Salzkotten, Tel. 05258/5887, Fax: 05258/931713.

Frauenlauf Gundelfingen

Der älteste Frauenlauf in Bayern führt über 10 km auf gut befestigten Wegen und ohne Steigungen durch die Donau-Auen. Karin Pröbstle, An der Dreifaltigkeit 4, 89331 Burgau, Tel. 08222/5922, Fax: 08224/90407

Hamburger Frauenlauf

Der »Middsommernacht«-Lauf führt über Waldwege. Auskunft bei Juliane Pschorr, Tel. 040/ 551 04 39, Anmeldung: Gerd Radzinski, Jollassestieg 6, 22303 Hamburg, Tel. 040/270 19 16

Lübecker Frauenlauf

Eingeladen sind alle Läuferinnern ab 10 Jahren – ob Anfängerin oder trainierte Läuferin, es werden zwei Strecken angeboten, die fast vollständig durch die grüne Natur am Kanal entlang führen, ein Kinderhort ist eingerichtet. Christine Gribkowski, Parcevalstr. 32, 23564 Lübeck, Tel. 0451/793002, Fax: 0451/ 3003994

Schweizer Frauenlauf

Die Strecke führt durch den Bremgartenwald und es gibt zusätzlich Walking- und Mutter-und-Tochter-Angebote. Ryffel Running Veranstaltungen GmbH, Schweizer Frauenlauf Bern, Tannackerstrasse 7, CH-3073 Gümlingen, Tel. 0043 31 95401606, Fax: 0043 31 9540607, E-Mail `frauenlauf@ryffel.ch`

Zehn Marathons für Neulinge

22

In diesem Kapitel

- Marathonläufe, die für Grünschnäbel geeignet sind

Mit 42,195 Kilometern, die zu bewältigen sind, ist der Zieleinlauf genug Herausforderung für einen Erstlingsmarathon. Marathon-Grünschnäbel können ihre Erfolgschancen deutlich erhöhen, lange bevor sie die Startlinie berühren, indem sie den richtigen Lauf wählen.

Hier einige Tipps dazu:

Wählen Sie einen Marathon in Ihrer näheren Umgebung. Das heißt, fliegen Sie vor dem Start nicht über drei Zeitzonen hinweg rund um die Welt. (Oder wenn Sie dies unbedingt möchten, reisen Sie einige Tage vorher an.)

Wählen Sie einen relativ flachen Marathon. Kein Zweifel, Steigungen (insbesondere lange, steile Hügel) machen einen Wettkampf zu einer größeren Herausforderung. Aber beim ersten Mal brauchen Sie wahrscheinlich keine zusätzlichen Herausforderungen.

Kühles Wetter ist besser als heiße oder feuchte Bedingungen. Laufen Sie Ihren ersten Marathon also nicht gerade in Singapur.

Größer ist nicht immer besser. Auch wenn wir einige Veranstaltungen mit einem großen Startfeld aufgelistet haben, sollten Sie die vielen kleineren und mittelgroßen Marathons nicht völlig außer Acht lassen.

Es gibt weitaus mehr als zehn Marathons, die für Neulinge geeignet sind, aber die folgenden gehören auf jeden Fall dazu:

Berlin-Marathon

Seit 1974 findet dieses Rennen über die 42,195 Kilometer-Distanz, das inzwischen zu den Top-Läufen der Welt gehört, statt. Für ein in Deutschland in dieser Form noch nie gesehenes Spektakel sorgte der Berlin-Marathon 1990, als drei Tage vor der deutschen Wiedervereinigung die sportliche Wiedervereinigung auf den Straßen der Hauptstadt stattfand und 25.000 Läufer aus 61 Nationen durch das Brandenburger Tor rannten. Mehr als 800.000 Zuschauer an der komplett flachen Strecke durch zehn verschiedene Stadtteile, über 30 Bands und Kapellen, sowie Musik aus Lautsprechern und Verstärkern von Privathaushalten sorgen für eine unvergleichliche Stimmung und Atmosphäre zwischen den Teilnehmern und den Zuschauern Ende September. real;-Berlin-Marathon, Glockenturmstr. 23, 14055 Berlin, Tel. 030/301288-10, Fax 030/301288-20, Homepage: www.Berlin-Marathon.com

Elbe-Marathon Dresden

Selbst ein Neuling unter den Marathons ist der Elbe-Marathon im April, der in die Innenstadt Dresdens führt. Organisationsbüro Elbe-Marathon Dresden e.V., Thomas-Meintzer-Platz 5, 01307 Dresden, Tel. 0177/241 55 77

Rhein-Ruhr-Marathon Duisburg

LC Duisburg und Stadtsportbund Duisburg richten gemeinsam Ende Mai den Rhein-Ruhr-Marathon Duisburg aus, dessen vollkommen flache Strecke mit dem Einlauf durch das Marathontor ins Wedaustadion endet. Laufclub Duisburg e.V., c/o C. Valdés, Sternbuschweg 27, 47057 Duisburg, Tel. 0203/3630088, Homepage: `www.laufclub-duisburg.de`, E-Mail: `info@laufclub-duisburg.de`

Hansaplast-Marathon Hamburg

Flacher Stadtrundkurs im April. Hamburger Leichtathletik-Verband e.V., Hansaplast-Marathon Hamburg, Postfach 606220, 22254 Hamburg, Tel. 040/616773, Fax 040/614978, E-Mail: `HLV-Marathon.Hamburg@t-online.de`, Homepage: `www.marathon-hamburg.de`

Köln-Marathon

Anfang Oktober findet der *Ford Köln Marathon* statt, ein flacher Rundkurs durch die Stadt mit Zieleinlauf am Kölner Dom. Kölner Verein für Marathon, Radstadion Müngersdorf, 50933 Köln, Tel. 0221/94 94-222, Fax 0221/94 94-224, Homepage: `www.koeln-marathon.de`

Monschau-Marathon

Der TV Konzen e.V. veranstaltet im August einen Naturmarathon durch die Eifel rund um Monschau-Konzen mit 60 Prozent Waldwegen. Einige größere Höhenunterschiede sind für Anfänger etwas fordernd, aber die reizvolle Landschaft bietet eine hervorragende Kulisse für den ersten Marathon naturbegeisterter Läufer; er kann auch als Marsch oder als Lauf-Marsch-Kombination absolviert werden. Dieser Lauf gehört landschaftlich zu den schönsten überhaupt und hätte genauso gut im vorhergehenden Kapitel beschrieben werden können. Monschau-Marathon Postfach 50, D-52156 Monschau, Homepage: `www.monschau-marathon.de`

1. ELIXIA Laufbandmarathon

Wie der Name es schon verrät, findet dieser Marathon auf Laufbändern in einem Fitness-Studio in Braunschweig statt, und natürlich bei jedem Wetter. Wegen der großen Nachfrage war zum Zeitpunkt der Drucklegung dieses Buches schon eine zusätzliche Veranstaltung in Hamburg-Bahrenfeld anberaumt. Sportteam Augath, Bäckerklint 1, 38100 Braunschweig, E-Mail: `info@braunschweig-marathon.de`

Euro Marathon Frankfurt

Ältester City Marathon Deutschlands. Ohne Steigungen, findet im Oktober statt. Organisation: Stadt Frankfurt, 60135 Frankfurt am Main, Tel. 069 / 97 176-330, Fax 069 / 97 176-555, E-Mail: `euromarathon@malekigroup.com`.

Baden-Marathon-Karlsruhe

Stadtmarathon im September. Veranstalter ist das Sport- und Bäderamt der Stadt Karlsruhe. Kontaktadresse: Marathon Karlsruhe e.V., Sport- und Bäderamt, Herrmann-Veit-Str. 7, 76135 Karlsruhe, Tel. 0721 / 133-5255, Fax 0721 / 133-5249, E-Mail: `marathon@sport.karlsruhe.de`, Internet: `http://www.baden-marathon.de`.

Zehn Internetseiten für Läufer

23

In diesem Kapitel

- Informative Internetseiten für Läufer

Viele Leute benutzen heutzutage das Internet, um Informationen zu sammeln, also dachten wir, Sie finden es vielleicht hilfreich, wenn wir Ihnen zehn laufbezogene Webpages nennen, auf denen das Surfen Spaß macht.

Denken Sie daran, dass Websites kommen und gehen und die Adressen sich ändern können, also ärgern Sie sich nicht allzu sehr über uns, falls die Seiten unauffindbar sein sollten, wenn Sie dieses Buch in den Händen halten. Aus diesem Grund haben wir auch vorsichtshalber zwölf Seiten aufgeführt.

www.leichathletik.de

Unter dieser Adresse finden Sie die offizielle Homepage des Deutschen Leichtathletikverbandes (DLV) mit Informationen über den Verband sowie (unter `www.volkslauf.de/laufkalender.htm`) den aktuellen Volkslaufkalender (nach Bundesländern und Monaten sortiert), der alle Laufveranstaltungen im gesamten Bundesgebiet auflistet – im Jahr 2002 sind 3.214 Volksläufe und 21 Marathons aufgeführt. Außerdem gibt es spezielle Jugendseiten.

www.volkslauf.de

Diese Homepage wird vom Hessischen Leichtathletikverband (HLV) gestaltet und bietet neben zahlreichen laufbezogenen Informationen und Links einen Überblick über alle Läufe in Hessen.

www.spiridon-frankfurt.de

Die sehr schön gestaltete Internetseite des Laufvereins Spiridon Frankfurt bietet so ziemlich alles, was das Läuferherz begehrt: Tipps zu Training, Ausrüstung, Verletzungen, Laufveranstaltungen und Links zu weiteren laufbezogenen Internetseiten. Besonders interessant ist die Adresse für Frauen: Für sie gibt es eigene Seiten mit wertvollen Informationen, zum Beispiel zum Thema Ausdauersport und Schwangerschaft. In einer Dia-Show kann man sich Aufnahmen von vergangenen Wettkämpfen anschauen und sich eventuell selbst darauf entdecken.

www.lauftreff.de

Hier finden Sie ausführliche Tipps zu Läufen, insbesondere Marathons, laufbedingten Themen sowie ein Diskussions-Forum für Laufanhänger. Und vielleicht finden Sie hier unter den Kleinanzeigen sogar einen passenden Laufpartner.

www.runnerspoint.com

Die Internetseite von Deutschlands führendem Einzelhändler für Sportschuhe und Sportbekleidung berät in Fragen Ausrüstung und Training und sagt Ihnen, wo sich in Ihrer Nähe ein Runnerspoint-Geschäft befindet.

www.laufen.de

Diese private Homepage eines laufbegeisterten Paares versorgt den Benutzer mit allem Wissenswerten über den Laufsport in Nordrhein-Westfalen, über Läufe und Vereine.

http://members.aol.com/hklimmer/index.html

Die private Marathonpage informiert ausführlich über Training, Ernährung und Wettkampf für Ausdauerläufer.

www.aims-association.org

Tipps zu internationalen Marathons und sonstigen Laufveranstaltungen finden Sie unter dieser Internetadresse.

www.50plus.org

Die internationale Seniorenorganisation *Fifty-Plus* informiert rund um das Thema Fitness und Alter.

www.runnersworld.com

Das weltweit führende Laufmagazin *Runner's World* (mit einer Auflage von etwa 500.000 Exemplaren) verfügt über eine hervorragende Homepage, die ständig aktualisiert wird und außerdem über mehrere Dutzend Links zu weiteren laufbezogenen Internetseiten verfügt. Unter `www.newrunner.com` bietet *Runner's World* spezielle Seiten für Laufanfänger.

www.marathon.de

Informationen für Marathon-Läufer in Deutschland mit unbeschreiblich vielen Links zu anderen interessanten Lauf-Seiten.

www.frauen-lauf.de

Der Name sagt's!

Zehn Zeitschriften für Läufer

24

Interessante Artikel zum Laufen, Joggen, Marathon und Walking, verbunden mit vielen Fitness-Tipps und Hinweisen zur gesunden Ernährung bieten die hier aufgeführten Zeitschriften. Wer genau mitzählt, wird bemerken, dass es nur vier Zeitschriften sind, die sich dafür aber auch nur mit dem Laufen beschäftigen. Kontaktadressen zu zahlreichen Läufen in Deutschland, Österreich und der Schweiz finden Sie in dem genannten Laufkalender.

running-pur

Einzelpreis: 3,00 €
Jahresabo: 10,50 €

Vier Ausgaben pro Jahr

Adresse: Redaktion running-pur
Lindenplatz 6
D-72587 Römerstein

Laufzeit

Einzelpreis: 3,00 €
Jahresabo: 27,00 €
12 Ausgaben pro Jahr

Adresse: Laufzeit
Danziger Str. 219
D-10407 Berlin

Spiridon

Einzelpreis: 3,50 €
Jahresabo: 36,00 €
12 Ausgaben pro Jahr

Adresse: Spiridon-Laufmagazin
Postfach 104527
D-40036 Düsseldorf

DLV Volkslauf-Kalender, Schweizer und Österreichischer Volkslaufkalender

Der jährlich erscheinende Volkslauf-Kalender kann beim DLV unter der Adresse Alsfelder Straße 27, D-64289 Darmstadt mit frankiertem und adressiertem C5-Rückumschlag bestellt werden.

Auch der Österreichische Leichtathletik-Verband (Prinz-Eugen-Straße 12, A-1040 Wien) und der Schweizer Leichtathletik-Verband (Fabrikstrasse, CH-3000 Bern) geben eigene Volkslaufkalender heraus, die direkt oder über den DLV angefordert werden können.

Laufclubs

Ein Laufclub oder Lauftreff ist eine tolle Möglichkeit, um Laufpartner zu finden. Entsprechende Ansprechpartner und Kontaktadressen erhalten Sie über den Deutschen Leichtathletikverband DLV oder die in diesem Kapitel aufgeführten Volkslaufwarte der einzelnen Bundesländer/Regionen. Auch Laufzeitschriften, die Tageszeitung sowie regionale Zeitungen und Zeitschriften, der örtliche Sportverein oder das schwarze Brett im Gemeindezentrum oder Fitness-Club sind ergiebige Fundgruben für entsprechende Kontakte.

DLV - Deutscher Leichtathletik-Verband

Alsfelder Straße 27
D-64289 Darmstadt
Tel. 06151/77080
Fax 06151/770811
E-Mail: zentrale@dlv.sport.de
Homepage: www.leichtathletik.de

ÖLV - Österreichischer Leichtathletik Verband

Prinz-Eugen-Straße 12
A-1040 Wien
Tel. 0043 1 5057350
Fax 0043 1 5057288
Homepage: www.oelv.at

Schweizerischer Leichtathletik-Verband

Industriering 43
CH-3250 Lyss
Tel. 0041 32 3873800
Fax 0041 32 3873801
E-Mail: slv@swiss-athletics.ch
Homepage: www.swiss-athletics.ch
(Laufkalender: www.swiss-athletics.ch/nav_d.htm)

Volkslaufwarte in Deutschland:

Baden

Heinz Scharmann
Kandelstraße 13
76297 Stutensee
Tel. p. 0721/682024

Bayern

Alfred Lippert
Plassenbergerstraße 14
92723 Gleiritsch
Tel. p. 09655/1224
Fax p. 09655/358
E-Mail: Alfred.Lippert@t-online.de

Berlin

Jürgen Huber
Damkitz 38
130503 Berlin
Tel. p. 030/431599

Brandenburg

Ernst Troelenberg
Zum Schießplatz 8
149313 Jüterborg
Tel. p. 03372/403335

Bremen

Klaus de Vries
Linnorthskamp 5
27412 Hapstedt

Hamburg

Wolfgang Timm
Holstenwiete 33
22763 Hamburg
Tel./Fax 040/392573
Tel. d. 040/8317170
mobil 0171/5351949

Hessen

Jochen Miersch
Hubertusstraße 22
37269 Eschwege
Tel. p. 05651/70369

Mecklenburg-Vorpommern

Jürgen Trommer
Bölkower Chaussee 9
18276 Mühl Rosin
Tel. und Fax p. 03843/82211
mobil 0160/1571541
E-Mail:
juergenundandrea@compuserve.de

Niedersachsen

Ferdinand Mast
Rudolfstraße 8
30457 Hannover
Tel. p. 0511/468166
Fax 0511/4382663
E-Mail: Ferdinand.Mast@t-online.de

Nordrhein

Manfred Schmidt
Obere Bergstraße 1
41844 Wegberg
Tel. p. 02434/24711
Fax p. 02434/240928

Pfalz

Hans-Jürgen Eichberger
Horststraße 1
76770 Hatzenbühl
Tel. p. 07275/1894
Tel. und Fax d. 07275/61540

Rheinhessen

Leichtathletik-Verband Rheinhessen
Dalheimer Weg 2
55128 Mainz
Tel. 06131/320060
Fax 06131/320067

Rheinland

Günter Bruchhaus
St. Barbara-Straße 10
56743 Mendig
Tel. p. 02652/4716
Tel. d. 02625/964627
Fax d. 02625/954646

Saarland

Erwin Schütz
Robert-Schuman-Straße 2
66557 Illingen
Tel. p. 06825/45303
Tel. d. 0681/5016315
Fax. d. 0681/5016319

Sachsen

Helmut Ludewig
Sydowstraße 1b
04838 Eilenburg
Tel. p. 03423/752788

Sachsen-Anhalt

Udo Bauer
Erlengrund 6
06193 Teiche
Tel. und Fax p. 034606/21165
Tel. und Fax d. 0345/6877086

Schleswig-Holstein

Konrad Schmidt
Rinkenberg 30
24232 Schönkirchen
Tel. und Fax p. 04348/1724

Thüringen

Dr. Rüdiger Grunow
Dorfstraße 14
07751 Jena-Closewitz
Tel. p. 036425/22232
Fax p. 036425/22224
mobil 0172/7983935
E-Mail: grg.jena@t-online.de

Westfalen

Horst Sobieroy
Siebenstücken 186 a
48308 Senden
Tel. p. 02597/5056

Württemberg

Claus Baumann
Am Tobel 10
88368 Bergatreute
Tel. p. 07527/2298
Fax p. 07527/2158
E-Mail: claus-d.baumann@t-online.de

Lauftagebuch

B

Selbst Gelegenheitsläufer können davon profitieren, ihre Trainingsfortschritte zurückzuverfolgen. Sie können dieses Logbuch dazu benutzen, festzuhalten, wie weit und wann Sie gelaufen sind, wie Ihre köperliche Verfassung war und so weiter.

Wie in Kapitel 4 vorgeschlagen, können Sie das Tagebuch auch dazu verwenden, einige Ihrer Gedanken während des Laufens aufzuzeichnen. Bringen Sie Ihre glänzendsten Ideen zu Papier, und vielleicht kommen Sie während späterer Läufe darauf zurück.

Datum: ______________________________

Ort: ______________________________

Streckenlänge: ______________________________

Zeit: ______________________________

Partner: ______________________________

Wetter: ______________________________

Körperliche Verfassung/Verletzungen: ______________________________

____

Mentale Verfassung/Motivation: ______________________________

____

Weitere Anmerkungen: ______________________________

____

Datum: ______________________________

Ort: ______________________________

Streckenlänge: ______________________________

Zeit: ______________________________

Partner: ______________________________

Wetter: ______________________________

Körperliche Verfassung/Verletzungen: ______________________________

____

Mentale Verfassung/Motivation: ______________________________

____

Weitere Anmerkungen: ______________________________

____

Datum: ____________________

Ort: ____________________

Streckenlänge: ____________________

Zeit: ____________________

Partner: ____________________

Wetter: ____________________

Körperliche Verfassung/Verletzungen: ____________________

____

Mentale Verfassung/Motivation: ____________________

____

Weitere Anmerkungen: ____________________

____

Datum: ____________________

Ort: ____________________

Streckenlänge: ____________________

Zeit: ____________________

Partner: ____________________

Wetter: ____________________

Körperliche Verfassung/Verletzungen: ____________________

____

Mentale Verfassung/Motivation: ____________________

____

Weitere Anmerkungen: ____________________

____

Datum: ____________________

Ort: ____________________

Streckenlänge: ____________________

Zeit: ____________________

Partner: ____________________

Wetter: ____________________

Körperliche Verfassung/Verletzungen: ____________________

____

Mentale Verfassung/Motivation: ____________________

____

Weitere Anmerkungen: ____________________

____

• •

Datum: ____________________

Ort: ____________________

Streckenlänge: ____________________

Zeit: ____________________

Partner: ____________________

Wetter: ____________________

Körperliche Verfassung/Verletzungen: ____________________

____

Mentale Verfassung/Motivation: ____________________

____

Weitere Anmerkungen: ____________________

____

Stichwortverzeichnis

A

Aaken, Ernst van 65
Abdruck 85
Abgase 112
Abkühlen 86, 94
Abnehmen 32, 68
Abnutzungsmuster 57
Abstoß 85
Achillessehne 162, 178
Achillessehnenentzündung 162
Aerob-anaerob Schwelle 40
Aerobe Trainingszone 175
Aerobes Training 51, 174
Aerobes Trainingsprogramm 33
Alkohol 66, 67, 68
Allergien 112
Alter 226
Amenorrhö 199
Anämie 72
Anderson, Bob 91
Anderson, Owen 175, 185
Aqua-Jogging 176
Armbewegung 96, 101
Armführung 83
Atemtechniken 211
Aufprall 84, 85
Auftritt 57
Aufwärmen 86
Aufwärmprogramm 89
Ausdauer 127, 150
Ausdauerwettkämpfe 69

B

Bahn 127
Bahntraining 127, 128
Ballenläufer 57, 84
Bananen 69
Bankdrücken 190
Beinbewegung 84
Beinlängen, unterschiedliche 166
Belastung 52
Benoit, Joan 21, 198
Beweglichkeit 85, 90
Bier 67, 68
Bikila, Abebe 55
Bizeps Curl 192
Blasen 167
Blutdruck 40, 41
Blutkreislauf 39
Blutzirkulation 94
Blutzuckerspiegel 67
Borg-Skala 175
Bowerman, Bill 21
Brot 70, 71
Burn-Out 174, 208, 209
Butter 74

C

Chiropraktik 169
Cholesterin 33, 67, 73, 74
Chondromalazie 162
Chrom 67
Comeback 171
Cool Down 94
Cooper, Kenneth 21
Cross-Training 150, 173, 185, 204, 209

D

Dehnen 89
Dehnübungen 91
Dehydrierung 66, 68
Deutscher Leichtathletikverband 225, 231
Diabetiker 45
Diäten 32, 76
Dummy 21
Durst 66

E

Einlagen 164, 168
Einsamkeit des Langstreckenläufers 47
Eisen 72, 75
Eisendefizit 72
Eisflächen 106
Eiskompresse 159
Eiweiß 72, 74
Elektrolyte 66
Endorphine 35
Energiebedarf 70
Energiedrinks 66
Energiegele 69, 140
Energiequelle 39, 72
Energieriegel 69
Entspannung 159
  aktive 210
Entzündungshemmer 160
Erfrierungen 107
Ergometer 177
Erholung 174, 204
  aktive 132
Erholungsphase 132
Ermüdung 40
Ermüdungsbrüche 165
Ernährung 65, 75, 76
Erste Hilfe bei Laufverletzungen 159
Essen 68
Eßgewohnheiten 70
Eßstörungen 76

F

Fahrtspiel 126
Fartlek 126
Fersenläufer 57
Fett 39, 69, 71, 73, 74, 76, 77
Fifty-Plus Association 202
Finisher 28
Fisch 67, 71
Fitnessgerät 176
Fixx, Jim 21
Fleisch 67, 71, 72
Flexibilität 85, 186, 204
Flugreisen 112
Flüssigkeit 66
Flüssigkeitsersatzgetränke 66
Flüssigkeitsverlust 108
Frauen 65, 225
Frauen und Laufen 28, 197
Frauenmarathon 198
Freie Gewichte 187
Frühstück 137
Fußball 176
Fußgewölbe 164
Fußtypen 57

G

Gallensteine 34
Galloway, Jeff 147
Geh-/Lauf-Methode 52
Gehen 32, 49
Gehpausen 149
Gehtest 170
Gemüse 67, 70, 71, 77
Gesamttrainingsprogramm 131
Geschwindigkeit 83, 127
Geschwindigkeitsläufe 125
Gesundheits-Check 45
Getreide 70, 71
Gewichte 187
Gewichtsabnahme 76
Glover, Bob 200
Glykogen 39, 67
Glykogenspeicher 71, 76
Grippe 72
Grund-Fitness 130
Grundausdauer 131

H

Haltung 82
  Arme 83
  Oberkörper 83
Handschuhe 104
Hefe 67
Herz 33, 39, 40
Herz-Kreislaufsystem 174
Herzkrankheiten 74, 75, 203
Herzmonitor 51, 62, 129, 175

Herzprobleme 41, 51
Herzschlag 41
Hexenschuß 166
Hitze 108, 110
Hitzeschäden 110
Hoch 35
Höhen 112
Hohlfuß 57
Honig 70
Hüftschmerzen 168
Hügelläufe 86, 126
Hügeltraining 85, 95, 126, 130

I

Immunsystem 67, 72, 73
Insulin 33
Intensität 86, 129, 175
Internet 225
Intervalltraining 176
Ischias 166

J

Jahresplan 131
Jugend 225

K

Kaffee 66, 75
Kalorien 32, 68, 69, 70, 71, 76, 178
  Fett- 71
  leere 70
  Quelle 77
  Verbrennung 177
Kälteschutz 104
Kalzium 73
Kardiovaskulär 174
Kardiovaskuläre Fitnessmaschinen 176
Kardiovaskuläres System 40
Kardiovaskuläres Training 151, 175, 177, 178
Kinder 36
Kinder und Laufen 199
Kinderläufe 201
Kleidung 62, 104
Kniebeugen 166, 190
Knieentzündung 162
Kniescheibe 162
Knieschmerzen 86, 164, 168
Knochen 42
Knochen-Scan 165
Knochenhautentzündung 173
Koffein 66
Kohlehydrate 39, 66, 70, 77
Kohlehydrate-Regel 70–77
Kompartment-Syndrom 161
Konzentration 209
Kopfschmerzen 66
Körpertemperatur 40
Kraft 85
Krafttraining 77, 85, 175, 178, 185, 187
Krafttrainingsmaschinen 187
Krafttrainingsprogramm 187, 188
Krämpfe 66
Kreativität 35
Krebs 75
Kupfer 67
Kurzhanteln 187
Kuscsik, Nina 21, 197

L

Laktat 40, 158
Lampenfieber 137, 141
Langhanteln 187
Langstrecken 149
Langstreckenlauf 34, 82
Lateralhebungen 192
Laufanfänger 81, 86, 226
Laufband 51, 174, 178
Laufboom 27
Laufclub 48, 209, 231
Laufen für einen guten Zweck 30, 136
Laufen und Alter 186
Laufen und Gesundheit 29
Läuferknie 162
Laufform 127
Laufkalender 229
Laufkleidung 104
Laufmagazin 226
Laufpartner 116, 178, 231
Laufpensum 124

Laufprogramm 124, 208
Laufschuhe 21, 55
Laufsportbekleidung 199
Laufstil 81, 82, 96, 127
Lauftagebuch 48, 235
Lauftempo 127
Lauftreff 48, 231
Laufveranstaltungen 225
Laufverein 225
Laufvereine 226
Lebow, Fred 146
Leistungsabfall 134
Leistungshoch 133
Linsen 74
Logensyndrom 161
Lungen 39
Lydiard, Arthur 85, 101, 130

M

Mahlzeiten vor dem Wettkampf 69
Marathon 69, 71, 145, 209
  Herkunft 146
Marathondebut 154
Marathondiät 151
Marathontraining 147
Massage 140, 169, 204
Maximalpuls 129
Menstruation 72, 198
Milch 71
Milchprodukte 73
Milchsäure 158
Milchsäurebildung 40
Mineralstoffe 67, 72
Mißerfolg 213
Mittagessen 72
Motivation 208
Müdigkeit 124
Muscheln 67
Musik 182
Muskelfasern
  langsame 188
  rote 188
  schnelle 188
  weiße 188
Muskelkater 40, 52, 94, 158
Muskelkrämpfe 76
Muskeln 185
  lockern 89
  Wachstum 188
  Zuwachs 188
Mütze 104

N

Nackendehnung 94
Nahrung 150
Nahrungsmittelpyramide 71, 77
Nikotin 33
Nüsse 67, 71

O

Oberschenkel-Stretch 92
Oberschenkelbeuger 93
Oberschenkelstreckmuskulatur 92
Obst 67, 71, 77
Operation 170
Orthopädie 170
Osteoporose 186
Österreichischer Leichtathletik Verband 231
Ozon 112

P

Pasta 68, 70, 71, 75
Patella 162
Periodisierung 131, 174
Physiotherapie 169
Plantar fasciitis 163
Plateau 134
Plattfuß 57
Potassium 76
Prämenstruelle Syndrome 198
Pronation 58
Proteine 72, 77
Psyche 34
Puls 129

Q

Qualitatives Training 130
Qualitätstraining 123

R

Radfahren 175
rate of perceived exertion 175
Rauchen 33, 45
Regen 111
Reis 68, 71
RPE 175
Rückenstrecker 194
Rudergeräte 177
Ruhepausen 209
Rumpfbeugen 195

S

Salze 66
Satz 190
Sauerstoff 40
Schal 105
Scheuersyndrom 164
Schienbeinschmerzen 161
Schlaf 150, 152
Schmerzen 160
Schnelligkeit 86
Schnelligkeitstraining 101, 125, 126
Schnupperläufe 136, 201
Schokolade 67
Schrittfrequenz 83, 86
Schrittlänge 83, 85, 97
Schuhkauf 55
Schulterhebungen 192
Schwangerschaft 199, 225
Schwarztee 66
Schweizerischer Leichtathletik-Verband 231
Schwindelgefühl 66
Schwitzen 66, 72, 108
Secondhand-Fitnessgeräte 180
Seitenstechen 167
Senioren 226
Senioren und Laufen 201
Seniorenservice 202
Shangold, Mona 198
Sheehan, George 21, 135, 146, 207
Shinsplint-Syndrom 161
Shorter, Frank 27
Sit-Ups 195
Skilanglauf-Simulatoren 177
Socken 105
Sodium 66
Sonnenbrillen 63
Sonnenschutz 105, 111
Sport-BH 199
Sport-Drinks 66
Sportmediziner 168
Sportplatz 51, 127
Sprechtempo 51, 125
Sprechtest 100, 130, 175
Sprinten 34, 51, 86
Standfahrräder 177
Startfeld 138
Startnummer 137
Stepper 178
Stilelemente 82
Straße 51
Streckenbesichtigung 138
Streß 34, 41, 127, 133, 208, 209
Streßfrakturen 73, 165
Stretching 85, 89, 90, 91
Switzer, Kathrine 21, 28, 197

T

Talent 81
Tempoarbeit 130
Tempoläufe 126
Tempotraining 125
Tiefengewebemassagen 166
Tractus iliotibialis 164
Training
  Distanz 127
  Elemente, neue 127
  Fortschritte 235
  für Fortgeschrittene 123
  Gestaltung 174
  gezieltes 123, 125
  Intensität 175, 188
  Methode 131
  Mittel 187, 189
  Müdigkeit 174
  Partner 150
  Saison 131
  Tempo 129, 149
  Zyklen 174
Treppenlaufen 86

Treppensteigen 176, 178
Trizepsstrecker 194

U

Übelkeit 66
Übergangstraining 101
Überhitzung 40
Überlastung 159
Überpronation 58, 161
Überstrecken 85
Übertraining 129, 132, 159, 165
Uhr 62
Ultra-Langstreckenläufer 50
Ultraschall 169
Unterpronation 59
Unterwäsche 105

V

Vegan 75
Vegetarier 74
Verletzungen 89, 124, 173, 174, 214
  vermeiden 157
Verletzungsgefahr 85
Verletzungsrisiko 90, 185
Verstauchung 168
Visualisierung 211
Vitamin C 72, 75
Vitamine 76
Volkslaufkalender 225
Vollkornprodukte 77

W

Waden/Achilles-Stretch 163
Wadendehnung 91
Wahrgenommene Anstrengung 99
Wald-/Feldwege 51
Walk-Lauf-Programm 53
Walking 49
Warm-Up 89
Wasser 65, 68, 149
Wein 67
Westcott, Wayne 187, 188, 190
Wetter 139, 147, 179, 182
Wettkampf 68, 123, 211
Wettkampfstrategie 137
Wettkampftag 68, 137
Wiederholungen 190
Wiederholungsmethode 126
Wiederholungstraining 99
Wiederholungszahl 188
Wind 105
Wochenkilometer 124

Y

Yoga 90, 204, 211

Z

Zatopek, Emil 55, 87, 145
Zehenläufer 84
Zeit 208, 209
Zeitschriften 229
Zeitziel 149, 153
Zerrungen 166
Ziel 211
Zieleinlauf 140
Zink 72, 75
Zucker 67, 69, 70
Zwischenzeiten 141

ISBN 3-8266-2918-3
www.mitp.de

Ed McCarthy & Mary Ewing-Mulligan

Wein für Dummies

Aus dem Amerikanischen übersetzt von Kai Ellerkmann

Sie trinken gerne Wein? Sie würden gerne mehr über Wein wissen? Dann lesen Sie Wein für Dummies!

Hier finden Sie alles, was Sie über Wein wissen müssen. Wie Wein gemacht wird, was es mit den verschiedenen Traubensorten auf sich hat. Neben einem Überblick über die Weinanbaugebiete und Weinsorten gibt es hier praktische Tips, welcher Wein zu welchem Essen paßt.

Aber auch fortgeschrittene Weintrinker und vom Weinvirus Infizierte kommen hier auf ihre Kosten. So finden Sie hier Tips, welche Weine Sie unbedingt probieren sollten, wie Sie Ihre Schätze am besten aufbewahren und worauf Sie beim Weinkauf achten sollten.

Na dann, zum Wohl!

Aus dem Inhalt:

- ✔ Die Grundlagen: Wie wird Wein gemacht? Weinsorten, Rebsorten
- ✔ Alles ganz einfach: Das richtige Öffnen, Servieren und Aufbewahr
- ✔ Ein Überblick über internationale Weine
- ✔ Infos zur Weinprobe und zum Weinkauf
- ✔ Weinetiketten endlich verstehen!

Blubbernde Schönheiten

13

In diesem Kapitel

- Wenn *extra dry* süßer meint
- Wie man die Qualität schäumender Weine einschätzt
- Die Unterschiede zwischen Champagner und *Champagnermethode*
- Schaumweine von 6 bis 150 Euro

Im Universum der Weine sind die Schaumweine ein eigenes Sonnensystem. Schaumweine werden in jedem Land gemacht, in dem auch Weine hergestellt werden, und sie sind sehr vielfältig vom Geschmack, der Qualität und dem Preis her. Champagner, der Schaumwein aus der Champagne in Frankreich, ist der leuchtendste Stern am Firmament, aber nicht der einzige.

Schaumweine unterscheiden sich von anderen Weinen durch die Blasen – Kohlensäure – im Wein. In den Augen der meisten Regierungen müssen diese Blasen durch die Vergärung der Trauben natürlich im Wein entstanden sein, damit der Wein Schaumwein genannt werden darf. Wenn der Wein mit Hilfe eines Kanisters Kohlensäure zugesetzt bekommt, wie es zum Beispiel bei Limonade der Fall ist, dann darf er nicht Schaumwein heißen.

Wo die Schaumweine wachsen

Schaumweine gibt es auf der ganzen Welt, wo immer es einen Markt für sie gibt, und wo man weiß, wie sie gemacht werden. In den meisten Gegenden, in denen sie hergestellt werden, sind sie eine Ergänzung zum Angebot der Tafelweine und den lokalen Weinstilen.

Aber in einigen Regionen »wächst« der Schaumwein sogar, das heißt, er ist ein fester Bestandteil der regionalen Agrarlandschaft. In diesen Gegenden müssten die Winzer ihn erfinden, wenn es ihn nicht gäbe, weil ihre Trauben hervorragend für Schaumwein geeignet sind. An der Spitze dieser Liste steht natürlich die Champagne (wo der Schaumwein auf viele Arten erfunden worden ist). Die Region Asti in Italien ist eine andere dieser Gegenden, genauso wie das Loiretal, das nordöstliche Spanien und Teile von Kalifornien.

Viele der Regionen, in denen Schaumweine gemacht werden, sind kühlere Gegenden, wo die Trauben für stille Weine nicht genug ausreifen. Normal vinifiziert, wären diese Weine sehr säurehaltig, unzumutbar herb und sehr dünn. Rotweine wären sehr farblos. Aber der Prozess der Schaumweinherstellung (der später noch erklärt wird), verwandelt diese Nachteile in Vorteile.

Nicht alles, was glänzt, ist Champagner

An anderen Orten, wo Schaumweine gemacht werden, repräsentieren die Weine den Einsatz von Technologien. Während Technologie den generellen Stil der klassischen Weinregion nachmachen kann, kann sie doch nicht das schaffen, was die Trauben dem Wein zufügen. Daher sind die meisten Schaumweine nur ein Abklatsch der klassischen Modelle, die sie nachahmen wollen.

Champagner, der Schaumwein der Champagne, ist aus mehreren Gründen das klassische Vorbild für viele Schaumweine:

- ✔ Champagner ist der berühmteste Schaumwein der Welt. Der Name hat einen sofortigen Wiedererkennungswert für die durchschnittliche Bevölkerung, nicht nur für Weintrinker.
- ✔ In der Champagne ist eine besondere Herstellungsart für Schaumweine entwickelt worden.
- ✔ Die Weine der Champagne gelten nicht nur als die feinsten Schaumweine der Welt, sondern auch insgesamt als Weine von besonders hoher Qualität.

Schaumweinarten

Alle Schaumweine haben Kohlensäure und fast alle sind weiß oder – seltener – rosé. Das ist die einfachste Verallgemeinerung, um Schaumweine zu beschreiben.

Einige Schaumweine sind richtig süß, manche sind knochentrocken. Viele fallen auch genau zwischen diese beiden Extreme. Einige sind fruchtig, andere unbeschreiblich traubig, während viele Nuancen von Zitronen, Äpfeln, Kirschen, Beeren, Pfirsichen und so weiter haben.

Die Schaumweine der Welt fallen in zwei große Kategorien, je nachdem, wie sie gemacht werden:

- ✔ Weine, die den Charakter der Traube ausdrücken, diese Weine neigen dazu, fruchtig und geradeheraus zu sein, ohne sehr komplex zu sein.
- ✔ Weine, die Komplexität und Geschmäcke ausdrücken (hefig, honigartig, karamelig), die von der Weinherstellung herrühren.

Jeder dieser Stile gehört zu einer bestimmten Methode, den Wein herzustellen. Die Methoden werden in dem Abschnitt »Wie Schaumwein gemacht wird« näher besprochen.

Wie süß ist er?

Fast alle Schaumweine sind süß in dem Sinne, dass sie angemessene Mengen an Zucker enthalten, die dem Wein normalerweise im letzten Schritt der Produktion beigefügt worden sind. Aber nicht alle Schaumweine schmecken süß. Der Eindruck von Süße hängt von zwei Faktoren ab: dem tatsächliche Gehalt von Zucker im Wein (welcher je nach Weinstil unterschiedlich ist) und der Balance des Weins zwischen Säure und Süße.

Dies ist der Punkt, an dem die Balancefaktoren wichtig werden. Schaumweine haben normalerweise sehr viel Säure. Die Kohlensäure des Weins unterstützt diesen sauren Eindruck noch weiter. Aber die Süße des Weins wirkt der Säure entgegegen. Abhängig von der Balance zwischen Säure und Zucker schmeckt der Schaumwein trocken, leicht süß, halbtrocken oder sehr süß.

Champagner wird in vielen Süßegraden hergestellt, wobei die üblichste Form der trockene Champagner ist, der *brut* genannt wird. Schaumweine, die nach demselben Verfahren wie der Champagner hergestellt werden, haben dieselben Stile wie der Champagner.

Wie gut ist er?

Wenn Sie einen Schaumwein probieren, ist das wichtigste Kriterium, ob Sie ihn mögen, genau wie bei einem stillen Wein. Wenn Sie einen Schaumwein genauso beurteilen wollen, wie die Profis es machen, dann müssen Sie den Kriterien, nach denen Sie einen stillen Wein beurteilen, noch einige andere hinzufügen. Einige dieser Kriterien sind:

- **Der visuelle Eindruck der Blasen**. In den besten Schaumweinen sind die Blasen klein und strömen in einer gleichmäßigen Linie vom Boden des Glases bis zur Oberfläche. Sind die Blasen groß und unregelmäßig, haben Sie einen Anhaltspunkt dafür, dass der Wein von weniger guter Qualität ist. Kleine Unregelmäßigkeiten im Glas können auch das Strömen der Blasen verändern. Falls Ihr Glas immer schal aussieht, während ein anderes Glas aus derselben Flasche lebendig und sprudelnd aussieht, machen Sie das Glas und nicht den Wein dafür verantwortlich. (In diesem Fall sollten Sie die Blasen schmecken können, wenn Sie sie auch nicht sehen können.)
- **Das Gefühl der Blasen im Mund**. Je feiner der Wein ist, desto weniger aggressiv sind die Blasen im Mund. (Falls der Wein Sie an eine Limonade erinnert, hoffen wir für Sie, dass Sie nicht mehr als 5 € für ihn ausgegeben haben.)
- **Die Balance zwischen Süße und Säure**. Auch wenn Sie sich dafür entscheiden, dass ein Wein für Ihren Geschmack zu süß oder zu sauer ist, sollten Sie versuchen zu ergründen, wie seine Süße/Säure-Balance ist und ob die beiden Elemente gut zueinander passen.
- **Die Struktur**. Schaumweine, die nach traditionellem Verfahren hergestellt werden, sollten eine cremige Struktur aufweisen. Verantwortlich hierfür ist ihre lange Lagerung auf der Hefe.
- **Der Abgang**. Jeder Eindruck von Bitterkeit im Abgang eines Schaumweins ist ein Zeichen für niedrige Qualität.
- **Der Stil des Weins**. Diesen Punkt sollten Sie vor allen anderen beachten. Falls Sie einen Schaumwein probieren, der sehr fruchtig gemacht ist, kritisieren Sie ihn nicht dafür, dass er keine holzigen Aromen hat, die er nur auf Kosten der Frucht bekommen könnte.

Wie Schaumwein gemacht wird

Wein beginnt zu blubbern, wenn die Vergärung in einem geschlossenen Container statfindet, so dass die Kohlensäure, die während der Vergärung entsteht, nicht entweichen kann. Da die Kohlensäure nirgendwo anders hin kann, wird sie im Wein eingeschlossen und nimmt die Form von Blasen an.

Wenn die Hefekulturen Zucker in Alkohol verwandeln, ist Kohlensäure ein natürliches Nebenprodukt.

Die meisten Schaumweine unterlaufen zwei Vergärungen: eine, in der der Saft in Wein verwandelt wird (ohne Blasen), und eine zweite, in der der stille Wein in Schaumwein umgewandelt wird. Der Winzer muss die zweite Gärung in Gang setzen, indem er weitere Hefen und Zucker dem Wein hinzufügt. Die zugesetzten Hefen wandeln den Zucker in Alkohol und Kohlensäure um.

Die Methoden, die Kohlensäure im Wein einzuschließen, variieren, und mit ihnen die Arten und Qualitäten des Weins. Grundsätzlich kann man sagen, dass der Wein umso komplexer und teurer sein wird, je langsamer und länger der Prozess der Weinbereitung ist. Einige Schaumweine brauchen zehn Jahre für die Herstellung, andere werden innerhalb weniger Monate gemacht. Erstere können mehr als 100 Euro die Flasche kosten, während Sprudelwasser am anderen Ende der Qualitätsleiter für ca. 3 Euro verkauft werden.

Obwohl Sie viele Variationen zu diesem Thema finden können, beschränken sich die meisten Methoden auf eine von zwei Arten: durch eine zweite Vergärung im Tank hergestellte Schaumweine oder durch zweite Vergärung in der Flasche hergestellte Schaumweine. Weinliebhaber benutzen die Ausdrücke *fassvergoren* oder *flaschenvergoren* für diese beiden Prozesse, ohne besonders zu betonen, dass sie sich auf die zweite und nicht auf die erste Vergärung beziehen.

Die wirtschaftliche Skala

Die schnellste und effizienteste Art Schaumwein herzustellen, ist es, den Wein in großen, geschlossenen, druckdichten Containern der zweiten Vergärung zu unterziehen. Diese Methode wird, nach ihrem französischen Erfinder, die *Charmat Methode* genannt.

Schaumweine, die auf diese Art hergestellt werden, sind normalerweise die günstigsten Weine, da sie sofort nach der Ernte verkauft und in großen Mengen hergestellt werden können.

Folgendes passiert während der *Charmat Methode*:

- ✔ Ein Grundwein wird mit Zucker und Hefekulturen gefüttert und beginnt zu vergären. Die Kohlensäure, die während der Vergärung entsteht, bleibt, dank des geschlossenen Tanks, des Drucks und der Kälte innerhalb des Tanks, im Wein.

- ✔ Der Wein, der nun ein trockener Schaumwein mit höherem Alkohol als der Grundwein ist, wird nun unter Druck gefiltert, um die Rückstände der Hefekulturen zu entfernen.
- ✔ Bevor der Wein in die Flaschen gefüllt wird, wird ihm etwas Süße zugeführt, abhängig vom endgültigen Stil des Schaumweins.

Der ganze Prozess kann innerhalb weniger Wochen abgeschlossen sein. In manchen Ausnahmefällen werden einige Monate gebraucht, um dem Wein die Chance zu geben, sich zwischen Vergärung und Filtrierung zu beruhigen.

Klein ist schön

Die *Charmat Methode* ist eine ziemlich neue Methode, um Schaumweine herzustellen; seit 100 Jahren wird mit ihr gearbeitet. Die traditionellere Methode ist es, den Wein der zweiten Vergärung in der Flasche zu unterziehen, in der er später auch verkauft wird.

Champagner wird auf diese Art und Weise seit ca. 300 Jahren hergestellt und darf laut französischem Gesetz gar nicht anders produziert werden. Viele andere französische Schaumweine werden auf dieselbe Art gemacht, genauso wie viele andere gute Schaumweine aus Ländern wie Spanien, Kalifornien usw.

In Europa wird diese traditionelle Methode auch *traditionelle* genannt, in den USA heißt sie aber zum Beispiel *method champenoise.*

Die Flaschenvergärung (oder präziser ausgedrückt, die zweite Vergärung in der Flasche) ist ein ausgefeilter Prozess, in dem sich jede Flasche in einen eigenen Vergärungstank verwandelt. Dieser Prozess dauert mindestens ein Jahr, meistens aber drei Jahre oder länger. Schaumweine, die nach dieser Methode gemacht sind, sind immer teurer als die fassvergorenen Weine.

Die Elemente der Flaschenvergärung sind:

- ✔ Jede Flasche ist mit einem Teil Grundwein und einem Teil Zucker/Hefelösung gefüllt und liegt in einem kühlen, dunklen Keller.
- ✔ Die zweite Vergärung findet innerhalb der Flasche statt, dabei wird Kohlensäure produziert, und die Hefe hinterlässt ihre Rückstände.
- ✔ Wenn die Flasche weiter im Keller liegen bleibt, kommt es zu Veränderungen des Weins durch die Interaktion zwischen den Heferückständen und dem Wein.
- ✔ Möglicherweise werden die Flaschen während des Prozesses geschüttelt und gedreht, so dass die Heferückstände zur Flaschenöffnung absinken, da die Flaschen kopfüber gelagert werden.
- ✔ Die Heferückstände im Flaschenhals werden schockgefroren, so dass sie der Flasche als Pfropfen entnommen werden können und klaren Schaumwein zurücklassen.
- ✔ Eine süßliche Flüssigkeit (*dosage* genannt) wird dem Wein zugesetzt, die Flaschen werden etikettiert und verkorkt.

Die Kunst des Verschneidens

Natürlich verlangt die traditionelle Methode, wie sie in der Champagne angewandt wird, einige besondere Schritte, bevor es zur zweiten Vergärung kommt. Zum Beispiel bedarf es besonderer Sorgfalt bei der Pressung der Trauben für die erste Vergärung, damit nicht die Bitterstoffe der Traubenschalen oder die Farbe der Schalen (im Falle von roten Trauben) in den Saft gelangen. Ein anderer sehr wichtiger Punkt für die Herstellung guter Schaumweine ist die Produktion des Grundweins für die zweite Vergärung.

Nach der ersten Vergärung werden die Weine aus verschiedenen Traubensorten oder von verschiedenen Weinbergen getrennt aufbewahrt. Um nun seinen Grundwein zu kreieren, verschneidet der Winzer die verschiedenen Weine in unterschiedlicher Menge miteinander. Häufig fügt er dieser Cuvée auch ältere Weine bei, die er in guten Jahren aufbewahrt hat. 100 bis 200 verschiedene Weine können in einen Grundwein kommen, jeder Wein bringt dabei seine eigenen Charaktereigenschaften mit. Das Trickreiche am Verschneiden ist, neben den vielfältigen Geschmäcken, die man dem Wein geben kann, die Tatsache, dass der Kellermeister in die Zukunft verschneiden muss. Er darf den Wein nicht nur so gestalten, dass er heute gut schmeckt, sondern muss auch ahnen können, wie der Wein in einigen Jahren schmeckt. Die Männer und Frauen, die diese Weine verschneiden, sind die Künstler der Weinwelt.

Geschmack: Probieren geht über studieren

Fassvergorene Schaumweine sind üblicherweise fruchtiger als flaschenvergorene. Der Unterschied rührt bei der Fassvergärung daher, dass die Wege der Trauben zum Wein kürzer und direkter sind als bei der Flaschenvergärung. Einige Winzer benutzen die *Charmat Methode*, da sie frischere, fruchtigere Schaumweine erzeugen möchten. Asti (früher Asti Spumante genannt), Italiens berühmtester Schaumwein, ist hierfür ein gutes Beispiel. Schaumweine, die nach der *Charmat Methode* hergestellt wurden, sollten möglichst rasch getrunken werden, solange ihre Fruchtigkeit noch auf dem Höhepunkt ist.

Schaumweine, deren zweite Vergärung in der Flasche stattgefunden hat, sind weniger fruchtig als die Charmatweine. Chemische Veränderungen, die während der Vergärung im Wein stattfinden, reduzieren die Fruchtnoten und fügen dem Wein Geschmäcke von Nüssen, Rauch, Karamel und Hefe bei. Die Struktur kann sich ebenfalls ändern, wenn der Weine längere Zeit auf der Hefe lagert; sie wird meistens weich und cremig. Die Blasen werden kleiner und fühlen sich im Mund weniger aggressiv an als die der fassvergorenen Weine. Auch wenn man die Schaumweine, die nach der klassischen Methode hergestellt worden sind, sofort nach dem Kauf genießen kann, können sie in der Regel auch sehr gut gelagert werden, vorausgesetzt, Sie lagern sie an einem kühlen, dunklen Ort.

Der Champagner und seine magischen Weine

Champagner. Verbindet man mit irgendeinem anderen Wort so viel Festlichkeit? Denken Sie mal nach: Immer wenn irgendwer auf der Welt etwas feiern möchte, ruft er nach Champagner.

Champagner, der echte, kommt ausschließlich aus der Champagne im Nordosten Frankreichs. Dom Pérignon, der berühmte Mönch, der Kellermeister der Abtei von Hautvillers war, hat den Champagner nicht erfunden, er hat aber einige Dinge entwickelt, die den Durchbruch des Champagners, so wie wir ihn heute kennen, ermöglicht haben. Er perfektionierte die Art und Weise, aus roten Trauben Weißweine zu machen, und, was noch viel wichtiger ist, er war meisterlich darin, Weine aus verschiedenen Trauben und unterschiedlichen Orten miteinander zu verschneiden, um so einen komplexen Grundwein zu schaffen.

Die Champagne ist die nördlichste Weinanbauregion Frankreichs. Die meisten berühmten Champagnerhäuser, wie die Produzenten hier genannt werden, sind in der Kathedralenstadt Reims angesiedelt, wo die 17-jährige Johanna von Orleans den Prinzen Karl 1429 zum König von Frankreich krönte, und in Epernay, südlich von Reims. In der Gegend von Reims und Epernay liegen die Weinberge, wo die drei Haupttraubensorten der Champagne wachsen:

- ✔ In Montage de Reims, südlich von Reims, wächst der beste Pinot Noir der Champagne.
- ✔ An der Côte des Blancs (südlich von Epernay) liegt die Heimat des besten Chardonnay.
- ✔ Im Vallée de la Marne, westlich von Epernay, wird vor allem Pinot Meunier angebaut, obwohl hier auch alle drei Traubensorten vorkommen.

Die meisten Champagner werden aus allen drei Sorten gemacht. Pinot Noir verhilft dem Wein zu Körper, Struktur und Langlebigkeit. Chardonnay bietet Feinheit, Frucht und Eleganz, und der Pinot Meunier steuert dem Verschnitt Reife, blumige Aromen und Fruchtigkeit bei.

Was macht den Champagner so besonders?

Das Klima für das Traubenwachstum ist in der Champagne nebensächlich. Bei kalten Wintern und warmen, nicht heißen Sommern schaffen es die Trauben nur in guten Jahren, ausreichend zu reifen. Selbst in warmen Jahren sorgt das Klima dafür, dass die Trauben sehr säurereich sind, ein unguter Zustand für stille Weine, aber perfekt für Schaumweine. Das kühle Klima in Verbindung mit den Kalk- und Kreideböden machen die wichtigsten Faktoren aus, um den Champagner exzellent zu gestalten.

Drei andere Faktoren helfen, den Champagner von allen anderen Schaumweinen zu unterscheiden:

1. Die Anzahl und Unterschiedlichkeit der Weinberge (über 300 *crus*) erlauben eine hohe Zahl von individuellen Weinen zum Verschneiden.
2. Die kalten, tiefen Keller (viele in der Römerzeit erbaut), in denen der Champagner für viele Jahre reift.
3. Die 300 Jahre Erfahrung, die die Menschen in der Champagne im Umgang mit Schaumweinen haben.

Das Resultat ist ein eleganter Schaumwein mit Millionen kleinen, sanften Blasen, komplexen Geschmacksnoten und einem langen Abgang. Voilà! Champagner!

Champagner ohne Jahrgang

Champagner ohne Jahrgang macht 85 Prozent der Champagnerproduktion aus. Der typische Verschnitt besteht aus zwei Dritteln roter Trauben (Pinot Noir und Pinot Meunier) und einem Drittel Weißwein (Chardonnay). Weine aus drei oder mehr Ernten gehen in diesen Wein ein. Und bedenken Sie, dass die Weine von 30 oder 40 verschiedenen Weinbergen hierein verschnitten werden. Der Champagnerwinzer ist auf jeden Fall ein Meisterverschneider.

Jedes Champagnerhaus kontrolliert seinen eigenen Verschnitt, das heißt, es entwickelt seinen eigenen Stil bei den Champagnern ohne Jahrgang. (Zum Beispiel sucht das eine Haus nach Eleganz und Finesse, während das andere versucht, möglichst viel Frucht in den Wein zu bekommen, und das dritte strebt nach Körper, Kraft und Langlebigkeit.) Die Schaffung eines gleichbleibenden Stils ist sehr wichtig für den Champagnerproduzenten, da die Weintrinker sich ihren Stil aussuchen und erwarten, diesen Stil jedes Jahr in ihrem Champagner zu finden.

Die meisten Champagnerhäuser lassen ihren Champagner für zwei oder drei Jahre altern, auch wenn das gesetzliche Minimum nur bei einem Jahr liegt. Die Extrazeit verbessert die Vermählung des Verschnitts, und der Wein entwickelt so seine Komplexität und seinen Geschmack. Falls Sie gute Lagerbedingungen haben, lassen Sie Ihren Champagner ruhig ein oder zwei Jahre liegen, es wird seinem Geschmack nur zugute kommen.

Lassen Sie Ihren Champagner, oder andere gute Schaumweine, nicht für längere Zeit im Kühlschrank. Sein Geschmack wird flach und langweilig werden aufgrund der Temperatur. Auch die Vibrationen, die der Motor eines Kühlschranks auslöst, sind nicht gut für einen Wein, besonders für einen Schaumwein.

Jahrgangschampagner

In vier oder fünf von zehn Jahren ist das Wetter in der Champagne so gut, dass Jahrgangschampagner entstehen. Das bedeutet, dass die Trauben reif genug sind, um ohne Zugabe von älteren Weinen ausgebaut zu werden. (Die 80er Jahre hatten zum Beispiel hervorragendes Wetter und ermöglichten es den meisten Champagnerhäusern, fast jedes Jahr einen Jahrgangschampagner herzustellen.)

Jahrgangschampagner fällt üblicherweise in eine der beiden Kategorien:

- ✔ Regulärer Jahrgang, mit einem Preisrahmen zwischen 25 und 50 Euro die Flasche. Diese Weine tragen einfach den Jahrgang, zusammen mit dem Namen des Hauses auf dem Etikett.
- ✔ Premium Jahrgänge, so wie zum Beispiel Moet & Chandons Dom Pérignon, Roederers Cristal oder Veuve Clicquots La Grande Dame. Das typische Preisniveau für solche Champagner liegt zwischen 50 und 100 Euro für die Flasche.

Aus folgenden Gründen ist der Jahrgangschampagner immer besser als der Champagner ohne Jahrgang:

1. Die besten Trauben aus den ausgewähltesten Weinbergen werden in einen Jahrgangschampagner gesteckt.

2. Normalerweise werden nur die Trauben der beiden besten Sorten, Pinot Noir und Chardonnay, für einen Jahrgangschampagner verwendet. Pinot Meunier ist für Champagner ohne Jahrgang reserviert.
3. Die meisten Champagnerhäuser lassen ihre Jahrgangschampagner noch zwei Jahre länger altern als ihre normalen Champagner. Die Extralagerung führt zu mehr Komplexität im Geschmack.
4. Die Trauben stammen alle aus einem Jahrgang, einem sehr guten bis hervorragendem Jahrgang.

Jahrgangschampagner ist intensiver im Geschmack als Champagner ohne Jahrgang. Er ist körperreicher, komplexer und hinterlässt am Gaumen einen längeren Eindruck. Da sie voller und schwerer sind, sind dies die Champagner, die zum Essen passen. Champagner ohne Jahrgang sind leichter, frischer und weniger kompliziert, und sind daher besonders als Apéritifs geeignet. Darüber hinaus sind sie vom Preis her günstiger. Ob ein Jahrgangschampagner die Mehrkosten wert ist oder nicht, das ist ganz alleine Ihre Entscheidung.

Blanc de blanc

Eine kleine Zahl von Champagnern werden ausschließlich aus einer Traubensorte gemacht. Diese Traube heißt Chardonnay, und der Stil dieses Champagners wird *Blanc de blanc* (was so viel wie weiß aus weiß heißt) genannt. Ein Blanc de blanc kann ein Jahrgangschampagner oder ein Champagner ohne Jahrgang sein. Er kostet normalerweise ein paar Mark mehr als die anderen Champagner in der Kategorie. Da sie leichter und delikater sind als normale Champagner, passen Blanc de blancs hervorragend als Apéritif. Nicht jedes Champagnerhaus macht einen Blanc de blanc. Zwei der besten sind Taittingers Comte de Champagne und Billecart-Salmons Blanc de Blancs.

Blanc-de-noir-Champagner (aus 100 % roten Trauben, häufig nur Pinot Noir) ist selten, gibt es aber. Bollingers Blanc de noir *Vieilles Vignes Francaises* ist mit Abstand der beste, er kostet allerdings auch 175 bis 200 Euro. Der 1985 Bollinger Blanc de Noir war einer der besten beiden Champagner, die wir je getrunken haben – der andere war ein 1982er Krug.

Wer trinkt Champagner?

Frankreich führt die Liste der Champagnerkonsumenten an, hier wird beinahe doppelt so viel Champagner getrunken wie in der übrigen Welt zusammen. Großbritannien und Deutschland sind die Hauptexportmärkte für Champagner, in jedem Land werden jedes Jahr ca. 15 Millionen Flaschen verkauft. Die USA kommt auf Platz drei, gefolgt von der Schweiz, Belgien und Italien.

Roséchampagner

Roséchampagner kann ebenfalls einen Jahrgang tragen oder nicht. Normalerweise wird nur Pinot Noir und Chardonnay verwendet, in Verhältnissen, die von Haus zu Haus wechseln.

Rosés enstehen dadurch, dass man etwas Pinot-Noir-Wein in den Grundwein schneidet. Die Farben reichen von fahlem Zwiebelrosé über lachsfarben bis hin zu rosigen Farben. (Die helleren Farben sind meistens von besserer Qualität.) Roséchampagner sind meistens voller und runder als andere Champagner und sind die besten, die man zum Essen trinken kann. (Da sie oft als romantisch gelten, werden sie gerne zu Hochzeitstagen oder Abendessen am Valentinstag genommen.)

Ebenso wie Blanc-de-blanc-Champagner, sind auch die Roséchampagner ein paar Mark teurer als die normalen Champagner, und nicht jedes Haus macht einen Roséchampagner. Einige der besten Rosés werden von Roederer, Billecart-Salmon, Gosset und Moet & Chandon gemacht.

Für einige Leute hat Roséchampagner einen schlechten Ruf, aufgrund der vielen Tonnen süßen und billigen Schaumweins, der verkauft wird. Roséchampagner ist aber genauso trocken und hat dieselbe hohe Qualität wie regulärer weißer Champagner.

Süßegrade

Champagner tragen immer ein Zeichen auf dem Etikett, an dem man erkennen kann, wie süß der Wein ist. Dabei können die Wörter aber auch verwirren, da »extra dry« nicht ganz trocken bedeuten muss. In der Reihenfolge der Süße bedeuten die Etiketten Folgendes:

- **Extra Brut, Brut Nature** oder **Brut Sauvage:** Total trocken
- **Brut:** Trocken
- **Extra Dry:** Halbtrocken
- **Sec:** Leicht süßlich
- **Demi-Sec:** Süßlich
- **Doux:** Süß

Der übliche Stil bei Champagner und anderen Schaumweinen ist brut. Sowohl die ganz trockenen, als auch die süßen Schaumweine sind sehr selten.

Produzenten von Schaumweinen aus anderen Regionen dieser Welt, die nach der klassischen Methode hergestellt werden, beschreiben ihre Weine mit denselben Begriffen. Aber nicht überall sind die Begriffe auch per Gesetz festgeschrieben, wie es in der Champagne der Fall ist.